Entwicklung und Management von Informationssystemen und intelligenter Datenauswertung

Herausgegeben von
P. Alpar, Marburg, Deutschland
U. Hasenkamp, Marburg, Deutschland

Elizaveta Kozlova

Governance der individuellen Datenverarbeitung

Wertorientierte und risikobewusste Steuerung der IDV-Anwendungen in Kreditinstituten

Mit einem Geleitwort von Prof. Dr. Ulrich Hasenkamp

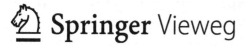 Springer Vieweg   **RESEARCH**

Elizaveta Kozlova
Marburg, Deutschland

Dissertation Philipps-Universität Marburg, 2011

ISBN 978-3-8348-2398-4   ISBN 978-3-8348-2399-1 (eBook)
DOI 10.1007/978-3-8348-2399-1

Die Deutsche Nationalbibliothek verzeichnet diese Publikation in der Deutschen National-
bibliografie; detaillierte bibliografische Daten sind im Internet über http://dnb.d-nb.de
abrufbar.

Springer Vieweg
© Springer Fachmedien Wiesbaden 2013

Gedruckt auf säurefreiem und chlorfrei gebleichtem Papier

Springer Vieweg ist eine Marke von Springer DE. Springer DE ist Teil der Fachverlagsgruppe
Springer Science+Business Media
www.springer-vieweg.de

für

Ernst Keller

Geleitwort

Nicht erst der Rechenfehler bei einer deutschen Bank, bei dem eine Buchungsdifferenz von 55,5 Mrd. Euro aufgetreten war, zeigt die Brisanz von individuellen Fehlern in einer banalen operativen Ebene. Während die „großen" Computerprogramme für die wichtigsten betriebswirtschaftlichen Aufgaben vielfältigen Kontrollen während der Entwicklung und ständig im Verlauf der Nutzung unterliegen, existiert ein häufig unterschätztes Risiko im Bereich der individuellen Arbeitsschritte.

Individuelle Fehler entstehen nicht nur durch simple Rechenfehler sowie durch Eingabe- und Übertragungsfehler, sondern durch fehlerhafte Anwendung von Mitteln der individuellen Datenverarbeitung. In erster Linie ist hierbei der Einsatz von Tabellenkalkulationsprogrammen (Spreadsheets) zu erwähnen. Während man davon ausgehen kann, dass die üblicherweise eingesetzte Software einen im Vergleich zu anderen Systemen überaus hohen Grad an algorithmischer Korrektheit aufweist, liegen hohe Risiken in der Art der Anwendung.

Die Programmierung betriebswirtschaftlicher Aufgaben mithilfe von Tabellenkalkulationsprogrammen wird häufig nicht durch Programmierer oder andere Computerspezialisten durchgeführt, sondern durch die Mitarbeiter der betriebswirtschaftlichen Fachabteilungen. Die Wirtschaftlichkeit einer solchen Vorgehensweise wird selten überprüft und von Seiten der Wirtschaftsinformatik häufig angezweifelt. Mitarbeiter der Fachabteilungen verfügen über genügend, größtenteils autodidaktisch erworbene, Kenntnisse und Erfahrungen, um ihre Aufgaben „irgendwie" mithilfe der Software zu lösen. Bereits eine Bewertung der aufgewendeten Arbeitszeit lässt aber an der Wirtschaftlichkeit zweifeln.

Wenn zusätzlich das Risikopotenzial einer amateurhaften Softwareentwicklung einbezogen wird, erweist sich der übliche Umgang mit der individuellen Datenverarbeitung als äußerst problematisch. Das Risiko ist aber größtenteils weder den betroffenen Mitarbeitern noch dem Management bewusst.

Aus dem Blickwinkel der Wirtschaftsinformatik ist festzustellen, dass das Thema „Individuelle Datenverarbeitung", das mit dem Aufkommen der PC-Nutzung in den Unternehmen sehr präsent war, zunehmend aus dem Fokus des wissenschaftlichen Interesses geraten ist, was sachlich nicht nachzuvollziehen ist.

Deshalb ist die vorliegende Arbeit ein wichtiger Beitrag zu einem auch praktisch relevanten Thema. Das Konzept der IT-Governance wird auf den Bereich der individuellen Datenverarbeitung ausgeweitet, bis hin zur Ableitung von Konsequenzen für die Wirtschaftsprüfung.

Prof. Dr. Ulrich Hasenkamp

Vorwort

Die vorliegende Arbeit ist während meiner Tätigkeit als wissenschaftliche Mitarbeiterin am Institut für Wirtschaftsinformatik der Philipps-Universität Marburg entstanden.

IDV-Governance ist zurzeit in Theorie und Praxis ein offenes Projekt. Für meine Wahl dieses Themas waren neben der wissenschaftlichen Herausforderung Impulse aus der Praxis maßgebend, die sich bei der Begegnung mit Beschäftigten des Bankensektors ergaben. In fachlichen Gesprächen mit Interviewpartnern in Kreditinstituten wurde mir klar, welche Bedeutung manche Forschungsfragen der Wissenschaft im Alltag der Unternehmen in der Wirtschaftswelt und darüber hinaus in der Öffentlichkeit haben können. Deshalb machte ich mich mit großem Interesse an die Arbeit und blieb auch in mühsamen Phasen von dem Sinn der Forschungsanstrengungen überzeugt. Mein großer Dank gilt allen Interviewpartnern.

Dass man endlich zum Ziel kommt, ist in hohem Maß einem positiven Umfeld zu verdanken, beruflich und privat. Das betrifft zuerst den Arbeitsplatz. Mein ganz besonderer Dank gilt meinem Doktorvater Prof. Dr. Ulrich Hasenkamp für zahlreiche Gespräche, wertvolle Ratschläge und für optimale Arbeitsbedingungen am Lehrstuhl während der gesamten Promotionszeit, die durch ein großes Maß an akademischer Freiheit, Anerkennung der Leistungen und respektvoller Zusammenarbeit geprägt waren. Er ermöglichte mir Teilnahme an zahlreichen Konferenzen und und Tagungen, hatte immer ein offenes Ohr, wenn es um meine Förderung ging. Die Tätigkeit an seinem Lehrstuhl war für mich nicht nur beruflich, sondern auch persönlich eine Bereicherung. Nicht zuletzt ist dieser Umstand auch meinen Kollegen am Lehrstuhl zu verdanken. Regelmäßige Doktorandenkolloquien, gegenseitige Unterstützung bei den Aufgaben in der Lehre und respektvolles Miteinander haben die notwendigen Voraussetzungen für produktive Arbeit geschaffen. Gesondert möchte ich meiner Kollegin und Freundin Ivonne Kröschel danken. Sie war mir im letzten Promotionsjahr nicht nur eine wichtige Diskussionspartnerin, sondern auch eine große emotionale Unterstützung. Prof. Dr. Joachim Krag und Prof. Dr. Michael Kirk danke ich für die Übernahme des Zweitgutachtens und des Vorsitzes im Prüfungsausschuss.

Schließlich möchte ich den Menschen, denen ich lebensmäßig verbunden bin, für ihre Liebe und Unterstützung in all den Jahren herzlich danken, den Freundinnen und Freunden, der Familie. Da ist auch eine Marburger Familie zu nennen, die mir nach meinem Weggang aus St. Petersburg in Deutschland eine Heimat gegeben hat: Ernst Keller, der vor zwei Jahren verstorben ist und dem diese Arbeit gewidmet ist, und Marie-Luise Keller. Sie haben mir während des Studiums Zuneigung und Aufmerksamkeit geschenkt, die sonst nur Kinder von ihren Eltern erfahren dürfen. Marie-Luise war insbesondere im letzten Promotionsjahr eine unermüdliche und kritische Gesprächspartnerin. Mein Dank gilt auch allen meinen Freunden für Verständnis, liebevolle Ermutigung und viele schöne gemeinsame Unternehmungen, die für den notwendigen Ausgleich während der Arbeit gesorgt haben. Mein fundamentaler Dank gilt meiner wunderbaren Mama und meiner Schwester Olia für ihre grenzlose Liebe, Rückhalt und Glauben an mich in allen Lebenslagen.

Elizaveta Kozlova

Inhaltsverzeichnis

Abkürzungsverzeichnis

AS	Anwendungssystem
AWV	Arbeitsgemeinschaft für wirtschaftliche Verwaltung e. V.
BaFin	Bundesanstalt für Finanzdienstleistungsaufsicht
BDSG	Bundesdatenschutzgesetz
BMF	Bundesministerium der Finanzen
BNP	Bruttonationalprodukt
BSI	Bundesamt für Sicherheit in der Informationstechnik
BWL	Betriebswirtschaftslehre
CASE	Computer Aided Software Engineering
CEO	Chief Executive Officer
CFO	Chief Financial Officer
COSO	Committee of Sponsoring Organizations of the Treadway Commission
CTB	Change the Bank
CCTA	Central Computer and Telecommunications Agency
DIIR	Deutsches Institut für Interne Revision e. V.
DV	Datenverarbeitung
EDV	Elektronische Datenverarbeitung
EU	Europäische Union
EUS	Entscheidungsunterstützungssysteme
EuSpRIG	European Spreadsheet Risks Interest Group EuSpRIG
FAIT	Fachausschuss für Informationstechnologie
GI	Gesellschaft für Informatik e. V.
GDPDU	Grundsätze zum Datenzugriff und zur Prüfbarkeit digitaler Unterlagen
GoB	Grundsätze ordnungsmäßiger Buchführung

GoBS	Grundsätze ordnungsmäßiger DV-gestützter Buchführungssysteme
GroMiKV	Groß- und Millionenkreditverordnung
HGB	Handelsgesetzbuch
i. d. R.	in der Regel
i. V. m.	in Verbindung mit
IDV	Individuelle Datenverarbeitung
IDW	Institut der Wirtschaftsprüfer
IEEE	Institute of Electrical and Electronics Engineers
IKS	Informations- und Kommunikationssysteme; Internes Kontrollsystem
IM	Informationsmanagement
IS	Information Systems
ISACA	Information Systems Audit and Control Association
IS	Informationssystem
IT	Informationstechnologie
ITIL	IT Infrastructure Library
KM	Konfigurationsmanagement
KonTraG	Gesetz zur Kontrolle und Transparenz im Unternehmensbereich
KWG	Gesetz über das Kreditwesen
MaRisk	Mindestanforderungen an das Risikomanagement
MCI	Mensch-Computer-Interaktion
MMK	Mensch-Maschine-Kommunikation
MS	Microsoft
OGC	Office of Government Commerce
OLAP	Online Analytical Processing
o. V.	ohne Verfasser
PC	Personal Computer

PIM	Persönliches Informationsmanagement
PM	Projektmanagement
PSE	Professionelle Softwareentwicklung
PublG	Gesetz über die Rechnungslegung von bestimmten Unternehmen und Konzernen (Publizitätsgesetz)
QS	Qualitätssicherung
RTB	Run the Bank
SAM	Strategic-Alignment-Model
SE	Softwareerstellung
SEC	U.S. Securities and Exchange Commission
SEU	Softwareentwicklungsumgebung
SolvV	Solvabilitätsverordnung
SOX	Sarbanes-Oxley Act
SQL	Structured Query Language
Tab.	Tabelle
UML	Unified Modelling Language
VBA	Visual Basic for Applications
WI	Wirtschaftsinformatik
WKWI	Wissenschaftliche Kommission Wirtschaftsinformatik
4GL	Fourth generation language

Abbildungsverzeichnis

Tabellenverzeichnis

1 Einführung

„Rechenfehler kommt BayernLB teuer zu stehen. Der zweistellige Millionenverlust im Eigenkapital der Bayerischen Landesbank (BayernLB) hatte in der vergangenen Woche einen Vorstand den Kopf gekostet. Nun kommt heraus: Grund für das ganze Desaster waren Rechenfehler.

Die falsche Anwendung mathematischer Formeln habe im Handel mit Atlanta-Aktien zu Verlusten von 44,6 Mill. Euro geführt,[...].

Der verantwortliche Vorstand Dieter Burgmer wurde am Donnerstagabend fristlos entlassen... In Finanzkreisen hieß es, zudem verließen ein Bereichsleiter, ein Abteilungsleiter und ein Händler die Bank."

o. V.[1]

1.1 Motivation und Ausarbeitung der Fragestellung

Die Welt der Informationstechnologie (IT) wird immer dynamischer und komplexer. Nicht zuletzt deswegen stellt die Beherrschbarkeit von Komplexität in Informations- und Kommunikationssystemen (IKS) eines der wichtigsten Erkenntnisziele der Wirtschaftsinformatik dar.[2] Die grundlegende Motivation der vorliegenden Arbeit besteht darin, einen Beitrag zur Beherrschbarkeit der Komplexität von IT-Anwendungen in Kreditinstituten zu leisten.

Im Mittelpunkt der Arbeit steht das Phänomen der Individuellen Datenverarbeitung (IDV)[3]. Die Bezeichnung „Phänomen" wurde nicht wegen eines schönen Begriffs ausgewählt. Im allgemeinen Sprachgebrauch versteht man unter einem Phänomen eine ungewöhnliche Erscheinung. Stellt die Individuelle Datenverarbeitung eine ungewöhnliche Erscheinung dar?

Unter IDV versteht man im Allgemeinen die Entwicklung und Pflege von aufgabenspezifischen Anwendungen mithilfe von Endbenutzerwerkzeugen durch Anwender direkt am Arbeitsplatz am Computer. Es handelt sich um die Anwendungen, die direkt in Fachabteilungen von Unternehmen von Benutzern entwickelt und anschließend mit unterschiedlicher organisatorischer Reichweite eingesetzt werden. Man spricht in diesem Zusammenhang von sogenannten IDV-Anwendungen. „Während der Endbenutzer dem Einsatz von Bildschirmen bei der Institution vor Jahren noch kritisch und distanziert gegenüberstand, setzen Sachbearbeiter

---

[1] o. V./Rechenfehler/2007.
[2] Vgl. Heinzl, A.; König, W.; Hack, J./Erkenntnisziele/2001, S. 226.
[3] In der englischsprachigen Literatur spricht man von End User Computing.

heute eigenentwickelte PC-Programme ein, die sie im Rahmen der Makroprogrammierung in der Regel mit den zur Verfügung stehenden Microsoft-Produkten erstellen."[4]

Auf den ersten Blick erscheint das Thema manchen Wissenschaftlern trivial.[5] Aus Unternehmenskreisen kann man sogar solche Äußerungen wie „Individuelle Datenverarbeitung oder gar Softwareentwicklung – dazu sehen wir keinen Regelungsbedarf!"[6] hören. Aber ist das Thema wirklich trivial? Wird die Einschätzung möglicherweise voreilig getroffen, ohne dass man sich mit der Problematik hinreichend auseinandersetzt?[7]

Wie in der vorliegenden Arbeit gezeigt wird, ist das IDV-Phänomen sehr vielschichtig. Hinter einem scheinbar trivialen Begriff befindet sich ein sehr komplexes Gebilde. IDV-Anwendungen stellen eine gefährliche Risikoquelle dar. Regelmäßig wird in der Presse über Schadensfälle in der Wirtschaft (z. B. in der BayernLB) berichtet, die in Zusammenhang mit der Verwendung von IDV-Anwendungen stehen und durch menschliches Versagen verursacht werden. Entwicklung und Einsatz von IDV-Anwendungen haben das Potenzial, den Fortbestand eines Unternehmens zu gefährden. Sie sind aber gleichzeitig mit vielen Chancen für Unternehmen verbunden. Durch IDV-Anwendungen können z. B. zusätzliche Wertbeiträge und Wettbewerbsvorteile für Unternehmen generiert werden. IDV-Anwendungen können die Schwächen der professionellen Softwareentwicklung ausgleichen und stellen eine wichtige Quelle für Innovationen dar. Endbenutzer sind heutzutage in der Lage, mithilfe von EndbenutzerWerkzeugen direkt von ihrem Arbeitsplatz aus so viel Einfluss auf das Unternehmensgeschehen zu nehmen wie nie zuvor. Anwender können zum Teil sehr komplexe Anwendungen und Auswertungen selbst programmieren und verwenden. So entwickelte sich das Programm Microsoft Excel zu einer sehr leistungsstarken und flexiblen Plattform, die oft benutzt wird, um hochkomplexe Anwendungen zu erstellen.[8] Die IDV bietet den Unternehmen einige Vorteile im Vergleich zu Standardsoftware oder zur Entwicklung durch die IT-Abteilung. Die Lösungen können meistens viel schneller und informeller bereitgestellt werden. Die Akzeptanz der Systeme bei den Anwendern ist höher, da sie an der Entwicklung selbst beteiligt sind. Der Kostenfaktor spielt ebenfalls eine Rolle.[9] Gleichzeitig erfordert die schnelle Verbreitung der neuen Computer-Technologien bzw. auf neuen Technologien basierender Werkzeuge und daraus resultierender Risiken vermehrt kompetentes und zuverlässiges Handeln.[10] Der Einsatz von IDV-Anwendungen findet oft in sehr sensiblen Unternehmensbe-

---

[4] BSI/PC-Anwendungsentwicklung/2010.
[5] Vgl. Rautenstrauch, C./Effiziente Gestaltung/1997, S. 9.
[6] Hagemeister, G.; Lui, B.; Kons, M./Individuelle Datenverarbeitung/2008, S. 76.
[7] Vgl. Hagemeister, G.; Lui, B.; Kons, M./Individuelle Datenverarbeitung/2008, S. 76.
[8] Vgl. Heiser, J./Developing/2006, S. 1.
[9] Vgl. Schwarzer, B.; Krcmar, H./Wirtschaftsinformatik/2004, S. 226.
[10] Vgl. Ulrich, E./Vorwort/1991, S. 5.

reichen (Accounting, Controlling, Berichtswesen etc.) statt und hat einen unmittelbaren Einfluss auf die Zuverlässigkeit und Genauigkeit der Rechnungslegung und Finanzberichterstattung eines Unternehmens. Mit dem wachsenden Einfluss der IDV-Anwendungen auf den Geschäftsbetrieb und auf die Bilanzausweise eines Unternehmens werden Risiken falscher Ergebnisse oder der Nichtverfügbarkeit der Anwendungen immer größer.[11] Die Regelmäßigkeit der durch den IDV-Einsatz bedingten Schadensfälle zeigt, dass die notwendige Sensibilität für diese Risiken in Unternehmen oft fehlt. „Fehlende Transparenz, fehlende Einheitlichkeit (Wildwuchs), fehlende Kontrollen, lückenhaftes Know-how der Benutzer sowie Schwierigkeiten hinsichtlich der Ordnungsmäßigkeit, Sicherheit und Nachweisbarkeit" sind keine Seltenheit.[12] Die an die IDV zu stellenden Ordnungsmäßigkeits- und Sicherheitsanforderungen finden oft keinen angemessenen und wirksamen Niederschlag in internen Kontrollsystemen der Unternehmen.

Das Risikopotenzial von IDV-Anwendungen wurde auch vom Bundesamt für Sicherheit in der Informationstechnik (BSI) erkannt. Zum Thema „Software-Entwicklung durch Endbenutzer" ist auf der BSI-Webseite Folgendes zu lesen: „Viele der bei Büroarbeitsplätzen eingesetzten Standardprogramme ermöglichen es den Benutzern, selbst Programme zu entwickeln, z. B. um sich Routinetätigkeiten zu erleichtern. Ein typisches Beispiel dazu ist die Makroprogrammierung unter Microsoft Word oder Access. Die Kreativität und Einsatzbereitschaft, die Mitarbeiter hierbei an den Tag legen, ist grundsätzlich zu begrüßen, allerdings sollte trotzdem in jeder Institution überlegt werden, wie mit der Makro- bzw. Software-Entwicklung durch Endbenutzer umgegangen werden soll."[13] Das BSI empfiehlt, dass man beim Einsatz von IDV-Anwendungen darauf achten solle, dass IDV-Anwendungen mit dem organisatorischen Umfeld einer Organisation harmonieren und dass die Effektivität und Wirtschaftlichkeit des Programmeinsatzes gewährleistet ist.[14]

Warum beschäftigt sich die vorliegende Arbeit mit den IDV-Anwendungen speziell in Kreditinstituten?

Die IT stellt neben den Mitarbeitern den wichtigsten Produktionsfaktor im Bankensektor dar und ihre gute Handhabung ist daher essenziell für den Erfolg eines Kreditinstitutes. Eine wichtige Besonderheit von Kreditinstituten gegenüber anderen Branchen besteht darin, dass die von ihnen angebotenen Finanzprodukte immateriell sind und überwiegend in Form von Daten vorliegen.[15] Die große Abhängigkeit der Banken von dem Produktionsfaktor IT verschärft die Bedeutung der IT als Risikoquelle und führte in den letzten Jahren zum vermehr-

---

[11] Vgl. Arendt, S.; Schäfer, A./Individuelle Datenverarbeitung/2009, S. 280.
[12] Schroff, M./Individuelle Datenverarbeitung/2005, S. 72.
[13] BSI/Software-Entwicklung/2009.
[14] Vgl. BSI/PC-Anwendungsentwicklung/2010.
[15] Vgl. Temme, A./Datenqualität/2009, S. 534.

ten Aufkommen der regulatorischen Anforderungen seitens des Gesetzgebers und der Aufsichtsbehörden. So gewannen die sogenannten operationellen Risiken sowohl bei Managern als auch bei Gesetzgebern, Bankenaufsicht und in der Öffentlichkeit deutlich an Aufmerksamkeit und stellen mittlerweile nach dem Kreditrisiko die zweitwichtigste Risikokategorie dar.[16] Nach Basel II sind die aus dem IT-Einsatz resultierenden operationellen Risiken bei der Berechnung der Eigenkapitalquote zu beachten. Um diese Risiken berücksichtigen zu können, müssen sie vorher identifiziert und analysiert werden. Wie in der vorliegenden Arbeit gezeigt wird, stellen IDV-Anwendungen eine wichtige Quelle für operationelle Risiken dar. Um aufsichtsrechtlichen Anforderungen (unter anderem den Anforderungen von Basel II) gerecht zu werden, müssen sich die Banken verstärkt mit der IDV-Problematik befassen.

Banken sind also nicht nur aus eigenem Interesse gezwungen, sich mit IDV-Risiken zu beschäftigen; aufsichtsrechtliche Bestimmungen verpflichten sie dazu. Damit liegen zwei wichtige Gründe vor, sich mit der IDV-Problematik speziell im Bankensektor zu beschäftigen: die besondere Rolle der IT in Kreditinstituten sowie das Vorhandensein von regulatorischen Anforderungen von außen. Die gewonnenen Erkenntnisse bezüglich der IDV können aber mit einigen Einschränkungen auch auf andere Branchen übertragen werden, weil alle Unternehmen sich potenziell in Gefahr befinden, Verluste aus einem unkontrollierbaren Einsatz von Endbenutzer-Anwendungen zu produzieren.[17]

Die Problematik des IDV-Einsatzes im Bankensektor ist nicht nur aus Unternehmenssicht bzw. Bankensicht von Interesse. Die mit IDV-Anwendungen verbundenen Risiken sind auch für die Öffentlichkeit von Bedeutung. Das Ausmaß und die Höhe von durch den IDV-Einsatz hervorgerufenen Schadensfällen können unter Umständen einen negativen Einfluss in volkswirtschaftlicher Hinsicht haben. Daraus erwächst für die Wirtschaftsprüfer von Unternehmen eine besondere Verantwortung. Sie müssen sich der Frage stellen, inwieweit Risiken aus IDV-Anwendungen im Rahmen einer Jahresabschlussprüfung zu berücksichtigen sind. Diese Verantwortung der Wirtschaftsprüfer ergibt sich außerdem aus der Tatsache, dass Unternehmen oft erst dann anfangen etwas zu unternehmen, wenn Wirtschaftsprüfer sie auf die entsprechenden Risiken hinweisen. So kann man in einer Gartner-Studie von J. HEISER über die Kontrollmechanismen im IDV-Bereich Folgendes lesen: „In practice, relatively few organizations have made significant efforts to implement controls. Until it becomes an organizational priority, typically after an external audit finding, IT organizations generally follow a "don't ask, don't tell" practice."[18]

---

[16] Vgl. Kunze, B./Überwachung/2007, S. 1 sowie Stickelmann, K./Operationelles Risiko/2002, S. 4.

[17] Vgl. Heiser, J./Developing/2006, S. 3.

[18] Heiser, J./Developing/2006, S. 6.

Und nun zum Forschungsstand in den einschlägigen Wissenschaften: Wieweit hat man hier das Phänomen schon zur Kenntnis genommen?

1.2 Stand der Forschung und Zielsetzungen der Arbeit

Wer die relevante Literatur studiert und analysiert, kann folgende Feststellungen machen:

Was die Handhabung des Begriffs „Individuelle Datenverarbeitung" in deutsch-sprachiger Literatur betrifft, so kann man feststellen, dass der Begriff in nahezu allen Publikationen der Wirtschaftsinformatik eine Rolle spielt. Allerdings gibt es kaum Arbeiten, die sich mit der Problematik von IDV-Anwendungen auseinandersetzen. Meistens wird der Begriff in den Grundlagen zu Wirtschaftsinformatik behandelt, ohne dass die inhärenten Chancen und Risiken ausreichend analysiert und dargestellt werden. In einigen Quellen wird IDV als ein möglicher Ansatz der Systementwicklung eingeführt, aber nicht weiter vertieft.[19] Einige Autoren sprechen sogar, wie schon erwähnt, von einer Trivialität des Begriffs.[20] C. RAUTEN-STRAUCH bezeichnet die IDV als „Vorläufer-Konzept" des Persönlichen Informationsmanagements (PIM) und spricht über die benutzerorientierte Sicht des Informationsmanagements im Zusammenhang mit dem IDV-Begriff.[21]

Was die Präsenz des Themas in der englischsprachigen Literatur betrifft, so kann man feststellen, dass einige wissenschaftliche Aufsätze über die Problematik der Excel-Spreadsheets-Verwendung in den letzten Jahren veröffentlicht wurden.[22] Wie in der vorliegenden Arbeit gezeigt wird, besitzen Tabellenkalkulationsprogramme einen besonderen Stellenwert im IDV-Bereich. Sie brachten den Durchbruch bei der Beteiligung der Endbenutzer an der Systementwicklung.[23] Mit gewisser Regelmäßigkeit erscheinen auch in der Presse Berichte über schwerwiegende Fehler in Tabellenkalkulationen/Spreadsheets. Eine Sammlung solcher Beispiele findet sich auf der Internetseite der European Spreadsheet Risks Interest Group (EuSp-RIG, http://www.eusprig.org). T. GROSSMAN et al. stellen aber im Großen und Ganzen fest, dass die praktische Bedeutung von Tabellenkalkulationsprogrammen in Unternehmen in deutlichem Gegensatz zur Unterpräsenz dieses Themenkomplexes in der Forschung steht. Anders als andere Programmiersprachen werden Tabellenkalkulationsprogramme nicht in Verbindung mit den wichtigen Aufgaben innerhalb von IT-Systemen gebracht.[24]

---

[19] Vgl. z. B. Laudon, K. C.; Laudon, J. P.; Schoder, D./Wirtschaftsinformatik/2010 S. 946f. sowie Schwarzer, B.; Krcmar, H./Wirtschaftsinformatik/2004, S. 224ff.

[20] Vgl. Rautenstrauch, C./Effiziente Gestaltung/1997, S. 9.

[21] Vgl. Rautenstrauch, C./Effiziente Gestaltung/1997, S. 17.

[22] Vgl. z. B. Heiser, J./Developing/2006; Heiser, J.; Furlonger, D./Spreadsheet/2009; Read, N.; Batson, J./Spreadsheet modelling/1999.

[23] Vgl. Hasenkamp, U./Konzipierung/1987, S. 27.

[24] Vgl. Grossman, T. A.; Mehrotra, V.; Özluk, Ö./Spreadsheet information systems/2005, S. 2.

Neben der Recherche zum Begriff Individuelle Datenverarbeitung generell wurde die Quellenanalyse zu IT-Risiken durchgeführt, um herauszufinden, ob und inwieweit IDV-Risiken in der Literatur berücksichtigt und beachtet werden. Dass der Einsatz von IT in Unternehmen mit zahlreichen Risiken verbunden ist, ist überall unbestritten. Es gibt sehr viele Publikationen, die diesen Themenbereich aus unterschiedlichsten Gesichtspunkten untersuchen. Nichtsdestotrotz besitzen die jeweils identifizierten Risiken oftmals keinen ausreichenden Konkretisierungsgrad.[25] Ursachen und Wirkungen von Risiken werden nicht selten zu ungenau untersucht und beschrieben, sodass ökonomisch sinnvolle Entscheidungen über wirkungsvolle Maßnahmen nicht getroffen werden können. Die unzureichende Untersuchung von Ursachen und Wirkungen von konkreten Risiken führt dazu, dass die Maßnahmen ihre Wirkung oft verfehlen und anstatt eines ökonomisch effektiven und effizienten Risikomanagements ein „Angstmanagement" betrieben wird. Es ist wichtig, dass die Rolle des Risikomanagements nicht nur auf die Absicherung gegen mögliche Gefährdungen beschränkt ist, sondern im Sinne des Chancenmanagements als Optimierungsfaktor betrachtet wird.[26] Speziell zum Thema operationelle Risiken gibt es einige, vergleichsweise wenige Publikationen, die Risiken aus IDV-Anwendungen so gut wie nicht betrachten.[27] Wurden die IDV-Risiken in der Forschung zu IT-Risikomanagement bis jetzt möglicherweise unterschätzt? In der vorliegenden Arbeit wird diese Frage analysiert, indem Ursachen und Wirkungen von IDV-Risiken genau untersucht werden.

Setzt man sich mit dem Thema der IDV auseinander, ist es grundsätzlich erforderlich, die Erkenntnisse aus dem Forschungsbereich Mensch-Computer-Interaktion einzubeziehen. Der Oberbegriff für die Mensch-Computer-Interaktion ist die Mensch-Maschine-Interaktion. Die schnelle und breite Einführung komplexer technischer Systeme führt zu der Notwendigkeit, neben der Behandlung systemtechnischer Probleme auch eine detaillierte Untersuchung der psychischen Anforderungen an die Nutzer solcher Systeme durchzuführen.[28] In der Gesellschaft für Informatik e. V. (GI) gibt es eine Forschungsgruppe, die sich mit der Analyse, Gestaltung und Bewertung interaktiver Informatiksysteme beschäftigt. Das Ziel ist, diese Systeme passend zum Nutzungskontext zu realisieren. Erkenntnisse aus Psychologie, Informatik, Arbeitswissenschaft, Ingenieurwissenschaften, Designdisziplinen sind dabei gleichermaßen

---

[25] Vgl. hierzu und im Folgenden Junginger, M./Informationsmanagement/2005, S. 3.
[26] Vgl. Junginger, M.; Krcmar, H./Risikomanagement/2003, S. 16; Junginger, M./Informationsmanagement/2005, S. 3.
[27] Vgl. z. B. Kaiser, T.; Köhne, M. F./Operationelle Risiken/2007; Kunze, B./Überwachung/2007; Minz K.-A./Operationelle Risiken/2004; Jörg, M./Operational Risk/2003;
[28] Vgl. Körndle, H./Mensch-Computer-Interaktion/1993, S. 7.

gefragt.[29] Im Bereich Mensch-Computer-Interaktion gibt es eine Reihe von Publikationen, die die Problematik primär aus dem Blickwinkel der Psychologie betrachten.[30]

Auf der Suche nach Forschungserkenntnissen zur IDV-Problematik wurde genauer die Literatur aus dem Bereich Governance, Unternehmensüberwachung sowie speziell Bankenüberwachung analysiert. Die Notwendigkeit der Regulierung und der Überwachung des IT-Einsatzes in Unternehmen insgesamt und im Bankensektor insbesondere ist hier ebenfalls kein neues Thema. Eine neue Welle von Forschungsarbeiten und Beiträgen aus der Praxis gab es mit dem Aufkommen des Begriffs IT-Governance vor einigen Jahren. Die IDV-Problematik wurde aber im Rahmen von IT-Governance bis jetzt nicht behandelt.

Einige Gesetze und Regularien (z. B. Sarbanes-Oxley Act (SOX), Basel II), die im Rahmen der Arbeit vorgestellt werden, setzen sich mit IDV-Risiken schon heute zumindest indirekt auseinander. Indirekt bedeutet, dass der Begriff IDV nicht explizit in den Gesetzes- bzw. Regularientexten erwähnt wird. Diese Vorschriften setzen aber voraus, dass man sich mit dem Thema beschäftigen müsste, wenn man den Regelungsanforderungen gerecht werden will. An dieser Stelle sei angemerkt, dass die Anforderungen an die IT in rechtlichen Vorschriften grundsätzlich sehr oft allgemein und indirekt formuliert werden. Die Begriffe Information Technology oder Information Systems werden im SOX z. B. nicht einmal erwähnt. Trotzdem haben SOX-Anforderungen eine unmittelbare Auswirkung auf die IT eines Unternehmens. Ähnlich wie bei IT-Risiken, deren Ursachen und Wirkungen näher erforscht werden müssten, um sinnvolle Maßnahmen und Konzepte zu entwickeln, müssen Gesetze und Regularien detailliert interpretiert und ausgelegt werden, um notwendige Maßnahmen für die jeweiligen IT-Bereiche einleiten zu können.

Speziell zu IDV-Anwendungen ist zu sagen, dass man damit rechnen kann, dass Aufsichtsbehörden sich in der näheren Zukunft mit der Problematik der Risiken aus Tabellenkalkulationsprogrammen intensiv auseinandersetzen werden.[31]

Im nächsten Schritt der Erhebung des Forschungsstandes wurde die Präsenz der IDV-Problematik im Bereich Wirtschaftsprüfung untersucht. Hier kann man festhalten, dass das Thema der IT-Systemprüfungen generell in den letzten Jahren zunehmend an Bedeutung gewonnen hat. Dies hängt mit der Tatsache zusammen, dass IT-Systeme in vielen rechnungslegungsrelevanten Prozessen eine wichtige Rolle spielen. Aus diesem Grund sind die aus dem IT-Einsatz resultierenden Risiken bei einer Jahresabschlussprüfung zu berücksichtigen. Laut dem Standard IDW PS 330 ist eine IT-Systemprüfung ein Bestandteil der Prüfung des Inter-

---

[29] Vgl. o. V./Mensch-Computer-Interaktion/2010.

[30] Vgl. z. B. Hellige, H. D./Mensch-Computer-Interaktion/2008 sowie Frey, S./Dreamteam Mensch-Computer/2006.

[31] Vgl. Miric, A./Spreadsheet errors/2010.

nen Kontrollsystems eines Unternehmens. Die Risiken sind auf allen Ebenen des IT-Systems vorhanden. Die Prüffelder gemäß IDW PS 330 sind IT-Strategie, IT-Umfeld, IT-Organisation, IT-Infrastruktur, IT-Anwendungen, IT-gestützte Geschäftsprozesse, IT-Überwachungssystem und IT-Outsourcing. IDV-Anwendungen sind dem Prüffeld IT-Anwendungen zuzuordnen.

Angesichts dieser Befunde zum aktuellen Forschungsstand, also der Feststellung einer mangelnden Präsenz dieses Themas in der wissenschaftlichen Literatur, ist die Frage nach den Ursachen zu stellen. Welche Faktoren sind eventuell verantwortlich? Zum einen kommt die Forschung den schnellen Entwicklungen in der Praxis nicht hinterher. Die Ausgestaltung eines Arbeitsplatzes in Bezug auf die IT-Unterstützung hat in den letzten Jahren deutlich an Komplexität zugenommen. IDV heute kann nicht mit der IDV von vor zehn Jahren verglichen werden. Sowohl IT-Kenntnisse der Mitarbeiter als auch technische Möglichkeiten an einzelnen Arbeitsplätzen sind heute andere als noch vor zehn oder gar zwanzig Jahren. Der Begriff IDV wird aber in der wissenschaftlichen Literatur immer noch so behandelt, als ob es diese Veränderungen nicht gäbe. Ein Wandel in der Rolle von IDV in Unternehmen insgesamt und in Banken insbesondere wird in der Literatur nur unzureichend thematisiert. Zum anderen stellt IT in weiten Teilen immer noch eine Art „Black Box" für die Forschung dar, was die Untersuchung der damit verbundenen Chancen und Risiken betrifft. Der IT-Einsatz in Unternehmen ist tatsächlich eine sehr komplexe Angelegenheit. Nicht umsonst stellt die Beherrschbarkeit von Komplexität in Informations- und Kommunikationssystemen eines der wichtigsten Erkenntnisziele der Wirtschaftsinformatik dar, wie bereits am Anfang dieser Einführung erwähnt wurde.

Das primäre Anliegen dieser Arbeit besteht darin, einen Beitrag zur besseren Klärung und praktischen Handhabung der komplexen Verhältnisse beim IDV-Einsatz zu leisten. Die Problematik der IDV-Anwendungen soll am Bespiel des Bankensektors analysiert und ganzheitlich, d. h. aus unterschiedlichen Perspektiven, dargestellt werden. Im Ergebnis wird ein Meta-Gestaltungskonzept für das IDV-Management in Kreditinstituten präsentiert. Es gilt damit, Rahmenbedingungen für den IDV-Einsatz zu definieren, die auf der einen Seite Chancen, die sich aus dieser Errungenschaft ergeben, fördern und erhöhen und auf der anderen Seite Risiken und Fehleranfälligkeit minimieren. Um der Bedeutung des Themas in der Öffentlichkeit gerecht zu werden, wird anschließend die Frage erörtert, welche Konsequenzen sich aus den gewonnenen Erkenntnissen für die Durchführung der gesetzlich geforderten Wirtschaftsprüfungen ergeben. Die einzelnen Zielsetzungen sind in **Abb. 1** zusammengefasst.

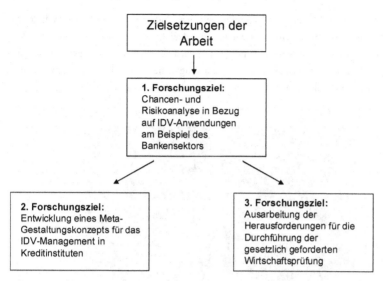

Abb. 1: Zielsetzungen der Arbeit
Quelle: Eigene Darstellung

1.3 Wissenschaftliche Einordnung und Forschungsmethodik

1.3.1 Allgemeine wissenschaftstheoretische Einordnung

Die vorliegende Arbeit versteht die Betriebswirtschaftslehre in Anlehnung an die St. Galler Lehre als anwendungsorientierte Sozialwissenschaft, die sich mit den Pro-blemen der Entwicklung, Gestaltung und Lenkung zweckgerichteter sozialer Systeme befasst.[32] Die Aufgabe der Betriebswirtschaftslehre besteht im Gegensatz zu den reinen Grundlagenwissenschaften darin, „handelnden Menschen das in bestimmten Problemsituationen benötigte Wissen zur Verfügung zu stellen".[33] Mit dieser Arbeit wird also das Ziel angestrebt, Wissen zu generie-ren, das zur Lösung praxisrelevanter Probleme beiträgt.

Generell kann man zwischen zukünftigen und aktuellen praxisrelevanten Problemen unter-scheiden, für die jeweils inhaltliche oder methodische Lösungen gesucht werden.[34] Somit er-geben sich vier Möglichkeiten praxisrelevanter Aussagen (s. **Abb. 2**). Die erste Möglichkeit stellt die Situation dar, in welcher ein Wissenschaftler ein konkretes Problem aus der Praxis

---

[32] Vgl. Ulrich, H./Management/1984, S. 168.

[33] Ulrich, H; Krieg, W.; Malik, F./Die Betriebswirtschaftslehre/1976, S. 135.

[34] Vgl. hiezu und im Folgenden Ulrich, H./Die Betriebswirtschaftslehre/1981, S. 11.

inhaltlich löst. Die zweite Variante beschreibt die Konstellation, dass ein Wissenschaftler das konkrete Problem zwar nicht löst, aber Methoden aufzeigt, wie es potenziell gelöst werden könnte. Analog zu den aktuellen Problemen gibt es auch zu den zukünftigen Fragestellungen zwei Möglichkeiten der wissenschaftlichen Befassung: eine inhaltliche, direkt anwendbare Lösung und eine methodische Anleitung, wie eine inhaltliche Lösung erarbeitet werden kann.

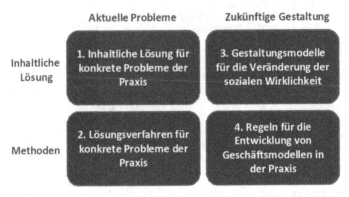

Abb. 2: Varianten praxisrelevanter Aussagen
Quelle: In Anlehnung an Ulrich, H./Die Betriebswirtschaftslehre/1981, S. 11

Wie ist die vorliegende Arbeit in diese Arbeitsfelder einzuordnen? Die Arbeit beschäftigt sich mit einem aktuellen Problem der Praxis. Es geht um den unkontrollierten IDV-Einsatz in Unternehmen. Es wird angestrebt, ein Konzept für einen kontrollierten Umgang mit IDV-Anwendungen in Kreditinstituten zu entwickeln. Das Konzept soll „ganzheitlich" angelegt sein, das bedeutet, es berücksichtigt die verschiedenartigen Sichtweisen aller am IDV-Einsatz beteiligten Teilnehmer (Unternehmen als Ganzes, Fachabteilungen, IT-Abteilungen und Endanwender, etc.) sowie die Sichtweisen der externen Teilnehmer (Öffentlichkeit, Konkurrenten, Lieferanten etc.). Herausforderungen und Konsequenzen für die verantwortliche Handhabung der gesetzlich vorgeschriebenen Wirtschaftsprüfung werden abgeleitet.

1.3.2   Einordnung in das Fachgebiet Wirtschaftsinformatik

Im Rahmen der Betriebswirtschaftslehre ist die vorliegende Arbeit dem Fachgebiet der Wirtschaftsinformatik (WI) zuzuordnen. Wirtschaftsinformatik ist eine relativ junge Disziplin, deren Bedeutung mit dem zunehmenden Einsatz der Informationstechnologie in nahezu allen Geschäftsbereichen von Unternehmen immer größer wird. Gegenstand der Wirtschaftsinformatik sind laut P. MERTENS „Informations- und Kommunikationssysteme (IKS) in Wirtschaft und öffentlicher Verwaltung."[35]

Im Mittelpunkt der Betrachtung des Fachgebiets Wirtschaftsinformatik befinden sich die Themen Konzeption, Entwicklung, Einführung, Nutzung und Wartung von betrieblichen Anwendungssystemen (AS).[36] Die Wirtschaftsinformatik ist ein interdisziplinäres Fach zwischen Betriebswirtschaftslehre (BWL) und Informatik. Die Interdisziplinarität zählt zu den wichtigsten Kernkompetenzen der Wirtschaftsinformatik.[37] In der vorliegenden Arbeit sind Fragestellungen, Begriffe und Konzepte aus den Disziplinen Wirtschaftsprüfung, Rechnungslegung, Unternehmensorganisation, Informatik sowie Psychologie von Bedeutung.

Was die Einordnung in das Fachgebiet Wirtschaftsinformatik betrifft, so sind gleich mehrere Themengebiete zu nennen, die im Rahmen der IDV-Forschung eine Rolle spielen.

Zum einen stellt Individuelle Datenverarbeitung einen möglichen Ansatz für die System- und Softwareentwicklung dar. Das Themengebiet der System- und Softwareentwicklung zählt zu den Kernthemen der Wirtschaftsinformatik überhaupt. Die Wissenschaftliche Kommission Wirtschaftsinformatik (WKWI) nennt die „Anwendungssystem-Entwicklung" als einen von sieben Ausbildungsschwerpunkten.[38]

Des Weiteren sind IDV-Anwendungen dem Themenkomplex betriebliche Anwendungssysteme zuzuordnen. In der Arbeit soll geklärt werden, ab wann man bei einer IDV-Anwendung von einem betrieblichen Anwendungssystem sprechen kann und welche Probleme sich durch die Koexistenz von IDV-Anwendungen und professionellen Anwendungssystemen ergeben.

Ein weiterer zentraler Forschungsbereich der Wirtschaftsinformatik, in dessen Rahmen sich die vorliegende Arbeit bewegt, ist die Rechnerunterstützung der Arbeitsplätze.

1.3.3 Einordnung in das Fachgebiet Wirtschaftsprüfung

IT und Wirtschaftsprüfung beeinflussen sich gegenseitig. Der zunehmende Einsatz der Informationstechnik in der Rechnungslegung bedeutet eine neue Sichtweise auf den Beruf des Wirtschaftsprüfers.[39] Eine Jahresabschlussprüfung ohne gleichzeitige Prüfung der IT-Landschaft im Unternehmen ist heutzutage nicht mehr denkbar. Wie bereits erwähnt, ist eine IT-Systemprüfung gemäß dem Standard IDW PS 330 ein Bestandteil der Prüfung des internen Kontrollsystems eines Unternehmens. Die wachsende Abhängigkeit der Unternehmen vom

---

[35] Mertens, P./Was ist Wirtschaftsinformatik?/2002, S. 11.
[36] Vgl. hierzu und im Folgenden Mertens, P./Was ist Wirtschaftsinformatik?/2002, S. 11ff.
[37] Vgl. Heinzl, A.; König, W.; Hack, J./Erkenntnisziele/2001, S. 225.
[38] Vgl. Kurbel, K./Rahmenempfehlung/2002, S. 31-33.
[39] Vgl. Kozlova, E.; Hasenkamp, U./IT-Systeme/2007, S. 990.

informationstechnischen Umfeld macht eine hinreichende Anpassung der Prüfmethoden und die ständige Überwachung und Prüfung der im Unternehmen eingesetzten IT-gestützten Systeme erforderlich.[40] Der IDV-Einsatz stellt einen Teil des unternehmensweiten IT-Einsatzes dar und muss daher im Rahmen der gesetzlichen Abschlussprüfung berücksichtigt werden. IDV-Anwendungen sind – wie bereits gesagt – dem Prüffeld IT-Anwendungen im Rahmen des IDW PS 330 zuzuordnen.

1.3.4 Einordnung in das Fachgebiet Psychologie

Das Thema der Individuellen Datenverarbeitung ist auch dem Fachgebiet Psychologie – konkret der Arbeits- und Organisationspsychologie – zuzuordnen. Zu den zentralen Forschungsfragen der Arbeitspsychologie gehört die Frage des Zusammenspiels von Aufgabengestaltung für Mitarbeiter und deren Qualifikation. Im Zusammenhang mit IDV-Anwendungen ist die Frage zu untersuchen, ob die Qualifikation der Mitarbeiter in den Fachabteilungen ausreicht, um sich auf dem Gebiet der Softwareentwicklung zu betätigen. Sind die in den meisten Fällen fehlenden Kenntnisse aus den Bereichen Vorgehensmodelle und Methoden der Systementwicklung ein Risikofaktor? Welche Fertigkeiten und Qualifikationen aus der professionellen Softwareentwicklung sind auch im IDV-Bereich unverzichtbar?

1.4 Zur Forschungsmethode

Die Wirtschaftsinformatik ist – wie bereits gesagt – eine relativ junge Disziplin. In den letzten Jahren konnte man laut L. J. HEINRICH in der wissenschaftlichen Gemeinschaft der Wirtschaftsinformatik nur wenig Auseinandersetzung mit wissenschaftstheoretischen und forschungsmethodischen Fragen feststellen.[41] Die Mehrheit wissenschaftlicher Arbeiten im Bereich der Wirtschaftsinformatik ist gestalterisch und beschreibend, es wird nur wenig analysiert und erklärt. Da Wirtschaftsinformatik ein interdisziplinäres Fach zwischen BWL und Informatik ist, ist es notwendig, die unterschiedlichen Forschungsmethoden der beiden Disziplinen kurz zu kennzeichnen.

Laut M. SCHWANINGER[42] kann man anhand der Art des Denkens und der Art der Erkenntnisgewinnung verschiedene Forschungsansätze ausmachen (s. **Abb. 3**). Zum einen unterscheidet er zwischen einem analytischen und einem synthetischen Denkmodus. Das analytische Verfahren setzt voraus, dass ein Ganzes in seine Teile aufgegliedert wird, die separat und nicht unbedingt unter Berücksichtigung ihrer Zusammenhänge untersucht werden. Beim syn-

---

[40] Vgl. MacKee, Th. E.; Quick, R./IT-Kenntnisse/2003, S. 541.
[41] Vgl. hierzu und im Folgenden Heinrich, L. J./Forschungsmethodik/2006, S. 3f.
[42] Vgl. Schwaninger, M./Integrale Unternehmensplanung/1989, S. 52ff.

thetischen Denken steht das Zusammenwirken der einzelnen Forschungsbestandteile im Vordergrund. Die Allgemeingültigkeit der Aussagen spielt dabei eine größere Rolle als die Aussagepräzision. Die zweite von SCHWANINGER betrachtete Dimension beinhaltet den theoretischen und empirischen Modus der Erkenntnisgewinnung.

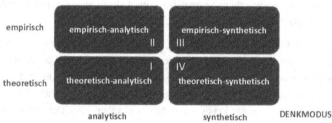

Abb. 3: **Raster zur Klassifizierung von Forschungsansätzen**
Quelle: In Anlehnung an Schwaninger, M./Integrale Unternehmensplanung/1989, S. 53

So ergeben sich insgesamt vier idealtypische Forschungsansätze. Selten kann man in der Realität einen dieser Typen in reiner Form beobachten. Wissenschaftler benutzen oft Mischformen. Das ist auch in der vorliegenden Arbeit der Fall. Die theoretisch-synthetische Forschungsarbeit steht in Vordergrund. Synthetisches Denken ist zusammenfügendes Denken. Das Ziel ist, das Ganze zu verstehen und zu beschreiben. Besonders in der Wirtschaftsinformatik ist zur Definition eines Forschungsobjekts und für das Verstehen des Ganzen in den meisten Fällen der Blick in die Praxis notwendig.[43] Damit spielt die empirisch-synthetische Arbeit in der vorliegenden Arbeit eine wichtige Rolle. Zur Erhebung des Forschungsbedarfs in der Praxis wurden sechs Experteninterviews durchgeführt.[44]

Was soll nun am Ende der Arbeit als Ergebnis präsentiert werden?

Man unterscheidet zwischen gestaltungsorientierter und verhaltensorientierter Wirtschaftsinformatik. „Die Erkenntnisziele einer gestaltungsorientierten Wirtschaftsinformatik sind Handlungsanleitungen (normative, praktisch verwendbare Ziel-Mittel-Aussagen) zu Konstruktion und zum Betrieb von Informationssystemen[45] sowie Innovationen in den Informationssystemen (Instanzen) selbst. [...] Dem gegenüber analysiert die verhaltensorientierte Wirt-

---

[43] Vgl. Österle, H. et al./Memorandum/2010, S. 4 und Becker, J./Prozess/2010, S. 13.
[44] In **Kapitel 4** werden Experteninterviews als Forschungsmethode, die Vorgehensweise bei den durchgeführten Experteninterviews sowie die aus den Experteninterviews resultierenden Erkenntnisse dargestellt.
[45] Zum Begriff „Informationssystem" s. **Abschnitt 3.1.2.**

schaftsinformatik das Informationssystem als Phänomen (faktische Sachverhalte) mit dem Ziel der Entdeckung von Ursache-Wirkungs-Zusammenhängen."[46]

Die vorliegende Arbeit ist primär im Bereich der gestaltungsorientierten Wirtschaftsinformatik angesiedelt. Das primäre Ziel der Arbeit ist die Ausarbeitung eines Meta-Gestaltungskonzepts für das IDV-Management in Kreditinstituten.

Der Erkenntnisprozess der gestaltungsorientierten Wirtschaftsinformatik verläuft idealtypisch in vier Phasen: Analyse, Entwurf, Evaluation, Diffusion.[47]

In der *Analysephase* werden die Problemstellung und die Forschungsziele präzisiert. In dieser Phase werden außerdem die Einflussfaktoren eines Problems ermittelt. Bei der Problemdefinition ist insbesondere darauf zu achten, dass ein relevantes Problem erforscht wird.[48] Der Anstoß zu einem Forschungsthema kann sowohl aus der Wissenschaft als auch aus der Praxis kommen, wobei der Blick in die Praxis – wie bereits erwähnt – zur Definition eines Forschungsobjekts in den meisten Fällen unerlässlich ist.[49] In der vorliegenden Arbeit wurden die beiden Wege kombiniert. In der Analysephase werden sowohl Erkenntnisse aus der Wissenschaft als auch Meinungen aus der Praxis mit einbezogen.[50] Die Erhebung des Forschungsbedarfs in der Praxis wurde in der vorliegenden Arbeit mittels Experteninterviews durchgeführt.

In der gestaltungsorientierten Wirtschaftsinformatik werden neben dem Gestaltungsziel häufig auch Beschreibungs- und Erklärungsziele begleitend verfolgt.[51] So auch in der vorliegenden Arbeit: Hier wird das IDV-Phänomen beschrieben und erklärt, bevor das Meta-Gestaltungskonzept für IDV-Management in Kreditinstituten vorgestellt wird.

In der *Entwurfsphase* sind Artefakte[52] herzustellen. „Die Artefakte können Modelle [...], Vorgehensleitfaden, Prototypen oder lauffähige und für den kommerziellen Einsatz konzipierte IT-Systeme (letzteres eher selten) sein [...]."[53] Man spricht in diesem Zusammenhang auch von Ergebnistypen der gestaltungsorientierten Wirtschaftsinformatik. Das können Konzepte, Terminologien, Modelle, Methoden etc. sein.[54] Im Fall der vorliegenden Arbeit soll im Ergebnis ein Meta-Gestaltungskonzept als Artefakt entwickelt werden. Unter einer Meta-Ebene wird im Allgemeinen eine übergeordnete Sichtweise auf ein Objekt verstanden. Im Rahmen

---

[46] Österle, H. et al./Memorandum/2010, S. 3f.

[47] Vgl. Österle, H. et al./Memorandum/2010, S. 4f.

[48] Vgl. Becker, J./Prozess/2010, S. 13.

[49] Vgl. Österle, H. et al./Memorandum/2010, S. 4 und Becker, J./Prozess/2010, S. 13.

[50] Vgl. Österle, H. et al./Memorandum/2010, S. 5.

[51] Vgl. Becker, J./Prozess/2010, S. 13.

[52] Der Begriff Artefakt kommt durch die Zusammensetzung zweier lateinischer Begriffe (lat. ars *Kunst* und factum *das Gemachte*) zusammen. Das „Gemachte" weist darauf hin, dass es sich bei der Herleitung von Artefakten um eine gestalterische Aufgabe handelt. Im Ergebnis kommt eine Art Kunstprodukt zustande.

[53] Becker, J./Prozess/2010, S. 14.

[54] Vgl. Österle, H. et al./Memorandum/2010, S. 4.

der Arbeit wird ein Gestaltungsrahmen für das IDV-Management in Kreditinstituten vorgeschlagen.

Auf die Entwurfsphase folgt die *Evaluationsphase*. Hier sollen die geschaffenen Artefakte im Hinblick auf die zuvor festgelegten Ziele und anhand der gewählten Methoden überprüft werden. Es ist wichtig, aufzuzeigen, welcher Nutzen durch das neue Artefakt entsteht.[55] Der Nutzen könnte beispielsweise in der Verbesserung von Effektivität oder Effizienz, Schaffung von Transparenz, Vermeidung oder Verringerung von Fehlern etc. bestehen.[56] In der vierten und letzten Phase (*Diffusionsphase*) geht es schließlich um eine größtmögliche Weiterleitung der Ergebnisse an die Anspruchsgruppen.[57]

Im Mittelpunkt der vorliegenden Arbeit stehen die ersten beiden Phasen, Analyse und Entwurf.

Theoretisch beruht das entwickelte Meta-Gestaltungskonzept auf dem St. Galler Management-Modell. Dieses Modell wird als Ordnungsgerüst gesehen, das ermöglicht, die Aufgaben und Tätigkeiten eines Leistungsbereichs zu erfassen, zu analysieren und in die größeren Zusammenhänge des gesamten Unternehmens einzuordnen.[58] In der vorliegenden Arbeit wird das Modell in Bezug auf den IDV-Einsatz als Leistungsbereich einer Bank angewandt.

Was die weiteren theoretischen Grundlagen der Arbeit betrifft, ist zu erwähnen, dass die Theorie der handlungstheoretischen Fehlerforschung für die Erklärung und Systematisierung der menschlichen Fehler im IDV-Bereich mit einbezogen wird. Die Theorie sowie die daraus abgeleitete handlungsorientierte Fehlertaxonomie dienen als Basis für die Analyse der Fehler aus IDV-Anwendungen sowie für den Vergleich zwischen IDV-Entwicklungen und professioneller Softwareentwicklung im Hinblick auf Fehleranfälligkeit. Die daraus gewonnenen Erkenntnisse für den IDV-Einsatz werden entsprechend im abschließenden Konzept mitberücksichtigt.

1.5 Aufbau der Arbeit

Im weiteren Verlauf der Arbeit werden in **Kapitel 2** zuerst Besonderheiten und aktuelle Herausforderungen des IT-Einsatzes im Bankensektor erläutert. Diese Ausarbeitung ist notwendig, um die Bedeutung und den Stellenwert der IDV-Anwendungen in Kreditinstituten beurteilen zu können.

---

[55] Vgl. Becker, J./Prozess/2010, S. 16.
[56] Vgl. Becker, J./Prozess/2010, S. 16.
[57] Vgl. Österle, H. et al./Memorandum/2010, S. 4f.
[58] Vgl. Schwegler, R./Moralisches Handeln/2008, S. 106.

In **Kapitel 3** werden die für den Forschungsgegenstand dieser Arbeit relevante Grundlagen und Begriffe aus den Bereichen der System- und Softwareentwicklung sowie der betrieblichen Anwendungssysteme dargestellt. Darauf aufbauend wird das Phänomen der IDV betrachtet und von der professionellen Softwareentwicklung abgegrenzt. Da Tabellenkalkulationsprogramme insgesamt und MS Excel insbesondere einen besonderen Stellenwert innerhalb von IDV-Anwendungen besitzen, werden diese in **Kapitel 3** ausführlicher als sonstige Endbenutzerwerkzeuge dargestellt.

In **Kapitel 4** werden die Experteninterviews einschließlich der konzeptionellen Grundlagen dieser Forschungsmethode präsentiert.

In **Kapitel 5** werden zuerst zwei Betrachtungsperspektiven auf die IDV-Anwendungen im Banksektor näher erläutert: IDV-Anwendungen als Chance und als ein Risikofaktor für den Bankensektor. Im zweiten Teil des **Kapitels 5** werden die theoretischen Grundlagen von IT-Governance behandelt. Diese sind notwendig, um in **Kapitel 6** die aus IDV-Anwendungen resultierenden Fehler und Risiken analysieren sowie die damit verbundene IDV-Compliance-Problematik betrachten zu können. Diese Analyse soll die Basiserkenntnisse für den Entwurf eines Meta-Gestaltungskonzepts für das IDV-Management in Kreditinstituten liefern, das in **Kapitel 7** vorgestellt wird.

Um dem Anspruch der ganzheitlichen Betrachtung des IDV-Phänomens gerecht zu werden, wird in **Kapitel 7** anschließend noch dargestellt, welche Bedeutung und Konsequenzen die gewonnen Erkenntnisse in der Praxis für IT-Systemprüfungen haben.

Die Arbeit endet in **Kapitel 8** mit einer Zusammenfassung der wesentlichen Ergebnisse und einem Ausblick auf künftige Herausforderungen.

2 Informationstechnologie in Kreditinstituten

Die Rolle der IT in Unternehmen insgesamt und in Banken insbesondere hat sich in den letzten Jahren grundlegend verändert, und dieser Prozess kann keinesfalls als vollendet betrachtet werden. Die technologischen und organisatorischen Entwicklungen gehen weiter und somit unterliegt auch die Rolle der IT weiterhin Veränderungen. IT wird heute oftmals als ein vierter Produktionsfaktor neben den klassischen Produktionsfaktoren Arbeit, Boden und Kapital verstanden. Im Bankensektor stellt die IT neben den Mitarbeitern den wichtigsten Produktionsfaktor dar und ist daher essenziell für den Erfolg eines Kreditinstitutes. Diese Entwicklungen und Entwicklungstendenzen werden in diesem Kapitel zunächst kurz skizziert. Wie später zu zeigen ist, bedeuten die rasanten Fortschritte im IT-Bereich auch vielfältige Herausforderungen für Unternehmen insgesamt und für Banken speziell. Diese Herausforderungen werden im zweiten Teil des aktuellen Kapitels behandelt.

2.1 Die veränderte Rolle der IT in Unternehmen

Die Welt der IT hat sich in den letzten Jahren sehr dynamisch verändert. Diese Veränderungen haben einen unmittelbaren Einfluss auf das Verständnis der Rolle von IT in Unternehmen. Immer mehr wird von IT erwartet, dass sie flexibler, direkter und messbarer zum geschäftlichen Erfolg beiträgt.[59] IT gehört also zunehmend zu den kritischen Erfolgsfaktoren vieler Unternehmen und hat einen unmittelbaren Einfluss auf Effektivität und Effizienz.[60]

In den vergangenen Jahren konnte beobachtet werden, wie sich die Rolle der IT von einer „Back-Office"-Funktion (Commodity) hin zum „Enabler" auf Strategieebene wandelte: „Historically, information technology has been considered a support function. To obtain both strategic advantage and competitive advantage using information technology, IT must be repositioned to where it can play a critical role in strategy formulation and implementation."[61] Zwischen dem Fokus auf Kostensenkungen innerhalb der IT und dem Einsatz von IT als Werttreiber lassen sich vier Stufen des IT-Einsatzes unterscheiden (s. **Tab. 1**).[62]

---

[59] Vgl. Goeken, M.; Kozlova, E.; Johannsen, W./IT-Governance/2007, S. 1581.

[60] Vgl. Frei, P. K./IT-Kontrollen/2008, S. 33 sowie Pramongkit, P.; Shawyun, T./Strategic IT framework/2002, S. 80.

[61] Luftman, J. N.; Lewis, P. R.; Oldach, S. H./Transforming/1993, S. 217.

[62] Vgl. Buchta, D.; Eul, M.; Schulte-Croonenberg, H./Strategisches/2004, S. 14f.

Stufen des IT-Einsatzes	Merkmale
IT als Kostentreiber	- Die Kostenreduktion steht im Vordergrund. - Der IT-Einsatz ist auf Nötigste beschränkt.
Optimierung der Geschäftsprozesse durch IT	- Die Verbesserung der Geschäftsprozesse steht im Vordergrund - IT unterstützt die Ziele der Unternehmensstrategie - Das Wertsteigerungspotenzial wird aber nicht in vollem Umfang genutzt
Umsatzsicherung und -steigerung durch IT	- Abwägung der IT-Kosten mit dem direkt zu erwartenden IT-Nutzen für das Geschäft für die Erzielung des Wertbeitrages durch IT - Direkte Anbindung an die Unternehmensstrategie durch die Stärkung der Kundenorientierung, die Effektivität der Absatzseite und die Integration des Unternehmens über die Wertschöpfungsstufen hinweg.
Erschließung neuer Geschäftsfelder durch IT	- „IT-Intelligenz" in bestehenden Produkten, die neue oder verbesserte Produkteigenschaften hervorbringen - IT-getriebene Dienstleistungen, die den Nutzen des bestehenden Produkts für die Anwender ergänzen.

Tab. 1: Vier Stufen des IT-Einsatzes

Quelle: In Anlehnung an Buchta, D.; Eul, M.; Schulte-Croonenberg, H./Strategisches/

2004, S. 15

In der ersten Stufe wird IT als Gemeinkostenfaktor betrachtet. Die Kostenreduktion steht hier im Vordergrund. Eine solche Optimierung der bestehenden IT erschließt zwar das Nutzenpotenzial innerhalb der IT, die langfristigen, strategischen Ziele von Unternehmen bleiben aber unberücksichtigt.[63] In der Stufe „Optimierung der Geschäftsprozesse durch IT" werden die Ziele der Unternehmensstrategie zwar unterstützt, das wertsteigernde Potenzial der IT wird jedoch noch nicht im vollen Umfang ausgeschöpft. In der dritten Stufe „Umsatzsicherung und -steigerung durch IT" ist eine direkte Anbindung der IT an die Unternehmensstrategie zu beobachten.

---

[63] Vgl. Buchta, D.; Eul, M.; Schulte-Croonenberg, H./Strategisches/2004, S. 15.

IT kann unterstützend auf verschiedenen Ebenen im Unternehmen wirken. In der Vergangenheit spielte vor allem die unterstützende Rolle von IT im operativen Geschäft eines Unternehmens eine Rolle. In den letzten Jahren gewinnt IT als strategischer Wettbewerbsfaktor immer mehr an Bedeutung und das Spektrum der Einsatzmöglichkeiten von IT wird breiter. Insgesamt können laut D. A. MARCHAND et al. vier Ebenen in Unternehmen identifiziert werden, auf welchen IT unterstützend wirken kann (s. **Abb. 4**).

Abb. 4: Vier Ebenen der IT-Unterstützung
Quelle: In Anlehnung an Marchand, D. A.; Kettinger, W. J.; Rollins, J. D./Information orientation/2001, S. 51 und Laudon, K. C.; Laudon, J. P.; Schoder, D./Wirtschaftsinformatik/2010; S. 797

Auf der Ebene „IT for Operational Support" (Unterstützung operativer Tätigkeiten innerhalb von Unternehmen) trägt IT dazu bei, dass Routineaufgaben effizienter und effektiver erledigt werden können. Die Ebene „IT for Business Process Support" (Geschäftsprozessunterstützung durch IT) beschreibt, wie IT Geschäftsprozesse innerhalb eines Unternehmens und über die Unternehmensgrenzen hinweg unterstützt. Auf der Ebene „IT for Innovation Support" (Unterstützung von Innovationen durch IT) geht es um die Frage, inwieweit IT die Innovationsprozesse innerhalb eines Unternehmens fördert. Im Mittelpunkt der Ebene „IT for Managerial Support" (Unterstützung von Managementtätigkeiten) steht der Einsatz von IT für die Unterstützung von Managemententscheidungen und -aufgaben.

Diese vielseitigen Einsatzmöglichkeiten der Ressource IT führen dazu, dass das Ansehen der IT-Leistungen in den Unternehmen steigt. So planten im Jahr 2010 61 % der Unternehmen in der Finanzbranche höhere IT-Investitionen als im Vorjahr.[64]

Die Frage, die im Zusammenhang mit dem Untersuchungsgegenstand der vorliegenden Arbeit relevant ist, betrifft die Rolle der IDV-Anwendungen auf diesen vier Ebenen. Es geht zum einen darum, die Potenziale der IDV für jede dieser Ebenen zu identifizieren, und zum anderen zu klären, auf welchen der Ebenen man auf IDV-Anwendungen verzichten kann, um die damit verbundenen Risiken zu reduzieren. Diese Analyse wird im Rahmen der vorliegenden Arbeit durchgeführt.

2.2 Bedeutung der IT im Bankgeschäft

Eine wichtige Besonderheit von Kreditinstituten gegenüber anderen Branchen besteht darin, dass die von ihnen angebotenen Finanzprodukte immateriell sind und überwiegend in Form von Daten vorliegen.[65] Bankprodukte sind keine physisch darstellbaren oder gar lagerfähigen Produkte.[66] Bankprodukte können auch Ergebnisse eines bilateralen Vertrages zwischen dem Kunden und der Bank sein. Es geht gewissermaßen um ein Bündel von Rechten (i. d. R. mit einer Reihe von zeitlichen Komponenten, wie z. B. Vertragslaufzeit, Anlagehorizont etc.).[67]

Die Erstellung, Verwaltung und der Vertrieb von Bankprodukten sind ohne IT-Einsatz nicht denkbar. Die IT einer Bank kann man mit der Produktionsstraße eines Fertigungsunternehmens oder den Logistikstrukturen eines Handelsunternehmens vergleichen.[68] Aus diesem Grund ist ein kontrollierter, strategisch abgestimmter, effizienter und effektiver IT-Einsatz in dieser Branche unabdingbar. Ein Ausfall der eingesetzten IT-Systeme hat das Potenzial, den Geschäftsbetrieb zum Erliegen zu bringen.[69] „Digital nervous system" nennt B. GATES das Informationssystem eines Unternehmens, und das Bankgeschäft bezeichnet er als „Information-centric Business".[70] „Bankgeschäft ist Informationsgeschäft", heißt es bei H.-G. PENZEL.[71] Kreditinstitute produzieren, übertragen und speichern Informationen. Wenn diese Informationen nicht verfügbar, unvollständig oder falsch sind, reagiert das ganze System sehr

---

[64] Vgl. Zeitler, N./Frust in der IT-Abteilung/2010.

[65] Vgl. Temme, A./Datenqualität/2009, S. 534.

[66] Vgl. Moormann, J.; Schmidt, G./IT in der Finanzbranche/2007, S. 9 sowie Meyer zu Selhausen, H./Bank-Informationssysteme/2000, S. 15.

[67] Vgl. Meyer zu Selhausen, H./Bank-Informationssysteme/2000, S. 15f.

[68] Vgl. Moormann, J.; Schmidt, G./IT in der Finanzbranche/2007, S. 8.

[69] Vgl. Moormann, J.; Schmidt, G./IT in der Finanzbranche/2007, S. 9.

[70] Gates, B./Business/1999, S. 11.

[71] Vgl. Penzel, H.-G./Architekturmanagement/2004, S. 114.

empfindlich und die Folgen können schwerwiegend oder fatal sein.[72] Wenn einige der IT-Systeme ausfallen und fehlerhaft funktionieren, wäre es unmöglich, Leistungen zu erbringen. Bankprodukte können nicht wie z. B. Industrieprodukte auf Vorrat produziert werden.

Die Bedeutung von IT in Kreditinstituten wird noch deutlicher, wenn man die „Produktionsprozesse" an einem Beispiel näher betrachtet. In **Abb.** 5 sind Kernprozesse einer Bank am Beispiel des Privatkundengeschäfts zu sehen: Akquisition, Distribution, Abwicklung und Service.[73]

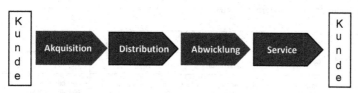

Abb. 5: Kernprozesse am Beispiel des Privatkundengeschäfts
Quelle: Moormann, J.; Schmidt, G./IT in der Finanzbranche/2007, S. 11

Im Rahmen der Akquisition werden Kunden und Kundengruppen identifiziert, die für das jeweilige Produkt von Interesse sein könnten. IT-Unterstützung erlaubt den Einsatz von diversen Vertriebskanälen für die Gewinnung von Kunden. In der Phase Distribution wird IT hauptsächlich für Präsentation und Dokumentation eingesetzt. Hier geht es darum, Kundenberatung und Vertragsvorbereitung und -abschluss einzuleiten. Das in der Phase Distribution abgeschlossene Geschäft wird im Back-Office in der Phase Abwicklung technisch umgesetzt. Nötige Transaktionen werden durchgeführt, wozu auch die externe und/oder interne Weiterleitung, Verarbeitung und Speicherung der Auftragsdaten gehören. Im Subprozess Service werden die notwendigen Informationen der Kunden bereitgestellt (z. B. Kontoinformationen). Die aufbereiteten Daten werden bankintern für Zwecke des Controlling, der Steuerung oder auch des Vertriebs benutzt. Nicht selten stehen die entstandenen Informationen auch für externe Stellen, z. B. für die Bankenaufsicht zur Verfügung.[74]

Das Beispiel mit dem Privatkundengeschäft macht deutlich, dass sämtliche Leistungserstellungsprozesse einer Bank auf IT basieren und Informationen verarbeiten. Ergebnisse dieser Leistungserstellungsprozesse sind immaterielle Produkte, die als Bündel von Informationen und Rechten dargestellt werden können.[75]

---

[72] Vgl. Blattner, N./IT im Finanzsektor/2005, S. 1.
[73] Vgl. Moormann, J.; Schmidt, G./IT in der Finanzbranche/2007, S. 11.
[74] Vgl. Moormann, J.; Schmidt, G./IT in der Finanzbranche/2007, S. 11.
[75] Vgl. Stahl, E.; Wimmer, A./Informationsverarbeitung in Banken/2004, S. 173 sowie Moormann, J./Bankgeschäft/2004, S. 5.

Die Daten für viele Produkte fließen aus zahlreichen, oft heterogenen Front-Office-Anwendungen zusammen. Kreditinstitute zeichnen sich heutzutage durch einen sehr hohen Automatisierungsgrad von Systemfunktionalitäten und Datenintegrationsprozessen aus. Dies soll sicherstellen, dass große Datenvolumina verarbeitet werden können. Banken verfügen über sehr komplexe Systemlandschaften vom Frontoffice bis zu den Bilanz- und Meldesystemen.[76]

Wenn man über die Entwicklung von IT im Bankengeschäft spricht, kann man verschiedene Entwicklungsphasen identifizieren (s. **Abb. 6**).

Phase 1: Batch-Datenverarbeitung	Phase 2: Time-Sharing-Datenverarbeitung	Phase 3: Personalisierte Informations-verarbeitung	Phase 4: Vernetzte Informations-verarbeitung	Phase 5: Web-basierte Informations-verarbeitung
• Kontoführung • Einfache Systeme der Zahlungs-verkehrsabwicklung • Verarbeitung von Massendaten • „Buchungssystem" • COBOL-Programmierung	• Enstehen von Sparten-anwendungen • bildschirmgestützte Dialoganwendungen • Terminalisierung der Filialen • „Zentrale EDV-Abteilung" • Plattenspeicher Magnetbänder, TP-Steuerungs-programme	• Ergänzung um Auftrags-abwicklungssysteme • vorgeschaltete Auftragsverwaltungs-systeme • Isolierte PC's • Intelligenz am Arbeisplatz • IDV, 4GL-Sprachen • Electronic Banking	• Inhouse-Vernetzung, globale Netze • verteilte Verarbeitung, Client-/Server-Architekturen • Workflow-Management-Systeme • CASE-Werkzeuge • Objektorientierte Programmierung • Internet, Multimedia • IT als Servicefunktion • Komponentensoftware	• Web-basierte Gechäftsprozess-abwicklung • Kapselung, Konnektivität, Standard-Schnittstellen • IT/IK-Konvergenz • Softwareagenten, Avatare, Personalisierung • Biometrie • Infrastruktur-Outsourcing
1960	1970	1980	1990	2000	2010

Abb. 6: Entwicklung der IT in Banken

Quelle: Moormann, J.; Schmidt, G./IT in der Finanzbranche/2007, S. 16

Die Entwicklungsgeschichte der Bankinformatik beginnt in den 1960er-Jahren. Das Privatkundengeschäft wurde damals im großen Stil aufgenommen. Für die Kontoführung wurde erstmalig die maschinelle Unterstützung eingeführt. Die Bankenbranche war einer der ersten Anwendungsbereiche von Großrechnern, die über Lochkarten mit Informationen versorgt wurden. Die Transaktionen, jede von denen durch eine Lochkarte repräsentiert, wurden am Abend des Geschäftstages in Stapeln („Batches") bearbeitet.[77]

Programme für die einzelnen Bankbereiche (z. B. Kreditgeschäft, Handelsgeschäfte) entstanden erstmalig in den 1970er-Jahren. Bei diesen Programmen ging es vor allem um die Dialoganwendungen. Informationen wurden nicht mehr auf Lochkarten, sondern am Bildschirm

---

[76] Vgl. Temme, A./Datenqualität/2009, S. 534.
[77] Vgl. hierzu und im Folgenden Moormann, J.; Schmidt, G./IT in der Finanzbranche/2007, S. 16f.

erfasst und wie bei Lochkarten in Stapeln verarbeitet. Benutzer erhielten in dieser Entwicklungsphase erstmalig Zugriff auf den Großrechner der Bank (Time-Sharing-Datenver-
arbeitung).

Ende der 1980er-Jahre wurden erstmalig einzelne Arbeitsplätze im großen Stil mit PCs ausge-
stattet. IDV spielt ab diesem Zeitpunkt kontinuierlich eine immer größere Rolle. Programmiersprachen der vierten Generation kamen in dieser Entwicklungsphase zum ersten Mal umfangreich zum Einsatz. J. MOORMANN et al. sprechen von „Intelligenz am Arbeitsplatz" in
dieser Entwicklungsphase. Einzelne Mitarbeiter können nun erstmalig eigenständig kleine
Anwendungen entwickeln und im Tagesgeschäft anwenden.

In den 1990er-Jahren stehen Client-Server-Architekturen bei der Konzeption von IT-
Systemen im Vordergrund. Die nationale und weltweite Vernetzung bei Banken wird aufgebaut. Die zunehmende Verbreitung von PCs in den Privathaushalten sorgt für die ersten Ansätze zur Vernetzung mit Privatkunden. Zahlreiche CASE (Computer Aided Software Engineering)-Werkzeuge (ausführlicher s. **Abschnitt 3.4.2.1**) machen den Prozess der Softwareentwicklung benutzerfreundlicher.

Die Internet-Technologie bestimmt die Entwicklungstendenzen der fünften Phase. Die Nor-
mierung der Kommunikation und die Erweiterung der Bandbreiten führen dazu, dass das Netz
als Komponente der Informationstechnologie definiert werden kann. Das Internet entwickelt
sich zu einer Basistechnologie. Anwendungen auf den PCs werden zunehmend auf dem
Browser bereitgestellt.

Heutzutage stellen die IT-Systeme der Banken hoch komplizierte und stark integrierte IT-
Strukturen dar. Die IT-Ausgestaltung der einzelnen Arbeitsplätze ist so gut und komplex wie
nie zuvor. Die IT-Vernetzung ermöglicht es, dass ein immenses Volumen an Finanztransaktionen in hohem Tempo abgewickelt werden kann.[78] IT stellt für fast alle Dienstleistungen einer Bank in der einen oder anderen Form die Basis dar. Ein Ausfall oder ein fehlerhaftes
Funktionieren von IT-Systemen bedeutet daher zwangsläufig fehlerhafte Dienstleistungen.
Aus diesem Grund kann man behaupten, dass die IT in Banken einen noch größeren Stellenwert als in anderen Unternehmen hat. Kreditinstitute stellen technologiegetriebene Unternehmen dar.[79]

Die kurz skizzierte Entwicklung der IT in Banken bestimmt im Wesentlichen wichtige Entwicklungstrends, die in dieser Branche momentan zu beobachten sind:

- Zerlegung der Wertschöpfungskette

- Industrialisierung von Prozessen

---

[78] Vgl. Blattner, N./IT im Finanzsektor/2005, S. 2.
[79] Moormann, J./Bankgeschäft/2004, S. 7.

- Steigende Anforderungen an Mitarbeiter und die IT-Ausgestaltung des Bankenarbeitsplatzes.[80]

Zur Zerlegung der Wertschöpfungskette:

Kreditinstitute entwickeln sich von stark integrierten Unternehmen zu Organisationen, die sich auf bestimmte Teile der Wertschöpfungskette spezialisieren (s. **Abb. 7**).[81]

Abb. 7: Zerlegung der Wertschöpfungskette
Quelle: Flesch, J. R./Zerlegung der Wertschöpfungskette/2008, S. 201

In diesem Prozess der Neuorientierung ist das Überdenken der Rolle von IT wichtig. Eine Abstimmung der IT-Strategie und Gesamtbankstrategie ist sowohl im Hinblick auf Chancen als auch auf Risiken notwendig. IDV-Anwendungen können je nach Strategie und Orientierung eine unterschiedliche strategische Bedeutung haben.

Zur Industrialisierung von Prozessen:

Der starke Wettbewerb sorgt dafür, dass Banken ihre Prozesse permanent und schnell überarbeiten müssen (Process Engineering). Damit das Verhältnis von Kosten und Ertrag nachhaltig verbessert werden kann, sind umfassende Restrukturierungsmaßnahmen notwendig.[82] „Dabei zielt die Industrialisierung sowohl auf die Veränderung der internen Strukturen innerhalb der

---

[80] Vgl. Flesch, J. R./Zerlegung der Wertschöpfungskette/2008, S. 201f.; Vgl. Arnold, K.; Matuschek, I./Bankgeschäft/2006, S. 45; Moormann, J.; Schmidt, G./IT in der Finanzbranche/2007, S. 7 sowie Kreische, K.; Bretz, J./Anforderungen/2003, S. 323.

[81] Vgl. Moormann, J.; Schmidt, G./IT in der Finanzbranche/2007, S. 5 sowie Flesch, J. R./Zerlegung der Wertschöpfungskette/2008, S. 201f.

[82] Vgl. Arnold, K.; Matuschek, I./Bankgeschäft/2006, S. 45.

Banken als auch auf die Veränderung der Wertschöpfungsprozesse ab".[83] Die Weiterentwicklung der Geschäftsmodelle stellt einen wichtigen Erfolgsfaktor dar (s. Abb. 8).

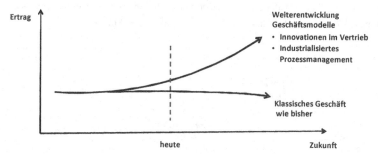

Abb. 8: Weiterentwicklung der Geschäftsmodelle als Erfolgsfaktor
Quelle: In Anlehnung an Spath, D.; Bauer, W.; Engstler, M./Bank/2008, S. 14

Die Wettbewerbssituation im Bankensektor hat sich in den letzten Jahren stark verschärft. Der
spürbare Preisverfall bei Standardprodukten hat dazu geführt, dass sich die Banken intensiv
mit den Kostenstrukturen und der Steigerung der Prozesseffizienz auseinandersetzen muss-
ten.[84] Mit der Industrialisierung der Prozesse wird inzwischen ein weiterer Ansatz intensiv
verfolgt, der die Banken zu Innovationen und deren Umsetzung befähigen soll.[85] Eine Verbindung von Effizienz und Innovation ist für die langfristige Wettbewerbsfähigkeit einer
Bank überlebenswichtig geworden. IT spielt dabei eine bedeutende Rolle. Zum einen stellt IT
ein Werkzeug bei der Optimierung der Prozesse auf allen Ebenen (bankintern, aber auch an
der Kundenschnittstelle) dar. Zum anderen ist IT ein wichtiges Mittel bei der Erstellung von
innovativen Lösungen und Produkten. IT-basierte Führungsinstrumente sorgen für mehr
Transparenz und eine bessere Strategieumsetzung. Um die Ziele „Effizienz" und „Innovation"
besser aufeinander abzustimmen, wurden im Rahmen eines Forschungsprojekts „Bank und
Zukunft" am Fraunhofer-Institut für Arbeitswirtschaft und Organisation strategische Potenziale und Anforderungen in der Finanzbranche aus Sicht des Marktes sowie aus Sicht der agierenden Unternehmen untersucht. Drei wichtige Handlungsfelder wurden in diesem Zusammenhang identifiziert

- Industrialisierung der Prozesse

- Innovationen im Finanzvertrieb

---

[83] Spath, D.; Engstler, M.; Praeg, C.-P.; Vocke, C./Trendstudie/2007, S. 32.
[84] Vgl. Spath, D.; Engstler, M.; Praeg, C.-P.; Vocke, C./Trendstudie/2007, S. 10f.
[85] Vgl. Spath, D.; Bauer, W.; Engstler, M./Bank/2008, S. 14.

- IT-Performance am Bankarbeitsplatz. [86]

Neben der gerade dargestellten Notwendigkeit der Industrialisierung der Geschäftsprozesse sind Innovationen im Finanzbetrieb und IT-Performance am Arbeitsplatz zwei weitere wichtige Handlungsfelder für eine Bank auf dem Weg in die Zukunft (s. **Abb. 9**).

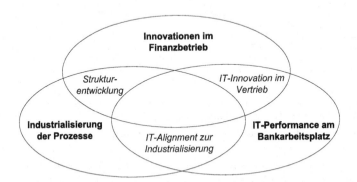

Abb. 9: Innovationen im Bankensektor
Quelle: In Anlehnung an Spath, D.; Bauer, W.; Engstler, M./Bank/2008, S. 16

Diese beiden Handlungsfelder (Innovationen im Finanzbetrieb und IT-Performance am Arbeitsplatz) stehen in einem unmittelbaren Zusammenhang mit dem Hauptgegenstand der vorliegenden Arbeit. Wie die Ergebnisse der Experteninterviews zeigen werden, ist eine der wichtigsten Chancen, die durch den IDV-Einsatz für Unternehmen entsteht, die Möglichkeit, innovativ zu bleiben. Durch einen kontrollierten IDV-Einsatz und gezielte Unterstützung der Mitarbeiter bei der Erstellung von IDV-Lösungen können Banken große Wettbewerbsvorteile gegenüber ihren Konkurrenten im Hinblick auf die Innovationskultur erzielen. Die neuen Anforderungen an IT-Performance am Bankarbeitsplatz führen zum Überdenken der Rolle der IDV bei Banken. Wie man diese Rolle gestalten kann und welche Faktoren dabei zu berücksichtigen sind, wird ebenfalls in späteren Abschnitten erläutert.

Zu steigenden Anforderungen an Mitarbeiter und die IT-Ausgestaltung des Bankenarbeitsplatzes:

Die gerade erwähnte IT-Performance am Arbeitsplatz steht in einem direkten Zusammenhang zum dritten genannten Trend Steigende Anforderungen an Mitarbeiter und die IT-

---

[86] Vgl. hierzu und im Folgenden Spath, D.; Bauer, W.; Engstler, M./Bank/2008, S. 14f.

Ausgestaltung des Bankenarbeitsplatzes. Die fachliche Kompetenz der Mitarbeiter beschränkt sich schon lange nicht mehr auf bankspezifisches Wissen. Sehr gute IT-Kenntnisse gehören längst zu den Kernkompetenzen der Bankangestellten.[87] Banken investieren immer mehr in die IT-Ausstattung am Bankarbeitsplatz. Die Intention besteht dabei vor allem darin, einen umfassenden Blick auf den Kunden zu schaffen, eine leistungsfähige Vertriebssteuerung zu erzielen, Beratungstools auszubauen, eine effektive und effiziente Steuerung und Überwachung der Geschäftsprozesse zu gewährleisten sowie die Entwicklung von innovativen Finanzprodukten zu ermöglichen.[88]

Die aufgezeigten Entwicklungstrends im Bankgeschäft bedeuten eine neue Ausrichtung der Tätigkeit des IT-Managements einer Bank. Zu den zentralen Anforderungen an das IT-Management bei Banken zählte in der Vergangenheit vor allem die Aufrechterhaltung eines sicheren und leistungsstarken Betriebs. Die Erfüllung dieser Anforderung reicht heute aber nicht mehr aus, um auf dem Markt konkurrenzfähig zu bleiben. Die gezielte Unterstützung neuer Geschäftsstrategien und die Bereitstellung innovativer Lösungen zählen gegenwärtig zu den zentralen Aufgaben des IT-Managements einer Bank.

Die Veränderung der IT-Rolle in einer Bank bringt umfangreiche Veränderungen in den Aufgaben und Verantwortlichkeiten der IT-Abteilung und der Fachabteilungen mit sich. Es geht dabei nicht um einzelne Maßnahmen, sondern um grundlegende, strukturelle Veränderungen, die auf das Verständnis der IT-Rolle und die Art und Weise der Leistungserbringung Auswirkungen haben.[89] Das in der vorliegenden Arbeit zu präsentierende Meta-Gestaltungskonzept zur Handhabung von IDV-Anwendungen in Kreditinstituten soll einen Beitrag zur Realisierung dieser Veränderungsprozesse leisten.

---

[87] Vgl. Arnold, K.; Matuschek, I./Bankgeschäft/2006, S. 58; Moormann, J.; Schmidt, G./IT in der Finanzbranche/2007, S. 7 sowie Kreische, K.; Bretz, J./Anforderungen/2003, S. 323.

[88] Vgl. Welsch, R./Der Bankarbeitsplatz/2008, S. 122 f.

[89] Vgl. Schick, A./Neuausrichtung/2008, S. 149.

3 Individuelle Datenverarbeitung – Grundlagen und Begriffsabgrenzung

Dieses Kapitel gibt eine Einführung in die Welt der Individuellen Datenverarbeitung. In der Literatur ist dieser Begriff auch unter der Bezeichnung Individuelle Informationsverarbeitung zu finden.[90] Um zu verstehen, worum es geht, werden in diesem Kapitel einige Grundlagen aus den Bereichen betrieblicher Anwendungssysteme sowie der System- und Softwareentwicklung erläutert. Anschließend wird der Begriff IDV dargestellt und von der professionellen Softwareentwicklung abgegrenzt. **Kapitel 3** schließt mit einem Exkurs bezüglich des Tabellenkalkulationsprogramms Microsoft Excel. Grund für diese Hervorhebung ist die Tatsache, dass Tabellenkalkulationsprogramme einen besonderen Stellenwert im IDV-Bereich haben; denn sie ermöglichten als erste Endbenutzerwerkzeuge einen Durchbruch bei der Beteiligung der Endbenutzer an der Systementwicklung.[91]

3.1 Grundbegriffe

3.1.1 Information, Daten, Zeichen

Der Begriff „Information"[92] wird je nach Kontext unterschiedlich gedeutet. In der Umgangssprache wird der Begriff unspezifisch verwendet: sich informieren heißt einfach allgemein, Wissen über Sachverhalte, Prozesse oder Ideen zu sammeln.[93] In der Betriebswirtschaftslehre versteht man unter „Information" qualifiziert zweckorientiertes bzw. zielgerichtetes Wissen.[94] Zweckorientiert bedeutet, dass Wissen nur dann als Information bezeichnet wird, wenn es dazu dient, Entscheidungen oder Handeln vorzubereiten.[95] Diese Charakterisierung führte schließlich dazu, dass Information heute als vierter Produktionsfaktor neben Arbeit, Boden bzw. Natur- und Sachkapital behandelt wird.[96] Die Betrachtung von Information als Produktionsfaktor und somit auch als Wettbewerbsfaktor führte schließlich zur Diskussion über den

---

[90] Vgl. Stahlknecht, P.; Hasenkamp, U./Einführung/2005, S. 209.

[91] Vgl. Hasenkamp, U./Konzipierung/1987, S. 27.

[92] Vom Lateinischen *information,* d. h. Deutung, Erläuterung.

[93] Vgl. Krcmar, H./Informationsmanagement/2005, S. 15 sowie Stahlknecht, P.; Hasenkamp, U./Einführung/ 2005, S. 9.

[94] Vgl. Wittmann, W./Unternehmung/1959, S. 17 sowie z. B. Stahlknecht, P.; Hasenkamp, U./Einführung/2005, S. 9.

[95] Vgl. Krcmar, H./Informationsmanagement/2005, S. 17.

[96] Vgl. Krcmar, H./Informationsmanagement/2005, S. 17 sowie zu den Produktionsfaktoren allgemein Gutenberg, E./Produktion/1979.

Wertbeitrag der Informationstechnologie. Diese Diskussion wird in der vorliegenden Arbeit später aufgegriffen (s. **Abschnitt 5.1**).

Neben dem Begriff „Information" verwendet man in der Wirtschaftsinformatik die Begriffe „Daten" und „Zeichen". Unter dem Begriff „Daten" werden Informationen verstanden, die für die Übertragung, Interpretation oder Verarbeitung formalisiert dargestellt sind. Es spielt dabei keine Rolle, ob die Verarbeitung von Daten durch Menschen oder automatisch erfolgt.[97] Daten beschreiben Sachverhalte und spiegeln objektiv wahrnehmbare Fakten wider.[98] Informationen enthalten dagegen einen subjektiven Faktor und implizieren Bewertung und Interpretation.[99]

Zur Darstellung von Daten werden Zeichen verwendet. Zeichen dienen als Grundlage für die beiden Begriffe Daten und Informationen. **Abb. 10** zeigt die Zusammenhänge zwischen Zeichen, Daten und Informationen.

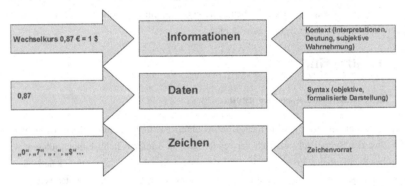

Abb. 10: Zeichen, Daten, Informationen
Quelle: In Anlehnung an Rehäuser, J.; Krcmar, H./Wissensmanagement/1996, S. 6 sowie Krcmar, H./Informationsmanagement/2005, S. 14

3.1.2   Informationstechnologie, Informationssystem, Software

„Der Informationsprozess im weiteren Sinne umschließt alle Aktivitäten an und mit Informationen. Inhaltlich erfolgt eine Übermittlung, Aufnahme bzw. Gewinnung, Bearbeitung, Verarbeitung, Speicherung und Abgabe von Informationen. Eine Technologie umfasst das (materielle) Produkt sowie die entsprechenden Nutzungs- und Anwendungsprozesse."[100] Alle Pro-

---

[97] Vgl. Stahlknecht, P.; Hasenkamp, U./Einführung/2005, S. 10.
[98] Vgl. Bauchknecht, K.; Zender, C. A./Informatikeinsatz/1997, S. 34.
[99] Vgl. Frei, P. K./IT-Kontrollen/2008, S. 28.
[100] Pfeiffer, P./Technologische Grundlage/1990, S. 18.

dukte, die den Informationsprozess im weiteren Sinne unterstützen, fallen unter den Begriff der *Informationstechnologie (IT)*. In der IT unterscheidet man zwischen *Hardware* und *Software*. „Unter der Hardware sollen hier alle dinglichen bzw. materiellen Elemente informationstechnischer Anlagen verstanden werden, d. h. im Wesentlichen alle mechanischen Elemente sowie elektronische Baugruppen bzw. Bauteile. Dazu zählen alle Peripheriegeräte, die Zentraleinheit mit dem Hauptspeicher, die Ein- und Ausgabesteuerung (Prozessoren) sowie alle physischen Speicher-, Übertragungs- und Verbindungseinrichtungen. Als Software werden dann alle immateriellen Komponenten bezeichnet, die als frei gestaltbare Programme auf einer informationstechnischen Anlage einsetzbar sind."[101] „Software bildet die Voraussetzung für den Betrieb eines Computers und bezeichnet in einer Programmiersprache geschriebene Programme."[102] Unter einem *Programm* versteht man „eine Verarbeitungsvorschrift,

d. h. einen Algorithmus aus einer Folge von Befehlen (Instruktionen), die im Maschinencode des jeweiligen Computers formuliert sind."[103] Ein Programm stellt die zur Lösung einer Aufgabe vollständige Anweisung an eine Datenverarbeitungsanlage dar.[104] Innerhalb der Software wird zusätzlich nach Anwendungs- und Systemsoftware unterschieden.[105] Als *Systemsoftware* bezeichnet man die Software, die für das ordnungsgemäße Funktionieren des Computers notwendig ist, da sie für die Koordination von eingesetzter Hardware- und Anwendungssoftware zuständig ist. Beispiele für Systemsoftware sind Betriebssysteme, Protokolle und Gerätetreiber.[106] *Anwendungssoftware* wird für ein konkretes betriebliches Anwendungsgebiet entwickelt, eingeführt und eingesetzt.[107] Anwendungssoftware benutzen die von der Systemsoftware bereitgestellten Dienste.[108] Die rasante technische Entwicklung der letzten Jahre macht die Grenze zwischen Hard- und Software fließend.

Ein weiterer Begriff, der in der Literatur zur Wirtschaftsinformatik immer wieder verwendet wird, ist „Informationssystem". Wie in der Einführung bereits erwähnt, sind Informations- und Kommunikationssysteme in Wirtschaft und öffentlicher Verwaltung laut MERTENS Gegenstand der Wirtschaftsinformatik.[109] In der Literatur werden IKS oft verkürzt als „Informationssysteme" bezeichnet. Es handelt sich dabei um soziotechnische Systeme, die menschli-

---

[101] Sandholzer, U./Informationstechnik/1990, S. 142.

[102] Laudon, K. C.; Laudon, J. P.; Schoder, D./Wirtschaftsinformatik/2010, S. 21.

[103] Laudon, K. C.; Laudon, J. P.; Schoder, D./Wirtschaftsinformatik/2010, S. 21.

[104] Vgl. Hansen, H. R.; Amsüss, W. L.; Frömmer, N. S./Standardsoftware/1983, S. 7.

[105] Vgl. Stahlknecht, P.; Hasenkamp, U./Einführung/2005, S. 66; Mertens, P. et al./Wirtschaftsinformatik /2004, S. 21f.

[106] Vgl. Mertens, P. et al./Wirtschaftsinformatik/2004, S. 21f.

[107] Vgl. Stahlknecht, P.; Hasenkamp, U./Einführung/2005, S. 204

[108] Vgl. Baaken, T.; Launen, M./Software-Marketing/1993, S. 9.

[109] Vgl. Mertens, P./Was ist Wirtschaftsinformatik?/2002, S. 11.

che und maschinelle Komponenten als Aufgabenträger umfassen.[110] In **Abb. 11** ist das Zusammenwirken von Mensch und Maschine in einem Informationssystem grafisch dargestellt.

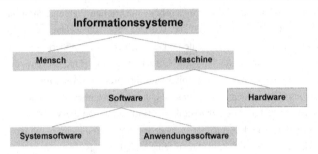

Abb. 11: Informationssysteme als Mensch-Maschine-Systeme
Quelle: In Krcmar, H./Informationsmanagement/2005, S. 25

K. C. LAUDON et al. erweitern den Begriff Informationssystem um Organisations- und Managementaspekte.[111] Ein Informationssystem ist immer ein betriebsindividuelles System, das
für die in einem Unternehmen gegebenen spezifischen organisatorischen und personellen
Strukturen entwickelt wurde und nur dort im vollen Umfang eingesetzt werden kann.

Die verkürzte Bezeichnung von IKS als Informationssystem soll nicht den Anschein erwe-
cken, dass die Komponente „Kommunikation" eine untergeordnete Rolle spielt. Gerade bezogen auf den Forschungsgegenstand der vorliegenden Arbeit spielt dieser Begriff eine besonders relevante Rolle, weil die „Mensch-Computer-Kommunikation" in der ganzen IDV-
Problematik im Mittelpunkt steht. In der Literatur gibt es mehrere Definitionen für den Begriff „Kommunikation".[112]

Ingesamt kann man von drei Ausprägungen des Begriffs „Kommunikation" sprechen.[113] In
der ersten Ausprägung wird der soziale Aspekt der Kommunikation betont. Es geht vor allem
um den wechselseitigen zwischenmenschlichen Austausch von Gedanken in Form von Sprache, Schrift oder Bild. Die zweite Begriffsausprägung betrachtet die Kommunikation zwischen Maschinen. Es geht also um das wechselseitige technische Übermitteln von Daten oder
Signalen. Die dritte Ausprägung, die gerade für die vorliegende Arbeit von besonderer Bedeutung ist, ist die Kommunikation zwischen Menschen und Maschinen.[114]

---

[110] Vgl. König, W./Wirtschaftsinformatik/1994, S. 80.
[111] Vgl. hierzu und im Folgenden Laudon, K. C.; Laudon, J. P.; Schoder, D./Wirtschaftsinformatik/2010, S. 29ff.
[112] MERTEN hat in seinem Buch Merten, K./Kommunikation/1977 160 Definitionen aufgezeigt und analysiert.
[113] Vgl. Frei, P. K./IT-Kontrollen/2008, S. 29; Stahlknecht, P.; Hasenkamp, U./Einführung/2005, S. 85.
[114] Vgl. Frei, P. K./IT-Kontrollen/2008, S. 29.

Ein weiterer für die Arbeit relevanter Begriff ist „Anwendungssystem", welcher in der Literatur und Praxis oftmals auch in abgekürzter Form als „Anwendung" vorzufinden ist. Grundlagen zu diesem Bereich werden im folgenden Abschnitt dargestellt.

3.2 Grundlagen zu dem Bereich Betriebliche Anwendungssysteme

3.2.1 Definitionen

Ein Anwendungssystem (AS) im engeren Sinne ist die Gesamtheit aller Anwendungssoftware mit den dazu gehörigen Daten, die für ein konkretes betriebliches Anwendungsgebiet entwickelt, eingeführt und eingesetzt werden.[115] Im weiteren Sinne betrachtet man zusätzlich die für die Nutzung der Anwendungssoftware erforderliche Hard- und Systemsoftware. Je nach Betrachtungsweise können auch die Benutzer in die Definition miteinbezogen werden.[116]

Ein AS stellt für ein Unternehmen einen Teil seines Informationssystems dar. Ein Anwendungssystem setzt sich aus den betrieblichen Aufgaben und Prozessen, die es unterstützt, sowie der IT-Infrastruktur, der Anwendungssoftware und den Daten, die für die Erfüllung der Aufgaben erforderlich sind, zusammen. Ein Informationssystem beinhaltet, wie bereits erwähnt, zusätzlich unternehmensspezifische Organisations- und Managementaspekte. **Abb. 12** verdeutlicht den Zusammenhang zwischen Informationssystem und Anwendungssystem.

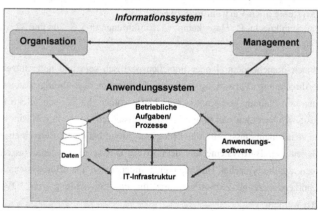

Abb. 12: Anwendungssystem und Informationssystem
Quelle: In Anlehnung an Laudon, K. C.; Laudon, J. P.; Schoder, D./Wirtschaftsinformatik/ 2010, S. 18

---

[115] Vgl. Laudon, K. C.; Laudon, J. P.; Schoder, D./Wirtschaftsinformatik/2010, S. 16f.
[116] Vgl. Stahlknecht, P.; Hasenkamp, U./Einführung/2005, S. 204 und 326.

Die inner- und außerbetrieblichen Abläufe werden heute in nahezu allen Unternehmen durch Anwendungssysteme unterschiedlicher Art unterstützt. In den meisten Unternehmen findet man heute eine Vielzahl von Anwendungssystemen, die parallel eingesetzt werden und miteinander verbunden sind. Man unterscheidet zwischen branchenneutralen und branchenspezifischen Anwendungssystemen.[117] Anwendungssysteme können für Zwecke eines bestimmten Unternehmens oder eines bestimmten Typs von Unternehmen geschaffen werden und kommen in einem oder mehreren Unternehmen zum Einsatz.[118] Anwendungssysteme können auch nach ihrem Verwendungszweck unterschieden werden (s. **Abb. 13**). So unterscheidet man zwischen operativen Systemen, Führungssystemen, Systemen für den elektronischen Informationsaustausch und Querschnittssystemen.[119]

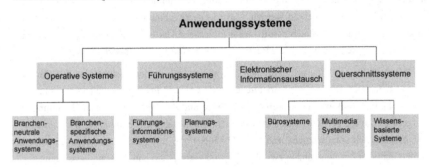

Abb. 13: Anwendungssysteme nach Verwendungszweck
Quelle: In Anlehnung an Stahlknecht, P.; Hasenkamp, U. /Einführung/2005, S. 204 und 327

Operative Systeme können branchenneutral oder branchenspezifisch sein und unterstützen operative Funktionen (Abrechnung, Verwaltung etc.) eines Unternehmens. Führungssysteme dienen der Unterstützung von Planung und Kontrolle im Unternehmen. Im Bereich „elektronischer Informationsaustausch" werden elektronischer Datenaustausch, Electronic Business und Onlinedatenbanken zusammengefasst. Für die vorliegende Arbeit hat dieser Bereich eher eine untergeordnete Bedeutung. Bürosysteme aus dem Zweig Querschnittssysteme fassen Anwendungen zusammen, die die typischen Bürotätigkeiten unterstützen. Den Bürosystemen sind auch die Endbenutzerwerkzeuge zuzuordnen, die für die Entwicklung von IDV-Anwendungen eingesetzt werden.

Wie in der Arbeit gezeigt wird, sind die von Fachabteilungen der Unternehmen selbst erstellten IDV-Anwendungen in nahezu allen genannten Kategorien vorzufinden. Insbesondere sind

---

[117] Vgl. Stahlknecht, P.; Hasenkamp, U./Einführung/2005, S. 204 und 326f.
[118] Vgl. Laudon, K. C.; Laudon, J. P.; Schoder, D./Wirtschaftsinformatik/2010, S. 17.
[119] Vgl. hierzu und im Folgenden Stahlknecht, P.; Hasenkamp, U./Einführung/2005, S. 326.

aber in diesem Zusammenhang operative Systeme sowie Führungssysteme zu erwähnen. Gerade in diesen beiden Bereichen ist der IDV-Anteil – wie später erläutert wird – besonders hoch.

Anwendungssysteme können in einem Unternehmen nicht isoliert betrachtet werden. Ein AS beinhaltet Informationen über ein Unternehmen und dessen Umwelt und ist damit Teil einer komplexen Umgebung (s. **Abb. 14**).[120] Je nach Art eines Anwendungssystems können Auswirkungen der Verarbeitungsprozesse weit über die Grenzen eines Unternehmens hinausgehen, wie die folgende Abbildung zeigt.

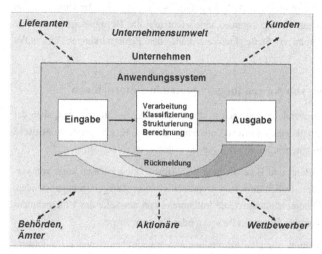

Abb. 14: Anwendungssysteme als Teil einer komplexen Umgebung
Quelle: In Anlehnung an Laudon, K. C.; Laudon, J. P.; Schoder, D./Wirtschaftsinformatik/ 2010; S. 20

Informationen werden innerhalb eines AS durch drei Grundaktivitäten erzeugt: Eingabe, Verarbeitung, Ausgabe. Unter *Eingabe* versteht man das Erfassen und Sammeln von Rohdaten innerhalb eines Unternehmens oder in seiner Umwelt, die in einem Anwendungssystem verarbeitet werden sollen. Die Verarbeitungsfunktion sorgt dafür, dass die Daten in eine Form gebracht werden, die für die Menschen verständlich ist. Im Rahmen der Verarbeitungsfunktionen werden Informationen durch drei weitere Aktivitäten ergänzt: Klassifizierung, Strukturierung und Berechnung (s. **Abb. 14**). Durch die Funktion *Ausgabe* werden die zu verarbei-

---

[120] Vgl. Laudon, K. C.; Laudon, J. P.; Schoder, D./Wirtschaftsinformatik/2010, S. 20.

tenden Informationen an die Personen weitergeleitet, die diese Informationen verwenden. Eine Ausgabe kann auch an die Prozesse und Aktivitäten erfolgen, die diese Informationen für die Weiterverarbeitung benötigen. Unter einer *Rückmeldung* versteht man Ausgaben, die an die geeigneten Personen oder Aktivitäten innerhalb des Unternehmens mit dem Ziel zurückgegeben werden, *Eingaben* zu beurteilen und möglicherweise zu optimieren.[121]

Abb. 14 verdeutlicht, dass Störungen in einem oder mehreren AS sowie eine nicht korrekte und/oder ordnungsgemäße Verarbeitung von Informationen nicht nur Einfluss auf das Unternehmen selbst haben, sondern auch auf andere Akteure in der Wirtschaftswelt. Wenn in weiteren Kapiteln dieser Arbeit davon die Rede ist, wie weitreichend Fehler aus den IDV-Anwendungen sein können, spielt die in **Abb.** 14 aufgezeigte Komplexität der Umgebung, in der Anwendungssysteme zum Einsatz kommen, eine wichtige Rolle. Bezugnehmend auf diese Abbildung werden an späterer Stelle konkrete Fälle der Fehlerwirkungen aus IDV-Anwendungen gezeigt.

3.2.2   Bereitstellung von Anwendungssystemen in Unternehmen

Die Bereitstellung von Anwendungssystemen gehört zu einer der wichtigsten Aufgaben der IT-Abteilung eines Unternehmens, da solche Entscheidungen i. d. R. eine große strategische Bedeutung haben und mit potenziellen Risiken verschiedenster Art verbunden sind.[122]

Die Initiative zur Beschaffung und Bereitstellung von Anwendungssystemen kann von verschiedenen Seiten ausgehen. Dabei kann man grundsätzlich zwei Kategorien unterscheiden: unternehmensinterne und unternehmensexterne Initiatoren. Von der Seite des Unternehmens kann die Initiative z. B. von den folgenden Personen oder Gruppen ausgehen:

- Die Unternehmensleitung, die eine Anwendung aus strategischen Gründen für notwendig hält;

- Das mittlere Management, das sich in seiner Verantwortung für eine Abteilung oder einen Bereich durch den Einsatz von neuer Software bspw. Produktivitätssteigerungen erhofft;

- Mitarbeiter einer Fachabteilung, die sich von dem Einsatz einer neuen Anwendung eine Verbesserung ihrer Arbeitssituation versprechen;

- Mitarbeiter einer IT-Abteilung, die von einer neuen/modifizierten Anwendung Fortschritte für die Fachabteilungen und möglicherweise auch für ihre eigene Arbeit (z. B. geringerer Wartungsaufwand) erwarten.[123]

---

[121] Vgl. Laudon, K. C.; Laudon, J. P.; Schoder, D./Wirtschaftsinformatik/2010, S. 20f.
[122] Vgl. Schwarzer, B.; Krcmar, H./Wirtschaftsinformatik/2004, S. 223.

Die Initiative zur Einführung von neuen AS kann auch von außerhalb eines Unternehmens kommen. In diesem Fall geht es vor allem um drei Gruppen von Initiatoren:

- Hard-/Softwarehersteller, die ihre Produkte vermarkten wollen,

- Unternehmensberater, die ein Anwendungssystem als Teil ihres Lösungsvorschlags sehen,

- Kammern und Verbände, die den Unternehmen ebenfalls als Berater zur Seite stehen.

Unabhängig davon, von wem die Initiative zur Anschaffung eines neuen AS bzw. zur Modifizierung eines vorhandenen AS kommt, können Anwendungssysteme in Unternehmen einerseits durch die Beschaffung von Standardsoftware, andererseits durch die Entwicklung von Individuallösungen bereitgestellt werden. In der wissenschaftlichen Literatur spricht man von zwei grundsätzlichen Möglichkeiten der Bereitstellung von Anwendungssystemen: „Buy" und „Make" (s. **Abb. 15**). In der Anfangszeit der betrieblichen IT stellte die Individualentwicklung die ausschließliche Methode der Softwarebeschaffung dar.[124] Mittlerweile werden Individuallösungen nur dann eingesetzt, wenn es keine adäquate „Buy"-Lösung gibt.

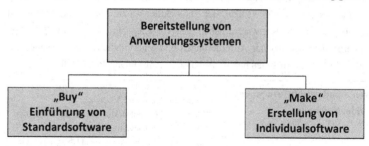

Abb. 15: Bereitstellung von Anwendungssystemen in Unternehmen
Quelle: In Anlehnung an Schwarzer, B.; Krcmar, H./Wirtschaftsinformatik/2004, S. 224

Bei den „Buy"-Lösungen geht es um die sogenannte Standardsoftware. Unter Standardsoftware versteht man vorgefertigte Programmpakete, die einen klar definierten Anwendungsbereich unterstützen und als fertige Produkte auf dem Markt angeboten werden.[125] Eine Standardsoftware wird für einen breiten Markt entwickelt, ist schnell verfügbar und kann nur eingeschränkt an die individuellen Bedürfnisse von Unternehmen angepasst werden. Charakteristisch für Standardsoftware ist, dass sie allgemeingültig ist und damit in vielen verschiedenen

---

[123] Vgl. hierzu und im Folgenden Schwarzer, B.; Krcmar, H./Wirtschaftsinformatik/2004, S. 223.

[124] Vgl. Krcmar, H./Informationsmanagement/2005, S. 135.

[125] Vgl. Schwarze, J./Einführung in die Wirtschaftsinformatik/1994, S. 279 sowie Abts, D.; Mülder, W./Grundkurs Wirtschaftsinformatik/2002, S. 55.

Unternehmen unterschiedlicher Branchen und mit unterschiedlichen Organisations- und Ablaufstrukturen einsetzbar ist.[126]

Neben den Standardlösungen wird in Unternehmen Individualsoftware, die sogenannten „Make"-Lösungen, eingesetzt. Sie wird dann gebraucht, wenn es keine adäquate Standardlösung auf dem Markt gibt oder wenn technische Rahmenbedingungen eine individuelle Lösung erforderlich machen.[127] Bei Individualsoftware handelt es sich um eine „maßgeschneiderte" Lösung. Dabei werden die jeweiligen Anforderungen eines Unternehmens i. d. R. besser und gezielter abgedeckt.[128] IDV-Anwendungen stellen – wie an späterer Stelle gezeigt wird – eine Form der Individuallösungen dar.

3.2.3   Vor- und Nachteile von Standardsoftware gegenüber Individuallösungen

Es gibt eine Reihe von Vor- und Nachteilen von Standardsoftware gegenüber Individuallösungen (s. **Tab. 2**). Große Vorteile von Standardsoftware sind hohe Programmqualität und Robustheit der Anwendungen, die durch spezialisierte Anbieter gewährleistet werden. Weiterhin besteht eine bessere Planbarkeit bzgl. der Entwicklungs- bzw. Einführungszeiten und Kosten. Nachteile von Standardsoftware ergeben sich vor allem durch eine unvollständige Abdeckung unternehmensspezifischer Anforderungen und eine mögliche unzureichende Integration in die in einem Unternehmen bereits vorhandene Anwendungslandschaft.

Vorteile von Standardsoftware gegenüber Individualsoftware	▪ Kosteneinsparung durch spezialisierte Anbieter und die größere Anzahl der Abnehmer, ▪ Eliminierung der Entwicklungszeiten durch sofortige bzw. rasche Produktverfügbarkeit, ▪ Reduzierung der Einführungs- und Übergangszeit im Vergleich zur oft modulweise entwickelten Individualsoftware, ▪ hohe Programmqualität durch spezialisierte Anbieter und gegebenenfalls Wettbewerbsdruck zwischen mehreren Anbietern, ▪ Gewährleistung der Programmwartung und -weiterentwicklung durch den Anbieter und ▪ Unabhängigkeit der Programmentwicklung von der Größe und Verfügbarkeit der IT-Ressourcen im Unternehmen.

---

[126] Vgl. Diehl, H.-J./Standardanwendungssoftware/2000, S. 13.

[127] Vgl. Schwarzer, B.; Krcmar, H./Wirtschaftsinformatik/2004, S. 225.

[128] Vgl. Diehl, H.-J./Standardanwendungssoftware/2000, S. 12 sowie Schwarzer, B.; Krcmar, H./Wirtschaftsinformatik/2004, S. 225.

Nachteile von Standardsoftware gegenüber Individualsoftware	• Unvollständige Abdeckung unternehmensspezifischer Anforderungen, • unvollständige Integration in die Gesamtheit bereits im Unternehmen implementierter Anwendungen, z. B. wegen Schnittstellenproblemen und • durch Orientierung an allgemeiner Verwendbarkeit eventuell schlechtes Betriebsverhalten in unternehmensspezifischen Situationen.

Tab. 2: Vor- und Nachteile von Standardsoftware gegenüber Eigenentwicklungen
Quelle: In Anlehnung an Krcmar, H./Informationsmanagement/2005, S. 137f.

Die Tatsache, dass Standardsoftware oft nicht alle unternehmerischen Anforderungen (fachliche, zeitliche, kostentechnische etc.) abdecken kann, führt dazu, dass die meisten Unternehmen nach wie vor neben Standardlösungen auf Individualsoftware setzen. Die in **Tab.** 2 erläuterten Vor- und Nachteile werden an dieser Stelle nicht näher untersucht. Im Verlauf der Arbeit werden sie speziell in Bezug auf die im Mittelpunkt der Untersuchung stehenden IDV-Anwendungen ausgearbeitet.

3.3 Grundlagen der Systementwicklung

„Software is arguably the world's most important industry. The presence of software has made possible many new businesses and is responsible for increased efficiencies in most traditional businesses."

Grady Booch [129]

3.3.1 Definitionen

„Als System definiert die Ordnungstheorie „eine Menge von Elementen, die in einem Wirkungszusammenhang stehen, d. h. an einer gemeinsamen Aufgabe zusammenwirken und sich dabei gegenseitig beeinflussen. [...] Die Systementwicklung in der Informationsverarbeitung befasst sich mit der Entwicklung von IT-Anwendungssystemen, kurz Anwendungssystemen."[130] Der Gegenstand der Systementwicklung ist das Softwaresystem mit den dazugehörigen Daten. Nach dem Kriterium der Hardwarenähe kann man Software in System- und Anwendungssoftware unterteilen. Dabei werden Programme zur Steuerung des Betriebsablaufs

---

[129] Booch, G./Developing/2001, S. 118.
[130] Vgl. hierzu und im Folgenden Stahlknecht, P.; Hasenkamp, U./Einführung/2005, S. 204.

als Systemsoftware und Programme zur Problemlösung eines Anwendungsbereichs als Anwendungssoftware bezeichnet.[131]

Wenn man den Begriff Systementwicklung betrachtet, kann man von einer weiten und einer engen Begriffsauslegung sprechen. In einer weiten Begriffsauslegung beinhaltet die Systementwicklung neben der Entwicklung von Hard- und Software auch die Entwicklung von Kommunikationseinrichtungen.[132] In der engeren Begriffsauslegung befasst sich der Begriff Softwareentwicklung nur mit der Entwicklung von Anwendungssystemen.[133]

LAUDON et al. sprechen im Zusammenhang mit dem Begriff Systementwicklung über „Aktivitäten, die bei der Erstellung eines neuen Informationssystems für ein Problem eines Unternehmens oder für eine Geschäftsmöglichkeit eine Rolle spielen."[134] Die Verwendung des Begriffs Informationssystem anstatt eines Anwendungssystems betont die Relevanz von Organisations- und Managementaspekten im Prozess der Systementwicklung (s. auch **Abschnitt 3.2.1** sowie **Abb. 12**). In der vorliegenden Arbeit wird die engere Begriffsbestimmung der Softwareentwicklung verwendet. Die Entwicklung von Kommunikationseinrichtungen wird dementsprechend ausgeklammert.

Bei der Entwicklung und Wartung von Software geht es um sehr komplexe Prozesse, bei denen verschiedene Faktoren zu beachten und verschiedene Interessen zu berücksichtigen sind. Bei diesen Faktoren geht es vor allem um solche Größen wie Zeit, Kosten und Qualität (s. **Abb. 16**). Es ist eine große Herausforderung für die Entwickler, alle drei Faktoren gleichermaßen zu berücksichtigen. Auf den folgenden Seiten wird erläutert, wie Vorgehensmodelle der Systementwicklung bei dem Prozess der Softwareentwicklung helfen können und wo deren Grenzen sind. Wie in späteren Abschnitten gezeigt wird, werden IDV-Anwendungen oft gerade deswegen eingesetzt, weil man sich dabei eine kostengünstige, schnelle und den Anforderungen optimal entsprechende Lösung verspricht. Ob IDV-Anwendungen in der Realität diesen Kriterien tatsächlich genügen, soll in der Arbeit analysiert werden.

---

[131] Vgl. Herzwurm, G./Softwareproduktentwicklung/1998, S. 26.

[132] Vgl. Lehmbach, J./Vorgehensmodelle/2007, S. 10; Hesse, W.; Merbeth, G.; Fröhlich, R./Software-Entwicklung/1992, S. 22 sowie Herzwurm, G./Softwareproduktentwicklung/1998, S. 26.

[133] Vgl. Lehmbach, J./Vorgehensmodelle/2007, S. 10 sowie Hasenkamp, U./Einführung/2005, S. 204.

[134] Laudon, K. C.; Laudon, J. P.; Schoder, D./Wirtschaftsinformatik/2010, S. 923.

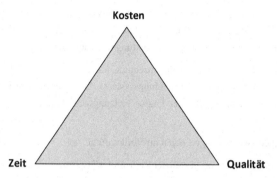

Abb. 16: Zeit, Kosten, Qualität – Goldenes Dreieck der System- und Software-entwicklung

Quelle: Eigene Darstellung

Was die Interessengruppen betrifft, so kann man vor allem drei Gruppen innerhalb eines Unternehmens identifizieren: Unternehmensführung, IT-Abteilung, Fachabteilung. Wie in der Arbeit diskutiert und dargestellt wird, können Interessen dieser Personenkreise – was die Entwicklung, Bereitstellung und den Einsatz der Anwendungssysteme insgesamt und der IDV-Lösungen speziell angeht – unterschiedlich oder gar gegensätzlich sein. Das im Ergebnis dieser Arbeit entwickelte Meta-Gestaltungskonzept berücksichtigt Sichtweisen aller dieser drei Gruppen.

Im nächsten Abschnitt wird jedoch zunächst ein Überblick über die vorhandenen Ansätze der System- und Softwareentwicklung gegeben.

3.3.2 Ansätze der System- und Softwareentwicklung

3.3.2.1 Ingenieursmäßige Vorgehensweise in der System- und Softwareentwicklung

Die älteste Methode der Softwareentwicklung ist die sogenannte traditionelle Systementwicklung. Dieser Methode liegt ein diszipliniertes Vorgehen zugrunde, das aus der Idee entstanden ist, eine ingenieursmäßige Vorgehensweise aus der Industrie in der System- und Software-entwicklung anzuwenden.

In Analogie zu dem in der Konsum- und Investitionsgüterindustrie üblichen Begriff „Produkt-lebenszyklus" spricht man in der Softwareentwicklung von „Softwarelebenszyklus".[135] Darunter versteht man den gesamten Zeitraum von der Begründung und Planung über die Entwicklung, Einführung und Nutzung eines Anwendungssystems bis zu seiner Ablösung durch

---

[135] Vgl. hierzu und im Folgenden Stahlknecht, P.; Hasenkamp, U./Einführung/2005, S. 214.

ein neues System. LAUDON et al. vergleichen den Prozess der Softwareentwicklung mit dem Bauprozess von Häusern.[136] Genau wie bei dem Bau eines Hauses darf man die Organisations- und Managementaspekte im Prozess der Softwareentwicklung nicht ausklammern.

Im Softwarelebenszyklus können zwei wichtige Hauptabschnitte identifiziert werden: Die Entwicklungszeit sowie die Nutzungszeit eines Anwendungssystems. Die Phase „Entwicklungszeit" entspricht der Systementwicklung. Bei der Phase „Nutzungszeit" handelt es sich um den Systembetrieb.[137]

Bei der Systementwicklung stehen zwei wichtige Fragen im Vordergrund:

- Welche Aktivitäten sind auszuführen und in welcher Reihenfolge?

- Welche Rollen sind für diese Aktivitäten zu definieren?

Bei der Entwicklung von Software sollte man ähnlich wie bei der Entwicklung eines Autos oder dem Bau eines Hauses vorgehen: Nach einer ausführlichen Planungs- und Entwurfsphase wird eine Software nach einem gut steuer- und kontrollierbaren Prozess erstellt.[138] Bereits 1950 wurde von den IBM-Bell-Laboratorien das Konzept des System- Engineering als Gesamtheit von Methoden zur Strukturierung und Entwicklung komplexer Systeme in Anlehnung an die klassischen Ingenieurdisziplinen vorgeschlagen.[139] Ende der 1960er-Jahre wurde der Begriff Software-Engineering eingeführt, der die ingenieursmäßige Entwicklung, Wartung, Anpassung und Weiterentwicklung von Softwaresystemen unter Verwendung bewährter, systematischer Vorgehensweisen, Prinzipien, Methoden und Werkzeuge bezeichnet.[140] Bewährt bedeutet in diesem Zusammenhang, dass die Wirksamkeit sowie die Stärken und Schwächen der Ansätze durch empirische Studien belegt werden.[141] Systematisch heißt, dass die grundlegenden Ingenieur-Prinzipien planvoll bei der Software-Entwicklung eingesetzt werden.[142]

Die Entwicklung verläuft nach allgemeingültigen Prinzipien.[143] Die wichtigsten Prinzipien für die Systementwicklung sind

- die Top-down-Vorgehensweise (schrittweise Spezialisierung)

---

[136] Vgl. Laudon, K. C.; Laudon, J. P.; Schoder, D./Wirtschaftsinformatik/2010, S. 925.

[137] Vgl. Stahlknecht, P.; Hasenkamp, U./Einführung/2005, S. 214.

[138] Vgl. Lehmbach, J./Vorgehensmodelle/2007, S. 1.

[139] Vgl. Stahlknecht, P.; Hasenkamp, U./Einführung/2005, S. 209.

[140] Vgl. Lehmbach, J./Vorgehensmodelle/2007, S. 11; Broy, M.; Rombach, D./Software Engineering/ 2002, S. 438; Balzert, H./Software-Entwicklung/1986,. 35ff. sowie Denert, E./Software-Engineering/1991, S. 13.

[141] Vgl. Broy, M.; Rombach, D./Software Engineering/2002, S. 438.

[142] Vgl. Lehmbach, J./Vorgehensmodelle/2007, S. 11.

[143] „Prinzipien sind grundsätzliche Vorgehensweisen im Sinne von Handlungsgrundsätzen oder Strategien." Stahlknecht, P.; Hasenkamp, U./Einführung/2005, S. 211.

▪ die Bottom-up-Vorgehensweise (schrittweise Generalisierung).

Als Beispiele für die weiteren Prinzipien im Zusammenhang mit dem Prozess der Systementwicklung können das Prinzip der Abstraktion, das Prinzip der Strukturierung, das Prinzip der Hierarchisierung und das Prinzip der Modularisierung genannt werden.[144]

„Methoden sind Vorschriften, wie planmäßig nach einem bestimmten Prinzip (oder einer Kombination von Prinzipien) zur Erreichung festgelegter Ziele vorzugehen ist."[145] Eine weitere Definition besagt, dass eine Methode „ein auf einem System von Regeln aufbauendes Problemlösungsverfahren"[146] darstellt. Die Datenmodellierung mit dem ER-Modell oder die objektorientierte Systementwicklung sind Beispiele für Methoden.[147]

„Verfahren sind Anweisungen zum gezielten Einsatz von Methoden, d. h. konkretisierte Methoden."[148] Beispiele für Verfahren sind die Entscheidungstabellentechnik oder der objektorientierte Entwurf mittels der Unified Modelling Language (UML). Methoden und Verfahren können nicht immer scharf voneinander getrennt werden.[149]

Der Software-Entwicklungsprozess wird durch Werkzeuge (engl. Tools) unterstützt. In Deutsch spricht man auch von Softwareentwicklungswerkzeugen. Unter einem Softwarewerkzeug versteht man „ein Programm, das die Entwicklung vereinfacht und/oder beschleunigt und dabei gleichzeitig die Softwarequalität verbessert."[150] Bereits in den 1960er-Jahren gab es die ersten Überlegungen, den Entwicklungs- und Änderungsaufwand für Anwendungssysteme zu reduzieren, indem man systemnahe Software bei der Programmentwicklung einsetzt. In den 1960er-Jahren sind dann die sogenannten Programmgeneratoren entstanden, die normierte Programmabläufe automatisch aus vorgegebenen Parametern generieren und Entscheidungstabellen in Programmanweisungen umwandeln.[151]

Seit Anfang der 1980er-Jahre werden unter dem bereits erwähnten Oberbegriff CASE (Computer Aided Software Engineering) verschiedene Programme zur Unterstützung von Softwareentwicklung angeboten.[152] Softwareentwicklungswerkzeuge können in verschiedenen Phasen des Softwareentwicklungsprozesses eingesetzt werden. Grob unterscheidet man zwischen den Werkzeugen für den Entwurf und den Werkzeugen für die Realisierung.[153] Sowohl

---

[144] Vgl. Lehmbach, J./Vorgehensmodelle/2007, S. 11.

[145] Stahlknecht, P.; Hasenkamp, U./Einführung/2005, S. 212.

[146] Heinrich, L. J./Systemplanung/1994, S. 21.

[147] Stahlknecht, P.; Hasenkamp, U./Einführung/2005, S. 212.

[148] Stahlknecht, P.; Hasenkamp, U./Einführung/2005, S. 212.

[149] Vgl. Stahlknecht, P.; Hasenkamp, U./Einführung/2005, S. 212.

[150] Stahlknecht, P.; Hasenkamp, U./Einführung/2005, S. 293.

[151] Vgl. Stahlknecht, P.; Hasenkamp, U./Einführung/2005, S. 292f.

[152] Vgl. Stahlknecht, P.; Hasenkamp, U./Einführung/2005, S. 293.

[153] Vgl. Stahlknecht, P.; Hasenkamp, U./Einführung/2005, S. 213.

im Bereich Entwurf als auch im Bereich Realisierung gibt es eine weitere Unterteilung in detailliertere Phasen. Softwareentwicklungswerkzeuge können phasenübergreifend für mehrere Phasen oder phasenspezifisch für nur eine Phase eingesetzt werden. Beispiele für phasenübergreifende Werkzeuge sind Darstellungstechniken und Dokumentationshilfen. Als Beispiele für phasenspezifische Werkzeuge können Compiler und Programmgeneratoren genannt werden. [154]

Was die Vorgehensweise der Systementwicklung betrifft, so existieren in Theorie und Praxis verschiedene Modelle, die die ingenieursmäßige Vorgehensweise der System- und Softwareentwicklung unterstützen. Diese Vorgehensmodelle gehören zu den sogenannten Referenzmodellen. Unter einem Referenzmodell versteht man jede modellhafte, abstrahierende Darstellung von Richtlinien, Vorgehensweisen, Prozessen. Das Besondere an Referenzmodellen ist, dass sie so entwickelt werden, dass eine Anwendung auf eine möglichst große Anzahl von Einzelfällen gewährleistet ist.[155] Ein Referenzmodell kann aber auch für eine Branche oder einen Wirtschaftszweig erstellt werden oder im Bereich der Standardsoftware zum Zwecke der Schulung von Mitarbeitern und der Dokumentation der betrieblichen Abläufe, die durch Software unterstützt werden, verwendet werden.[156] Vorgehensmodelle aus dem Bereich der Systementwicklung liefern eine abstrahierte Darstellung von Richtlinien, Vorgehensweisen und Prozessen für den Prozess der Softwareentwicklung.

Abb. 17: Softwareentwicklungsprozess
Quelle: In Anlehnung an Laudon, K. C.; Laudon, J. P.; Schoder, D./Wirtschaftsinformatik/ 2010, S. 923

---

[154] Vgl. Stahlknecht, P.; Hasenkamp, U./Einführung/2005, S. 293.
[155] Vgl. Stahlknecht, P.; Hasenkamp, U./Einführung/2005, S. 215.
[156] Vgl. Krcmar, H./Informationsmanagement/2005, S. 107; Becker, J.; Schütte, R./Handelsinformationssysteme/1996.

Den meisten Ansätzen dieser Modelle ist gemein, dass man den Entwicklungsprozess grob in vier Phasen unterteilt: Analyse, Entwurf, Realisierung und Implementierung (s. **Abb. 17**). Die Bezeichnungen für die einzelnen Phasen variieren von Autor zu Autor. Die einzelnen Phasen werden nicht selten in weitere detaillierte Phasen unterteilt.

Bei der *Systemanalyse* geht es um die Analyse des Problems, das ein Unternehmen mit einer Anwendung lösen will.[157] Diese Analyse beinhaltet die Definition des Problems, die Identifizierung der Ursachen sowie die Ausarbeitung der Anforderungen, die durch die neue Anwendung gelöst werden sollen. Die Aufgabe der Systemanalytiker besteht in dieser Phase außerdem darin, eine Art „Straßenkarte" der bestehenden Organisationsstruktur und der existierenden Systeme zu entwickeln. Analyse ist auch deswegen notwendig, um die Eigentümer und Benutzer von Daten zu identifizieren, die in dem zukünftigen System eine Rolle spielen werden. Die Überprüfung von Unterlagen und Dokumenten zu den in dem Bereich bereits bestehenden Systemen sowie die Analyse von Zusammenhängen und Abhängigkeiten in Bezug auf Vorgänge und Prozesse können dem Analytiker einen besseren Einblick in die Problemstellung geben und somit eine bessere Einschätzung des Problems ermöglichen. In der Analyse-Phase wird außerdem überprüft, ob die geplante Lösung aus finanzieller, technischer und organisatorischer Perspektive überhaupt durchführbar und sinnvoll ist (eine Machbarkeitsstudie). In der professionellen Softwareentwicklung ist es üblich, in der Analysephase mehrere Lösungsalternativen zu betrachten und nach verschiedenen Kriterien (Kosten, Nutzen, organisatorische Einbindung etc.) zu vergleichen. Was die Analyse der Anforderungen an das künftige System betrifft (Anforderungsanalyse), so unterscheidet man zwischen Informations- und Systemanforderungen. Informationsanforderungen liefern eine Aussage über Informationsbedürfnisse, die ein neues System zu erfüllen hat. Es wird untersucht, wer welche Informationen wann benötigt. Systemanforderungen beschreiben, wie und in welcher Form das System den Nutzern die notwendigen Informationen zur Verfügung stellen soll. Für die Anforderungsanalyse wird in der Literatur oft der Begriff Requirement Engineering verwendet. Die korrekte und detaillierte Anforderungsanalyse verringert den Aufwand der späteren Anpassungen und Änderungen am System und reduziert die Anzahl von möglichen Fehlern.

In der Phase *Systementwurf* werden ausgehend von den Erkenntnissen aus der Phase Systemanalyse die Realisierungsmöglichkeiten des Systems diskutiert. Bei einem Entwurf handelt es sich um einen allgemeinen Plan, ein allgemeines Modell für ein Anwendungssystem. In dieser Phase ist die Benutzer-Rolle besonders hervorzuheben. Anwendungssysteme werden für Menschen, also für Benutzer entwickelt, die ihre eigenen Geschäftsprioritäten und Informationsbedürfnisse haben.[158] Die unzureichende Einbindung der Benutzer stellt eines der Haupt-

---

[157] Vgl. hierzu und im Folgenden Laudon, K. C.; Laudon, J. P.; Schoder, D./Wirtschaftsinformatik/2010, S. 924.

[158] Vgl. hierzu und im Folgenden Laudon, K. C.; Laudon, J. P.; Schoder, D./Wirtschaftsinformatik/2010, S. 926f.

probleme und Ursachen für das Scheitern von Entwicklungsprojekten dar. In der Phase des Systementwurfs können mehrere Entwürfe entstehen. Jeder Entwurf stellt eine einmalige Komposition aller technischen und organisatorischen Komponenten dar. Welcher Entwurf tatsächlich realisiert wird, hängt von der Einfachheit und Effizienz ab, mit welchen ein Entwurf die Benutzeranforderungen innerhalb einer spezifischen Menge von technischen, organisatorischen, finanziellen und zeitlichen Bedingungen erfüllt.

In der Phase *Realisierung* werden die Systemspezifikationen, die in den Phasen Analyse und Entwurf Schritt für Schritt ausgearbeitet wurden, in Programmcode umgesetzt. Vor der Einführung wird das System üblicherweise getestet. Nach der erfolgreichen Einführung soll die Wartung am System gewährleistet werden. Darunter versteht man „Änderungen an Hardware, Software, Dokumentation oder Prozeduren eines Pro-duktionssystems zur Korrektur von Fehlern, Erfüllung neuer Anforderungen oder Verbesserung der Verarbeitungseffizienz."[159]

Im Bereich der traditionellen Softwareentwicklung entstanden im Laufe der Zeit einige Vorgehensmodelle. In der vorliegenden Arbeit werden nur zwei davon kurz eingeführt: das Wasserfall-Modell und das V-Modell. Diese beiden Modelle sollen zeigen, wie die Idee der ingenieursmäßigen Vorgehensweise bei der Softwareentwicklung realisiert wird. Gleichzeitig wird diese kurze Einführung in die beiden Modelle einen Einblick geben, warum Methoden der traditionellen Entwicklung in der Literatur und Praxis stark kritisiert werden. Es geht dabei vor allem um die Frage, ob es angemessen ist, das Produkt „Software" und die Rahmenbedingungen von dessen Erstellung mit den klassischen Produkten der Industrie und den Rahmenbedingungen dort zu vergleichen, und ob eine strenge, sequenzielle Vorgehensweise für das Produkt „Software" geeignet ist.[160]

Eines der ältesten Vorgehensmodelle der traditionellen Softwareentwicklung ist das *Wasserfall-Modell*. Die einzelnen Aktivitäten Analyse, Entwurf, Programmierung und Test müssen jeweils zu Ende abgeschlossen sein, bevor mit der nächsten Aktivität begonnen wird. Jede der Aktivitäten soll so gründlich durchgeführt werden, dass eine spätere Rückkehr zu dieser Aktivität nicht notwendig wird. Ein sequenzieller Ablauf soll theoretisch die im früheren Abschnitt angesprochenen Probleme und Risiken vermindern. Die Aufgaben werden ohne zeitliche Überlappung ausgeführt.[161]

---

[159] Laudon, K. C.; Laudon, J. P.; Schoder, D./Wirtschaftsinformatik/2010, S. 930.

[160] Vgl. Lehmbach, J./Vorgehensmodelle/2007, S. 3; Broy, M.; Rombach, D./Software Engineering/2002, S. 439 sowie Strahringer, S./Änderbarkeit der Software/2003, S. 5.

[161] Vgl. Laudon, K. C.; Laudon, J. P.; Schoder, D./Wirtschaftsinformatik/2010, S. 932.

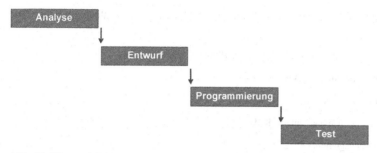

Abb. 18: Wasserfall-Modell
Quelle: In Anlehnung an Laudon, K. C.; Laudon, J. P.; Schoder, D./Wirtschaftsinformatik/2010, S. 933

In **Abb. 18** ist zu sehen, dass der Fluss der Arbeitsergebnisse von einer Aktivität in die nächste wie ein Wasserfall verläuft. Das Wasserfall-Modell gibt eine wichtige Idee der traditionellen Softwareentwicklung wider: Überarbeitungen sollten nach Möglichkeit vermieden werden, weil sie, wie oben dargestellt, mit einem großen Aufwand verbunden sind.[162] Die Vermeidung von Überarbeitungen wird dadurch gewährleistet, dass man die Kontroll- und Entscheidungspunkte am Ende einer Aktivität definiert. Die Ausführung der nächsten Aktivität wird nur bei positivem Ausgang der Überprüfung erlaubt. Die einzelnen Phasen im Rahmen des Wasserfall-Modells können unterschiedlich fein gegliedert sein. So wird z. B. die Entwurfsphase oft in eine System- und eine Softwareentwurfsphase und die Softwareentwurfsphase weiter in eine Grob- und eine Feinentwurfsphase unterteilt.[163] In der Praxis ist die streng sequenzielle Vorgehensweise des Wasserfall-Modells kaum realisierbar.

Ein weiteres – das wohl berühmteste und am meisten verbreitete Modell der traditionellen Softwareentwicklung – ist das so genannte *V-Modell*[164]. Dieses Modell ist als Erweiterung des klassischen Wasserfall-Modells zu sehen. Es gibt dazu zahlreiche Varianten. Das erste V-Model wurde von B. BOEHM 1979 veröffentlicht. Die deutschen Behörden entschieden sich im Jahre 1992, das V-Modell für IS-Entwicklungsprojekte einzuführen. Das V-Modell 92 wurde im Bundesministerium des Inneren für IS-Entwicklungsprojekte herausgegeben und zu einem verbindlichen Standard für die Entwicklung von IT-Systemen in zivilen und militärischen Behörden für IS-Projekte erklärt. Im Jahre 1997 wurde das Nachfolgemodell des V-Modells 92 veröffentlicht, das in der Literatur unter dem Namen V-Modell 97 bekannt ist. Die

---

[162] Vgl. Laudon, K. C.; Laudon, J. P.; Schoder, D./Wirtschaftsinformatik/2010, S. 932.
[163] Vgl. Laudon, K. C.; Laudon, J. P.; Schoder, D./Wirtschaftsinformatik/2010, S. 933.
[164] Eine V-förmige Darstellung der ersten Version des V-Modells gab dem Modell den Namen.

Erweiterung besteht vor allem in der Ergänzung des Modells durch qualitätssichernde Maßnahmen.

Insgesamt besteht das V-Modell 97 (s. **Abb. 19**) aus vier Submodellen:

- Softwareerstellung (SE)

- Qualitätssicherung (QS)

- Konfigurationsmanagement (KM)

- Projektmanagement (PM).[165]

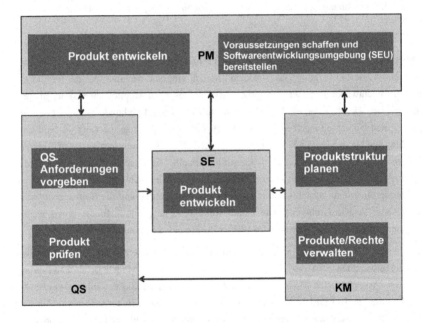

Abb. 19: V-Modell 97
Quelle: In Anlehnung an Stahlknecht, P.; Hasenkamp, U. /Einführung/2005, S. 216

Die im Submodell PM erwähnte Softwareentwicklungsumgebung (SEU) unterstützt den gesamten Softwarelebenszyklus. Die bereits genannten Softwarentwicklungswerkzeuge sind

---

[165] Vgl. Stahlknecht, P.; Hasenkamp, U./Einführung/2005, S. 216.

speziell für die verschiedenen Entwicklungsaufgaben gedacht und dienen einem systematischen Entwicklungsprozess.[166]

Für jedes Submodell wird festgelegt

- in welchen Schritten vorzugehen ist,

- welche Methoden anzuwenden sind und

- welche Anforderungen an die einzusetzenden Werkzeuge zu stellen sind.[167]

Außerdem werden mehrere Rollen und Verantwortlichkeiten innerhalb des V-Modells definiert. Mit der Festlegung von Rollen und Verantwortlichkeiten wird festgelegt, welche Erfahrungen, Kenntnisse und Fähigkeiten für die Erfüllung bestimmter Aufgaben innerhalb des Prozesses der Softwareentwicklung notwendig sind.[168] Die einzelnen Rollen werden den zuvor erwähnten Submodellen zugeordnet. Für jedes Submodell werden Manager, Verantwortliche und Durchführende definiert. Manager legen die Rahmenbedingungen für die Aktivitäten des Submodells fest und fungieren als die oberste Instanz. Verantwortliche sind für die Planung der Aufgaben zuständig und delegieren sie anschließend an Durchführende.[169] Im V-Modell 97 fehlt allerdings eine der wesentlichen Rollen. Es geht um die Rolle des Auftraggebers bzw. des Benutzers.[170] Diese eingeschränkte Beteiligung der Endbenutzer am Prozess der professionellen Systementwicklung beeinträchtigt die Berücksichtigung von fachlichen Anforderungen im Prozess der professionellen Softwareentwicklung.

3.3.2.2 Alternative Ansätze der System- und Softwareentwicklung

Die ingenieursmäßige Vorgehensweise bei der Entwicklung wird in der Literatur intensiv kritisch diskutiert. Wie bereits gesagt, geht es bei dieser Diskussion vor allem um die Frage, ob es angemessen ist, das Produkt „Software" und die Rahmenbedingungen für dessen Erstellung mit den klassischen Produkten der Industrie und den Rahmenbedingungen dort zu vergleichen und ob eine strenge sequenzielle Vorgehensweise für das Produkt „Software" geeignet ist.[171] Die so genannte „Software-Krise" wurde bis heute nicht überwunden. Der Begriff der „Software-Krise" entstand nahezu zeitgleich mit dem Aufkommen des Begriffs „Software-Engineering". Der Begriff erfasst alle Probleme, die sich aus immer komplexeren Auf-

---

[166] Vgl. Junginger, M./Informationsmanagement/2005, S. 145; Hansen, H. R.; Neumann, G./Wirtschaftsinformatik/2001, S. 965.

[167] Vgl. Stahlknecht, P.; Hasenkamp, U./Einführung/2005, S. 216.

[168] Vgl. Lehmbach, J./Vorgehensmodelle/2007, S. 41; Balzert, H./Software-Management/1998, S. 105.

[169] Vgl. Lehmbach, J./Vorgehensmodelle/2007, S. 41f.

[170] Vgl. Hesse; W./V-Modelle/2008, S. 578.

[171] Vgl. Lehmbach, J./Vorgehensmodelle/2007, S. 3; Broy, M.; Rombach, D./Software Engineering/2002, S. 439 sowie Strahringer, S./Änderbarkeit der Software/2003, S. 5.

gabestellungen, wachsenden Anforderungen und schnellen Entwicklungen in der Hardware und Kommunikationstechnik ergeben. In kürzester Zeit sollten immer komplexere Anwendungen für neue, vielschichtige Aufgabenstellungen unter Berücksichtigung der neuesten technologischen Entwicklungen entwickelt werden.[172]

Flexibilität, Einfachheit und möglichst breite Anwendbarkeit gehören zu den wichtigsten Anforderungen an die Software-Entwicklungsmodelle.[173] Um diesen Anforderungen gerecht zu werden, wurden in den letzten Jahren mehrere Alternativen zur ingenieursmäßigen Vorgehensweise entwickelt, die sich mehr oder weniger in der Praxis durchgesetzt haben. Zu nennen sind vor allem Prototyping, agile Softwareentwicklung und Open-Source-Softwareentwicklung, die in der vorliegenden Arbeit jedoch nicht weiter vertieft werden.[174]

Ein weiterer alternativer Ansatz der Systementwicklung ist die IDV bzw. die Entwicklung der Anwendungssysteme durch Endbenutzer. Dieser Systementwicklungs-Ansatz steht im Mittelpunkt der vorliegenden Arbeit und wird im nächsten Abschnitt eingeführt.

3.4 Individuelle Datenverarbeitung in Unternehmen

„Application Development without programmers is not a free lunch."

James Martin[175]

3.4.1 Definitionen

Der Begriff Individuelle Datenverarbeitung wird sowohl in der wissenschaftlichen Literatur als auch in der Praxis in unterschiedlichen Zusammenhängen verwendet und folgt keinem eindeutigen Verständnis.

In den vorherigen Abschnitten wurden einige Grundlagen aus den Bereichen Betriebliche Anwendungssysteme sowie aus der System- und Softwareentwicklung präsentiert. Wie gleich dargestellt wird, ist der Begriff IDV beiden Bereichen zuzuordnen (s. **Abb. 20**).

---

[172] Vgl. Gumm H. P.; Sommer, M./Informatik/2008, S. 830.

[173] Vgl. Hesse; W./V-Modelle/2008, S. 582.

[174] Für mehr Informationen zu den genannten Ansätzen siehe z. B. Laudon, K. C.; Laudon, J. P.; Schoder, D./ Wirtschaftsinformatik/2010 sowie Lehmbach, J./Vorgehensmodelle/2007.

[175] Martin, J./Application Development/1982, S. XV.

Individuelle Datenverarbeitung in Unternehmen 51

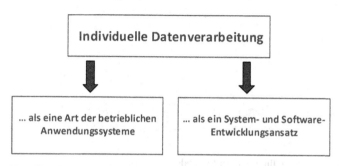

Abb. 20: IDV-Einordnung
Quelle: Eigene Darstellung

Was die Einordnung in den Bereich der betrieblichen Anwendungssysteme betrifft, so unterscheidet man hier – wie in **Abschnitt 3.2** gezeigt – zwischen Individuallösungen und Standardlösungen. Bei den Individuallösungen kommen als potenzielle Entwickler auf der einen Seite Systemanalytiker und Programmierer in den betrieblichen IT-Abteilungen und in externen Softwarefirmen sowie auf der anderen Seite Benutzer in den Fachabteilungen von Unternehmen („Endbenutzer" bzw. end user (engl.)) in Frage.[176] „End-user programmers are people who often have little or no training at programming but still do some amount of programming."[177]

Bei der Entwicklung von individuellen Anwendungssystemen, die durch Systemanalytiker und Programmierer der IT-Abteilung oder durch externe Softwarefirmen vorgenommen wird, spricht man von professioneller Systementwicklung (Application Development). Es handelt sich bei diesen Systemen meistens um sehr komplexe Systeme, die sich nicht auf einzelne Arbeitsplätze beschränken. Dagegen werden eigenständige Entwicklungen von Fachabteilungen als Individuelle Informationsverarbeitung[178] oder Individuelle Datenverarbeitung[179] bzw. Endbenutzer-Anwendungen bezeichnet.

In **Abb. 21** sind drei Arten der Individualsoftware noch einmal zusammengefasst. In allen drei Fällen geht es um Individuallösungen. In der Arbeit gilt es nun die Frage zu beantworten, welche Chancen und Risiken selbsterstellte Endbenutzer-Anwendungen für Unternehmen haben und wie diese gesteuert werden können.

---

[176] Vgl. hierzu und im Folgenden Stahlknecht, P.; Hasenkamp, U./Einführung/2005, S. 209.
[177] Abraham, R.; Burnett, M.; Erwig, M./Spreadsheet Programming/2009, S. 1.
[178] Vgl. Stahlknecht, P.; Hasenkamp, U./Einführung/2005, S. 209.
[179] Vgl. Kemper, H.-G./Anwendungsentwicklung/1991, S. 7.

Abb. 21: Alternativen der Erstellung von Individualsoftware
Quelle: In Anlehnung an Schwarzer, B.; Krcmar, H./Wirtschaftsinformatik/2004, S. 224

Was die Einordnung der IDV in den Bereich System- und Softwareentwicklung betrifft, so wird die IDV als ein möglicher Ansatz der Systementwicklung in der Literatur dargestellt. LAUDON et al. sprechen von der Endbenutzerentwicklung und verstehen darunter „die Entwicklung von Informationssystemen durch Endbenutzer mit wenig oder keiner formalen Unterstützung durch Technikspezialisten."[180] Eine ähnliche Auffassung vertreten B. SCHWARZER et al. und sprechen von End-User-Computing als einer der Möglichkeiten der Entwicklung von Individuallösungen in Unternehmen.[181]

Zum ersten Mal erscheinen die Begriffe Individuelle Datenverarbeitung und End-User- Computing mit dem Aufkommen von Personal Computern (PC) in den 1970-80er-Jahren. So versteht S. BUMM unter der Individuellen Datenverarbeitung und dem End-User-Computing „die Bearbeitung und Lösung von DV-Aufgaben unabhängig von EDV-Spezialisten durch den Endbenutzer, der das Problem am besten kennt."[182]

IDV-Anwendungen zeichnen sich dadurch aus, dass die Benutzer „selbständig Lösungen für einen Teil ihrer eigenen Aufgaben erstellen, Problemstellungen mit Hilfe endbenutzerorientierter Werkzeuge (Abfragesprachen, Tabellenkalkulationsprogramme, Textverarbeitungsprogramme etc.) und Methoden lösen."[183]

Man spricht von IDV-Anwendungen, wenn sie „organisatorische Veränderungen im eigenen und/oder fremden Fachbereich nach sich ziehen und auf die Arbeitsabläufe mehrerer Mitarbeiter Einfluss nehmen."[184]Die Eigenentwicklungen, die Endbenutzer ausschließlich für ihre

---

[180] Laudon, K. C.; Laudon, J. P.; Schoder, D./Wirtschaftsinformatik/2010, S. 946.
[181] Vgl. Schwarzer, B.; Krcmar, H./Wirtschaftsinformatik/2004, S. 225ff.
[182] Bumm, S./Individuelle Datenverarbeitung/1985, S. 141.
[183] BSI/PC-Anwendungsentwicklung/2010.
[184] BSI/PC-Anwendungsentwicklung/2010.

individuellen Zwecke herstellen, sind für die Forschungsfrage der vorliegenden Arbeit nicht von Bedeutung.

In Unternehmen ist die IDV in folgenden Formen zu finden:

- Übernahme und Weiterverarbeitung von Rohdaten aus der Rechnungslegung (z. B. im Bereich Controlling)

- Nutzung von Standardanwendungen (z. B. MS-Office-Paket)

- Softwareentwicklungen mithilfe prozeduraler oder objektorientierter Programmiersprachen.[185]

Die Nutzung von Standardanwendungen kann beispielsweise in Form einfacher Arbeitshilfen, der Erstellung komplexerer Anwendungen und/oder Datenbanken, des Führens von Nebenbüchern der Buchhaltung auf Basis der mit der Standardsoftware selbsterstellten Anwendungen erfolgen.

Abb. 22 gibt die Idee der Individuellen Datenverarbeitung als System- und Softwareentwicklungsansatz wieder.

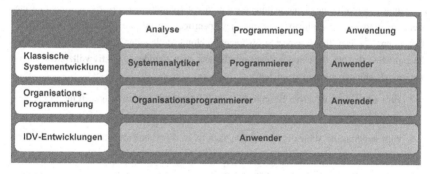

Abb. 22: Rollenverteilung bei der Softwareentwicklung
Quelle: In Anlehnung an Schwarzer, B.; Krcmar, H./Wirtschaftsinformatik/2004, S. 226

Im Fall der klassischen Systementwicklung werden die drei Rollen (Analyse, Programmierung, Anwendung) von jeweils einer anderen Person wahrgenommen, wobei sowohl die Rolle sowohl eines Programmierers wie auch eines Systemanalytikers von internen und externen Mitarbeitern aus der professionellen IT übernommen werden kann. Im Falle der Organisationsprogrammierung werden die Rollen Analyse und Programmierung von einer Person, dem

---

[185] Vgl. hierzu und im Folgenden Hagemeister, G.; Lui, B.; Kons, M./Individuelle Datenverarbeitung/ 2008, S. 78.

sogenannten Organisationsprogrammierer, ausgeführt, der ebenfalls aus dem Bereich der professionellen Softwareentwicklung kommt und mit den Vorgehensweisen, Prinzipien, Methoden und Werkzeugen der Systementwicklung (s. **Abschnitt 3.3.2.1**) vertraut ist. Bei IDV-Entwicklungen werden schließlich alle drei Rollen von einer Person, nämlich dem Nutzer bzw. dem Anwender, wahrgenommen.[186] Es handelt sich dabei um Anwender der Fachabteilungen eines Unternehmens und damit in der Regel nicht um IT-Spezialisten im Sinne der Systementwicklung.

Durch die Übernahme aller drei Rollen (Analyse, Programmierung, Anwendung) durch den Endbenutzer können zwei wesentliche Probleme der traditionellen Softwareentwicklung gelöst werden: exakte Berücksichtigung von fachlichen Anforderungen und das in kürzester Zeit.

Wie bereits gesagt, wird die Berücksichtigung von fachlichen Anforderungen im Prozess der professionellen Softwareentwicklung durch eine i. d. R. eingeschränkte Beteiligung der Endbenutzer am Prozess der professionellen Systementwicklung beeinträchtigt. Mitarbeiter in den Fachabteilungen haben oftmals gar keine Möglichkeit, ihre Anforderungen ausreichend zu kommunizieren. Kommunikationsschwierigkeiten zwischen der Fachabteilung und der IT-Abteilung innerhalb eines Unternehmens gehören zur Realität: „One of the reasons that the users create their own applications is that they specifically want to avoid dealing with the IT department."[187] Der Prozess der Softwareentwicklung stellt einen mehrstufigen Entscheidungsprozess dar, bei dem in der Regel mindestens zwei fremde, subjektiv vollzogene Interpretationsleistungen zusammenspielen:

- zum einen die subjektive Beschreibung und Interpretation der Aufgaben durch die Benutzer/Fachleute und

- zum anderen die subjektive, von dem fachlichen Vorverständnis abgeleitete Selektion dieser Interpretation durch die Entwickler.[188]

Nicht selten treffen dabei unterschiedliche Denkstile und Typen der Ideenentwicklung und des Problemverständnisses aufeinander.[189] Dieses Problem tritt im Fall der IDV nicht ein. Der Benutzer hat gleichzeitig zwei Funktionen: die des Fachmanns und die des Entwicklers. IDV bringt den Unabhängigkeitswunsch der Fachseite (der Fachabteilungen von Unternehmen) von der IT-Seite zum Ausdruck.

---

[186] Vgl. Schwarzer, B.; Krcmar, H./Wirtschaftsinformatik/2004, S. 226.
[187] Heiser, J./Developing/2006, S. 6.
[188] Vgl. Funken, C./Informatik/1996, S. 98.
[189] Vgl. Funken, C./Informatik/1996, S. 98.

Ein weiterer Grund für die Entwicklung von IDV-Anwendungen besteht in dem Bedürfnis nach einfachen Lösungen. IDV-Anwendungen sind meistens einfacher zu ändern und zu administrieren. Sie basieren nicht auf einer Mehrschichtarchitektur und können von Benutzern jederzeit an neue Anforderungen angepasst werden. Dieser Grund für die Erstellung und Anwendung von IDV-Lösungen korrespondiert mit dem zuvor genannten Grund. Um die Kommunikation mit der IT-Abteilung zu vermeiden, entwickeln die Mitarbeiter eigene, auf ihre Bedürfnisse zugeschnittene Anwendungen, die sie selbst leicht verändern und administrieren können.

Aufgrund der Komplexität und Ausführlichkeit der Vorgehensmodelle der professionellen System- und Softwareentwicklung dauert die Entwicklung für die dynamische Unternehmenswelt oft einfach zu lange. **Abb. 23** zeigt schematisch auf, dass die traditionelle Softwareentwicklung einen Prozess darstellt, der oft Wochen oder sogar Monate dauert und mehrere Parteien einschließt. Die Entwicklung von IDV-Anwendungen verläuft hingegen schneller (Minuten oder Tage) und ist wesentlich unbürokratischer, was die Verteilung von Entscheidungs- und Genehmigungskompetenzen betrifft.

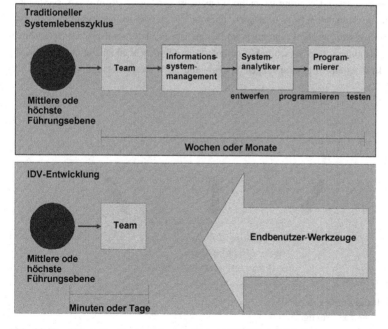

Abb. 23: Traditioneller Systemlebenszyklus vs. IDV-Entwicklung
Quelle: In Anlehnung an Laudon, K. C.; Laudon, J. P.; Schoder, D./Wirtschaftsinformatik/ 2010, S. 947

Außerdem stellen IDV-Anwendungen oft eine kostengünstigere Alternative zu professionellen Lösungen dar. Besonders in den Zeiten von wirtschaftlichen Krisen wird oft an IT-Ausgaben gespart. IT-Budgets der Fachabteilungen werden in diesen Zeiten gekürzt. Obwohl das Ansehen der IT-Leistungen in den Firmen kontinuierlich steigt und die Abteilungen in dieser Hinsicht weniger unter Kostendruck stehen, bleibt ein Spardruck in den meisten Firmen hinsichtlich der IT-Ausgaben bestehen.[190] Obwohl der Kostenfaktor einen wichtigen Grund für den Einsatz von IDV-Anwendungen darstellt, stellen die IDV-Lösungen nicht immer eine kostengünstigere Alternative im Vergleich zur professionellen Entwicklung dar.

3.4.2   Haupttreiber der Individuellen Datenverarbeitung in Unternehmen

Die klassische Systementwicklung war von Anfang an methodisch und theoretisch fundiert. Im Unterschied dazu entwickelte sich die Individuelle Datenverarbeitung nach und nach – sozusagen im Wildwuchs – zu einer anderen Art der Systementwicklung. Die wichtigsten Faktoren dieser Entwicklung sind rasante technologische Entwicklungen im Bereich Hard- und Software sowie die wachsende Vertrautheit der Menschen mit Computern am Arbeitsplatz (IT-Kenntnisse). Der dritte wesentliche Faktor ist der Fortschritt in der Ausgestaltung von Benutzerschnittstellen (user interfaces), über die die Funktionen angewählt, abgewickelt und kontrolliert werden. Die Verbreitung des PCs an nahezu allen Arbeitsplätzen wurde durch diese drei Haupttreiber im Wesentlichen gefördert und führte schließlich zur Weiterentwicklung der IDV zu einem eigenständigen System- und Softwareentwicklungsansatz (s. **Abb. 24)**.

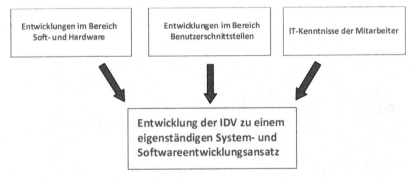

Abb. 24: Haupttreiber der IDV
Quelle: Eigene Darstellung

---

[190] Vgl. Zeitler, N./Frust in der IT-Abteilung/2010.

Im Folgenden werden diese drei Faktoren etwas ausführlicher erläutert.

Zu den Entwicklungen im Bereich Soft- und Hardware:

Noch in den 1980er-Jahren war die Auffassung „Computer gehen nur die DV-Abteilungen etwas an"[191] in den Unternehmen weit verbreitet. Vom Computerarbeitsplatz für nur wenige Spezialisten bis zur Bildschirmarbeit an etwa der Hälfte aller Arbeitsplätze dauerte es ca. 30 Jahre.[192] Der Personal Computer, der Anfang der 1970er-Jahre des 20. Jahrhunderts durch die Entstehung immer kleinerer und leichterer Geräte anstelle der Großrechner entwickelt wurde, hat die weite Verbreitung ermöglicht. In der heutigen Zeit werden die Personal Computer durch die flächendeckende Internet-Nutzung mehr und mehr zu „Interpersonal Computern", die es dem Benutzer ermöglichen, mit Nutzern anderer Computer zu kommunizieren und die vorhandenen Ressourcen anderer Computer zu nutzen. Noch nie zuvor war die Ausgestaltung eines Arbeitsplatzes aus der Sicht der IT-Unterstützung so vielfältig und komplex. Den Benutzern steht eine große Anzahl von Werkzeugen und Möglichkeiten zur Verfügung. Neben der ständigen Weiterentwicklung der traditionellen Office-Anwendungen wurde die Beteiligung der Endbenutzer an der Anwendungsentwicklung entscheidend durch das Aufkommen der Programmiersprachen der vierten Generation beeinflusst. Diese Programmiersprachen sind in der Literatur auch als Fourth generation language (4GL) bekannt. Sie machen es möglich, Funktionen oder sogar komplette Anwendungen mit einem überschaubaren Aufwand und mit nur wenigen Codezeilen schreiben zu können. Zum ersten Mal wurde der Begriff in den 1980er-Jahren von J. MARTIN in seinem Buch „Application Development Without Programmers" verwendet.[193]

Die Programmiersprachen der vierten Generation werden auch als nicht-prozedurale Sprachen bezeichnet.[194] Bei prozeduralen Sprachen (Maschinen-, Assembler- und höhere Sprachen) bestehen Programme aus einer Folge von Befehlen und Anweisungen, die in einer vom Programmierer festgelegten Prozedur ausgeführt werden. Im Unterschied dazu werden die auszuführenden Aktionen bei den nicht prozeduralen Sprachen textlich oder exemplarisch beschrieben. Man spricht deswegen im Zusammenhang mit den Programmiersprachen der vierten Generation auch von deskriptiven oder deklarativen Sprachen. Eine wichtige Besonderheit dieser Sprachen besteht darin, dass in den nicht prozeduralen Sprachen formuliert werden muss, WAS zu tun ist, aber nicht WIE etwas gemacht werden muss.

---

[191] Oberquelle, H./Gestaltungsaufgabe/2008, S. 157.

[192] Vgl. Oberquelle, H./Gestaltungsaufgabe/2008, S. 157.

[193] Vgl. Martin, J./Application Development/1982.

[194] Vgl. hierzu und im Folgenden Stahlknecht, P.; Hasenkamp, U./Einführung/2005, S. 286f.

Diese Eigenschaft macht die Handhabung dieser Programmiersprachen extrem benutzerfreundlich. Das Erlernen des Programmierens wird einfacher. Der Unterschied zwischen prozeduralen und nicht prozeduralen Programmiersprachen wird durch ein Beispiel in **Tab. 3** noch einmal veranschaulicht. Durch die nicht prozedurale Formulierung wird die Mensch-Computer-Kommunikation der Mensch-Mensch-Kommunikation ähnlicher.

Prozedurale Formulierung	**Nicht-prozedurale Formulierung**
(1) Nimm Buch (2) Prüfe, ob Titel = „Individuelle Datenverarbeitung" (3) Falls JA, notiere Autor (4) Prüfe, ob letztes Buch (5) Falls NEIN, zurück zu (1) (6) Falls Ja, Ende	Suche alle Bücher für die gilt: Titel = „Individuelle Datenverarbeitung"

Tab. 3: Prozedurale vs. nicht-prozedurale Programmiersprachen
Quelle: In Anlehnung an Stahlknecht, P.; Hasenkamp, U./Einführung/2005, S. 287

Die ersten Sprachen der 4. Generation waren reine Abfragesprachen[195]. Mittlerweile werden sie auch für die Programmierung von Verarbeitungsfunktionen eingesetzt.[196] Der Fortschritt in der Funktionalität und Handhabung der Programmiersprachen der 4. Generation führt dazu, dass Benutzer nicht selten den Eindruck gewinnen, dass das Programmieren mit den Sprachen der 4. Generation „kinderleicht" sei. Es entsteht ein täuschendes Gefühl der Sicherheit. S. McCONNEL formuliert das folgendermaßen: „One of the iconic weaknesses of rapid development languages is that in pushing back a lot of complexity, they lull you into a false sense of security – they make you believe they will do everything for you automatically. You get far into a project before you realize that you even need things like design and coding standards".[197]

Neben dem Aufkommen und der rasanten Entwicklung der Programmiersprachen der 4. Generation sind die bereits erwähnten Softwareentwicklungswerkzeuge zu nennen, die das Programmieren von Anwendungen auch für nicht-professionelle Programmierer immer einfacher machen. Durch das Aufkommen dieser Sprachen sind die Grenzen zwischen Software-

---

[195] Zum Begriff Abfragesprachen s. z. B. Stahlknecht, P.; Hasenkamp, U./Einführung/2005, S. 189ff. Die berühmteste Abfragesprache ist SQL (Structured Query Language).
[196] Vgl. Stahlknecht, P.; Hasenkamp, U./Einführung/2005, S. 286.
[197] McConnell, S./Rapid Development/1996, S. 521.

Entwicklung und Anwendung fließender geworden.[198] Bereits in den 1960er-Jahren gab es erste Überlegungen, den Entwicklungs- und Änderungsaufwand für Anwendungssysteme zu reduzieren, indem man systemnahe Software bei der Programmentwicklung einsetzt. In dieser Zeit sind die sogenannten Programmgeneratoren entstanden, die normierte Programmabläufe automatisch aus vorgegebenen Parametern generieren und Entscheidungstabellen in Programmanweisungen umwandeln.[199] Im Laufe der Zeit wurden die Softwareentwicklungswerkzeuge immer komplexer und vielfältiger. Gleichzeitig sind viele dieser Werkzeuge durch die Entwicklungen im Bereich der Mensch-Computer-Interaktion und durch einen hohen Grad der Hard- und Software-Ergonomie auch leichter erlernbar geworden, was eine breitere Nutzung durch die Mitarbeiter der Fachabteilung ermöglicht. Als die Endbenutzerentwicklung als Softwareentwicklungsansatz zum ersten Mal populär wurde, wurden sogenannte Informationszentren in vielen Unternehmen eingeführt. Bei Informationszentren geht es um „spezielle Einrichtungen mit Hardware, Software und technischen Spezialisten, die die Endbenutzer mit Werkzeugen, Schulungen und professionellem Wissen versorgen, sodass sie eigenständig Informationsanwendungen erstellen oder ihre Produktivität steigern können."[200] Im Laufe der Zeit ging die Bedeutung von Informationszentren zurück, weil man der Ansicht war, dass sie umso weniger gebraucht werden, je mehr Benutzer sich im IT-Bereich auskennen. Informationszentren stellten so gut wie die einzige Einrichtung im Bereich für Management und Kontrolle von IDV-Anwendungen dar. Auch wenn die IT-Kenntnisse der Mitarbeiter umfangreicher geworden sind, bedeutet das noch lange nicht, dass Management und Kontrolle der IDV-Anwendungen überflüssig sind. Wie in der vorliegenden Arbeit untersucht und gezeigt wird, können die in Vergessenheit geratenen Informationszentren in einer modifizierten und durch die aktuellen Anforderungen ergänzten Form ein wichtiges Steuerungsinstrument für den IDV-Bereich darstellen.

Zu IT-Kenntnissen der Mitarbeiter am Arbeitsplatz:

Eine Verlagerung der Anwendungsentwicklung in die Fachbereiche wurde neben dem Fortschritt im Bereich Hard- und Software durch die steigende Vertrautheit der Menschen mit den IT-gestützten Geräten vorangetrieben.[201] Das steigende Niveau der IT-Kenntnisse der Mitarbeiter in den Fachabteilungen von Unternehmen ist seit Jahren zu beobachten. Die „neuzeitlichen Informationstechnologien tragen dazu bei, dass die Vertrautheit im Umgang mit IT-Systemen und die Akzeptanz hinsichtlich neuer Technologien beim Benutzer weiter

---

[198] Vgl. Hagemeister, G.; Lui, B.; Kons, M./Individuelle Datenverarbeitung/2008, S. 78.
[199] Vgl. Stahlknecht, P.; Hasenkamp, U./Einführung/2005, S. 292f.
[200] Laudon, K. C.; Laudon, J. P.; Schoder, D./Wirtschaftsinformatik/2010, S. 948.
[201] Vgl. Arendt, S.; Schäfer, A./Individuelle Datenverarbeitung/2009, S. 280.

wächst."[202] Die Allgegenwärtigkeit des Mediums Internet und die Verbreitung von Social Software sorgen dafür, dass der Erfahrungsaustausch zwischen den Menschen so einfach wie nie zuvor stattfinden kann. So können die auftretenden Probleme im Bereich Anwendung und Programmierung mithilfe von zahlreichen Foren und Social Communities geklärt und gelöst werden. Diese Vertrautheit der Mitarbeiter im Umgang mit dem PC erhöht auf der einen Seite den Ehrgeiz einzelner Angestellte, Anwendungen selbst zu ergänzen bzw. zu entwickeln. Auf der anderen Seite traut das Management einzelner Fachabteilungen aufgrund dieser steigenden Kompetenz seinen Mitarbeitern mehr zu.

Die Symbiose Mensch-Computer unterliegt seit einigen Jahrzehnten einem ständigen Wandel und erfordert eine kritische Betrachtung. In einem Schlussbericht über die Untersuchung zur Einführung des Lochkartensystems bei der Münchener Rück in der Anfangsphase der Computerära ist zu lesen, dass die einzustellenden Mitarbeiter „außer einer guten Anpassungsfähigkeit keine besonderen Kenntnisse oder Begabungen"[203] aufweisen müssen. Diese Aussage zeigt beispielhaft den Umfang der Anforderungen an die Mitarbeiter bei der Bedienung der Vorläufer-Systeme der heutigen PCs und Großrechner. Da das Volumen von Input-Output-Operationen am Gesamtvolumen der Computerbefehle noch vergleichsweise gering war, waren die Anforderungen an die Kenntnisse der Mitarbeiter relativ bescheiden. Wenn der Input-Output-Anteil am Gesamtvolumen der Computerbefehle in den 1970er-Jahren noch bei ca. 10 % lag, stieg dieser Wert bis Mitte der 1990er Jahre auf rund 85 %.[204] „Die Rechnersysteme scheinen uns auf merkwürdige Weise zu imitieren, indem sie mehr und mehr ihrer Leistungsfähigkeit der Ein- und Ausgabe widmen, denn drei Viertel unserer Hirnrinde dienen dem Sehen, also unserem wichtigsten Sinnesorgan."[205]

Seit der flächendeckenden Verbreitung der Computertechnologie ist es durchaus üblich, dass technische Produktinnovationen oft mit dem Hinweis eingeführt werden, die jeweilige Neueinführung sei „spielend einfach" zu bedienen, „mühelos" zu handhaben und „sehr leicht" zu verstehen. Manchmal kann man zudem lesen, dass es sich fast von selbst erkläre, wie eine Anwendung oder ein Gerät funktionieren.[206] S. FREY spricht in diesem Zusammenhang vom „Dreamteam Mensch-Computer".[207] Auch wenn die Handhabung von Computer-Technik in manchen Fällen übertrieben einfach gesehen wird, eröffnet die enorme Flexibilität der Computertechnologie vielfältige Gestaltungsmöglichkeiten und impliziert daher auch vielfältige neue Risiken. Das Zusammenwirken von Mensch und Computer ist immer noch ein For-

---

[202] BSI/PC-Anwendungsentwicklung/2010.

[203] Vgl. Janßen, R./Von der Lochkarte/2002, S. 15.

[204] Vgl. Hellige, H. D./Mensch-Computer-Interaktion/2008, S. 53.

[205] Dertouzos, M. L./Zukunft des Informationszeitalters/1999, S. 107.

[206] Vgl. Frey, S./Dreamteam Mensch-Computer/2006, S. 179.

[207] Vgl. Frey, S./Dreamteam Mensch-Computer/2006, S. 179.

schungsthema ersten Ranges. Umso verwunderlicher ist die Tatsache, dass das Thema Mensch-Maschine-Kommunikation (MMK) bzw. Mensch-Computer-Interaktion (MCI) bisher in der Computer- und Informatikgeschichte eine eher geringere Aufmerksamkeit erlangt hat.[208] Man kann heute davon ausgehen, dass Kenntnisse der Informationssysteme praktisch für alle Mitarbeiter eines Unternehmens erforderlich sind, um effizient und effektiv arbeiten zu können.[209] Laut einer Befragung, die von IDC[210] im Auftrag von Microsoft durchgeführt wurde, wird IT-Wissen in fünf Jahren in neun von zehn Jobs eine Schlüsselqualifikation darstellen. Bei der Auswahl von Bewerbern erlangt IT-Kompetenz eine immer größere Bedeutung, und mehr als 20 Prozent der befragten Personalentscheider halten anerkannte IT-Zertifizierungen für ihre Mitarbeiter für unverzichtbar.[211]

Zu den Entwicklungen im Bereich Benutzerschnittstellen:

Zusätzlich zu den genannten Faktoren (Fortschritt in den Bereichen Hard- und Software sowie Besserung von IT-Kenntnissen der Mitarbeiter am Arbeitsplatz) ist der Fortschritt in der Ausgestaltung von Benutzerschnittstellen als einer der Haupttreiber der IDV zu nennen. Mensch-Computer-Interfaces galten lange Zeit als Hardware-Anhängsel. 1945 wurde der Begriff „input-output" aus der Elektrotechnik, Elektronik und Automatisierungstechnik in Computer Science durch J. v. NEUMANN übernommen.[212] Die Bedienschnittstellen zwischen Mensch und Computer bezeichnete er als „input-output-organs". Die verschiedenen Bedienprozesse bestanden nach v. NEUMANN lediglich in der bloßen Zu- und Abfuhr von Daten und Programmträgern. Sie wurden mit dem dem Gehirn dienenden neuronalen Sensorik- und Motorikapparat gleichgesetzt.[213] In den nachfolgenden Jahren hat man immer mehr erkannt, dass die Geringschätzung von „input-output-organs" ein entscheidendes Hemmnis für die weitere Entwicklung in der Computer-Technik darstellt.[214] F. P. BROOKS brachte das deutlich in seinem Vortrag im Jahre 1965 zum Ausdruck, indem er forderte, dass Computer Architects die Schaffung neuer „input-output devices" zu eine Kernaufgabe machen sollten, weil keine Engineering-Aktivität neue Computeranwendungen mehr stimulieren könne. Human-Factors-Aspekte sollen nach BROOKS die gleiche Aufmerksamkeit genießen, wie das bei Militär-

---

[208] Vgl. Hellige, H. D./Mensch-Computer-Interaktion/2008, S. 11.

[209] Vgl. Schwarzer, B.; Krcmar, H./Wirtschaftsinformatik/2004, S. 67.

[210] IDC ist „der weltweit führende Anbieter von Marktinformationen, Beratungsdienstleistungen und Veranstaltungen auf dem Gebiet der Informationstechnologie und der Telekommunikation. IDC analysiert und prognostiziert technologische und branchenbezogene Trends und Potenziale [...]." (für diese und weitere Informationen s. http://www.idc.de)

[211] Vgl. o. V./IT-Kenntnisse/2009.

[212] Vgl. Hellige, H. D./Mensch-Computer-Interaktion/2008, S. 11f.

[213] Vgl. Neumann, J. v./EDVAC/1945 sowie Hellige, H. D./Mensch-Computer-Interaktion/2008, S. 12.

[214] Vgl. Hellige, H. D./Mensch-Computer-Interaktion/2008, S. 12.

flugzeugen der Fall ist.[215] Mit dem Aufkommen von Personal Computern in den 1970er-Jahren entwickelte sich die Computerbedienung zum Gegenstand systematischer wissenschaftlicher Forschung und zum Kernbegriff der „Human-Computer-Interaction". [216] Man sprach zunehmend von „user interface". Die Forschung in diesem Bereich führte in den letzten Jahren zu immer höherer Benutzerfreundlichkeit in der Computer-Bedienung und zur Steigerung des Intelligenzniveaus in der Mensch-Computer-Kommunikation. Die Entwicklung von interaktiven Systemen geschieht immer mehr unter Berücksichtigung des komplexen Nutzungskontextes; dazu gehören die Menschen mit ihren spezifischen Fähigkeiten und Kenntnissen, die Aufgabe sowie die damit zusammenhängenden Motivationen und Ziele, die Umgebung, in der Aufgaben erledigt werden sowie das Spektrum der technischen Möglichkeiten.[217]

Um die Wechselwirkungen verschiedener Komponenten im Zusammenhang mit dem Nutzungskontext zu verdeutlichen, wurde das sogenannte MAUST-Diagramm (s. **Abb. 25**) von H. OBERQUELLE eingeführt.

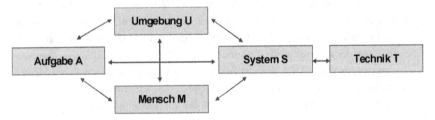

Abb. 25: MAUST-Diagramm
Quelle: In Anlehnung an Oberquelle, H./Gestaltungsaufgabe/2008, S. 157

Die Entwicklung von interaktiven Systemen (S) geschieht im Kontext von MAUST-Aspekten und wird durch den Fortschritt in der Computer-Technologie befruchtet. Die Doppelpfeile sollen den gegenseitigen Einfluss der einzelnen MAUST-Komponenten verdeutlichen. Das MAUST-Diagramm wird in einigen weiteren Abschnitten der Arbeit zum Einsatz kommen, um die Zusammenhänge zwischen einzelnen Komponenten im an gegebener Stelle relevanten Kontext zu analysieren.

Zu den Benutzerschnittstellen ist noch zu erwähnen, dass Internet mit mobilen Computern und der Integration der Rechenleistung in Alltagsgegenstände in den letzten 10-12 Jahren

---

[215] Vgl. Brooks, Jr., F. P./Computer Architecture/1965 sowie Hellige, H. D./Mensch-Computer-Interaktion/2008, S. 12.
[216] Vgl. hierzu und im Folgenden Hellige, H. D./Mensch-Computer-Interaktion/2008, S. 14f.
[217] Vgl. Oberquelle, H./Gestaltungsaufgabe/2008, S. 158.

dafür gesorgt hat, dass die Anzahl von Benutzerschnittstellen exponentiell gestiegen ist und eine Entwicklung in Richtung der allgegenwärtigen Mensch-Computer-Interaktion zu beobachten ist.[218]

3.4.3 Einsatzgebiete der IDV-Anwendungen in Unternehmen

Nachdem die Haupttreiber der IDV Unternehmen vorgestellt wurden, stellt sich die Frage, um welche Art von Anwendungen es sich dabei genau handelt und in welchen Unternehmensbereichen sie eingesetzt werden. In der Regel geht es bei den Aufgaben, für die eine IDV-Lösung entwickelt wird, um Aufgaben, die im direkten Zusammenhang mit der Tätigkeit des jeweiligen Endbenutzers stehen. In den Experteninterviews[219], die im Rahmen dieses Dissertationsprojektes durchgeführt wurden, stellte sich heraus, dass IDV-Anwendungen beispielsweise in den Bereichen Controlling, Berichtswesen, Unternehmensplanung, aber auch in den operativen Bereichen (z. B. Rechnungslegung) weit verbreitet sind. Der Funktionalitätsumfang kann je nach Anwendung sehr unterschiedlich und teilweise sehr umfangreich sein (z. B. zur Berechnung von Bilanzwerten, zur Abstimmung von Zahlen, zur Ergänzung von Reports). Wenn man sich an **Abb. 4** erinnert, stellt man fest, dass die modernen Softwareentwicklungswerkzeuge und Programmiersprachen die benutzerseitige Anwendungsentwicklung für nahezu jede Kategorie der betrieblichen Anwendungssysteme möglich machen. Sowohl im Bereich der operativen Systeme als auch der Führungssysteme und Querschnittssysteme sind in Unternehmen heutzutage IDV-Anwendungen vorzufinden. Einige Beispiele für IDV-Anwendungen sind in **Abb. 26** zu sehen.

Eine besondere Bedeutung im IDV-Bereich haben – wie bereits erwähnt – Tabellenkalkulationsprogramme, die in vielfältiger Weise in der Geschäftswelt insgesamt und in der Finanzbranche insbesondere eingesetzt werden und dort seit der Erfindung des VisiCalc (das erste Tabellenkalkulationsprogramm) allgegenwärtig sind.[220] „Excel is everywhere – it is the primary front-line tool of analysis in the financial business."[221]

Man geht davon aus, dass die meisten Unternehmen ohne Tabellenkalkulationsprogramme heute nicht mehr existieren könnten. „Within certain large sectors, spreadsheets play a role of such critical importance that without them, companies and markets would not be able to operate as they do at present", so G. J. GROLL in einem Aufsatz von 2005.[222]

---

[218] Vgl. Oberquelle, H./Gestaltungsaufgabe/2008, S. 157.
[219] Zu Methodik und Ergebnissen der Experteninterviews s. **Kapitel 4**.
[220] Vgl. Grossman, T. A.; Mehrotra, V.; Özlük, O./Lessons/2007, S. 1009.
[221] Wilmott, P./Spreadsheet errors/2005 sowie Croll, G. J./Spreadsheets/2005, S. 3.
[222] Groll, G. J./The Importance and Criticality of Spreadsheets/2005, S. 9.

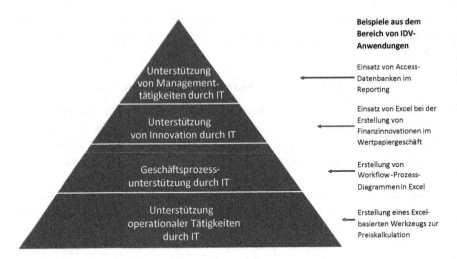

Abb. 26: IDV-Anwendungen in Unternehmen
Quelle: Eigene Darstellung in Anlehnung an Marchand, D. A.; Kettinger, W. J.; Rollins, J. D./Information Orientation/2001, S. 51 und Laudon, K. C.; Laudon, J. P.; Schoder, D./Wirtschaftsinformatik/2010, S. 797

Unter Tabellenkalkulation versteht man „die Erstellung, Verwaltung, Bearbeitung und grafische Darstellung von Daten (meistens in Form von Zahlen) unter Verwendung zweidimensionaler Tabellen."[223] Tabellenkalkulationen brachten – wie bereits gesagt –den Durchbruch bei der Beteiligung der Endbenutzer an der Systementwicklung.[224] Sie wurden ursprünglich für PCs entwickelt und erst später für Großrechner angeboten. Tabellenkalkulationsprogramme werden als typische Büroanwendungen gesehen, obwohl die von ihnen erfüllte Funktion eindeutig eine Datenverarbeitungsfunktion ist.

Tabellenkalkulationsprogrammen sind Bestandteile von den sogenannten Office-Paketen, die von verschiedenen Softwarefirmen angeboten werden und für Betriebssysteme wie Windows, Unix, Linux zur Verfügung stehen. Excel als Tabellenkalkulationsprogramm gehört zum Office-Paket von Microsoft und ist in der Wirtschaft besonders beliebt und verbreitet. Im folgenden Abschnitt wird ein Exkurs zu MS Excel als Werkzeug für IDV-Anwendungen gemacht. Einsatzgebiete der mittels Excel erstellten IDV-Anwendungen werden präsentiert.

---

[223] Benker, H./Excel/2007, S. 3. In der Forschung und in der Praxis wird oft die englische Bezeichnung der Tabellenkalkulationen verwendet: Spreadsheet.
[224] Vgl. hierzu und im Folgenden Hasenkamp, U./Konzipierung/1987, S. 27.

3.4.4 Exkurs zu MS Excel

3.4.4.1 Bedeutung von MS Excel in der Wirtschaftswelt

„Spreadsheets play a vital role in analytical work and are essential in the business world."

Thomas A. Grossman[225]

„Management by Excel" ist in Unternehmen Realität. Die erste Version von Excel wurde im Jahre 1985 für den Apple Macintosh als ein Nachfolgeprogramm von Multiplan auf den Markt gebracht. Seit 1987 gibt es Excel auch für Microsoft Windows. Seit dieser Zeit erschienen regelmäßig und mehr oder weniger parallel Nachfolgeversionen für die beiden Betriebssysteme. Die aktuelle Version des Programms ist MS Excel 2010 für Windows und Microsoft Excel 2011 für Mac OS.[226] Der Funktionsumfang des Programms entwickelte sich mit den Jahren beträchtlich. Ab der Version Excel 5.0 aus dem Jahre 1994 ist die Anwendung von Excel in Verbindung mit VBA (Visual Basic for Applications) möglich. Das macht das Programm zu einem noch komplexeren Entwicklungswerkzeug und gibt Anlass, Excel zu den Programmiersprachen der vierten Generation (s. **Abschnitt 3.4.2**) zu zählen: „the spreadsheet is a powerful programming language that falls into the class of „rapid development languages", along with fourth generation languages".[227]

Was macht Spreadsheets so attraktiv für Endbenutzer? In erster Linie ist der beeindruckende Funktionsumfang des Programms zu nennen. Funktionen aus den Bereichen Mathematik, Finanzmathematik, Statistik und Trigonometrie sind in Excel vorhanden. Ob es sich um eine Unternehmensbewertung handelt oder um die Erstellung von Marketingprognosen in Form von Modellen und Grafiken, ist Excel mit seinen Funktionskapazitäten oft die erste Wahl für Anwender. Mithilfe von Diagrammen können die ermittelten Ergebnisse schnell und übersichtlich dargestellt werden. Vielfältige Sortierungsmöglichkeiten der ermittelten Daten machen unterschiedliche Reports möglich. Bereits die Standard-Funktionen des Programms ermöglichen anspruchsvolle Anwendungen im Bereich der Datenanalyse und -präsentation. Die Funktionalität von Excel kann durch den Einsatz von Makros erheblich erweitert werden. Makros sind Programme, die durch Benutzer selbst erstellt werden. Sie werden in die Anwendung integriert und erweitern die Programmfähigkeiten erheblich. Aus diesen Gründen ist Excel ein beliebtes Werkzeug in den Bereichen Business Intelligence und Berichtswesen. Mit Excel können große Datenmengen verarbeitet werden. In der aktuellen Version des Pro-

---

[225] Grossman, T. A./Integrating Spreadsheet Engineering/2006, S. 19.
[226] Mehr zur Release-Geschichte von Microsoft Excel findet man z. B. unter o. V./Excel Version Release History/2011 sowie Hewitt, J./History of Microsoft Excel/2008.
[227] Grossman, T. A.; Mehrotra, V.; Özlük, O./Lessons/2007, S. 1029 sowie McConnell, S./Rapid Development/1996.

gramms können Tabellen mit mehr als 1 Million Zeilen und mehr als 16 tausend Spalten erfasst und verarbeitet werden. Die erwähnte Komplexität der Excel-Anwendungen wird durch eine Vielzahl von möglichen Verknüpfungen (Links) zwischen den Tabellen verstärkt. Tabellen mit mehr als 100 Links sind in vielen größeren Unternehmen keine Seltenheit. Oft werden die Tabellen direkt mit Datenbanken wie Bloomberg und Reuters verknüpft, um eine Echtzeit-Kalkulation zu ermöglichen. Dadurch wird das Komplexitätsniveau noch größer.[228] Eine Integration von Excel-Tabellen in eine Word- oder PowerPoint-Datei ist möglich. Damit können präzise Berechnungen in Verbindung mit dem gewünschten Layout durchgeführt werden.

Wie bereits erwähnt, wird der Funktionsumfang von Excel noch größer, wenn das Programm in Verbindung mit VBA verwendet wird. VBA ist eine komplexe Programmiersprache, die viele verschiedene Sprachelemente enthält. Beim Einsatz von Excel in Verbindung mit VBA geht es um einen fortgeschrittenen Level der Programmanwendung. Die Anwendung hat sich von Version zu Version von einer vergleichsweise einfachen Makro-Sprache zu einer objektorientierten Sprache entwickelt. Interaktive Funktionen sind immer umfangreicher und intuitiver geworden.

T. A. GROSSMAN spricht zwei weitere wichtige Eigenschaften von Excel an, die das Programm so präsent in der Wirtschaftswelt machen: die *Allgegenwärtigkeit* („ubiquitous availability") von Tabellenkalkulationen und *Excel-Kenntnisse* („spreadsheet skills").[229]

Was die Allgegenwärtigkeit von Excel betrifft, so kommt sie dadurch zustande, dass Excel so gut wie standardmäßig auf der überwiegenden Anzahl der Arbeitsplätze in nahezu jedem Unternehmen installiert ist. Die meisten Benutzer haben Excel in der Regel auch auf ihren Privat-Rechnern. Diese Allgegenwärtigkeit von Excel führt dazu, dass die meisten Mitarbeiter in Unternehmen zumindest auf einem elementaren Level das Programm beherrschen und nicht selten der Eindruck entsteht, das Programm sei „einfach". „Unlike most other programming languages, it is possible to begin using spreadsheets without training in programming."[230] Und in der Tat ist es einfach und nahezu selbstverständlich, Excel in den Grundlagen zu beherrschen. Je komplexere Berechnungen und Modelle mit Excel angestrebt werden, desto fundiertere Kenntnisse der Mitarbeiter sind notwendig, um der Komplexität der Aufgabenstellung gerecht zu werden. Die Anwendung von Excel in Verbindung mit VBA erfordert – wie bereits erwähnt – regelmäßige und ernsthafte Übungen. Denn immerhin handelt es sich bei Excel um eine leistungsstarke Programmiersprache der vierten Generation.[231]

---

[228] Vgl. Heiser, J./Developing/2006, S. 3.

[229] Vgl. Grossman, T. A./Integrating Spreadsheet Engineering/2006, S. 20.

[230] Abraham, R.; Burnett, M.; Erwig, M./Spreadsheet Programming/2009, S. 1.

[231] Vgl. Grossman, T. A./Integrating Spreadsheet Engineering/2006, S. 21.

Ein weiterer wichtiger Grund für die weite Verbreitung und Beliebtheit von MS Excel in der Wirtschaft und in der Forschung ist die *Schnelligkeit* dieser Programmiersprache.[232] Die Schnelligkeit von Excel macht dieses Programm sehr attraktiv für die analytische Arbeit, aber auch für die Berichterstattung, wo Ergebnisse oft sehr zeitnah gefragt sind. Im folgenden Abschnitt werden die Anwendungsbereiche von Excel in Unternehmen etwas ausführlicher dargestellt.

3.4.4.2 Anwendungsbereiche von MS Excel

Spreadsheets sind zum integralen Bestandteil der Geschäftsprozesse in Unternehmen geworden. In nahezu jeder Abteilung eines Unternehmens kommen Tabellenkalkulationen in dem einen oder anderen Zusammenhang zum Einsatz. Man kann die Anwendungsmöglichkeiten generell in drei Gruppen zusammenfassen: Modellierung, Unterstützung der operativen Tätigkeit sowie Berichterstattung (s. **Abb. 27**).

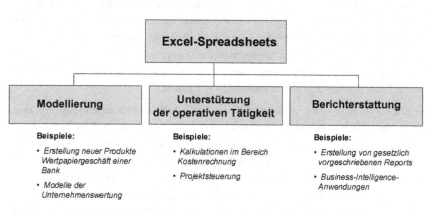

Abb. 27: Anwendungsmöglichkeiten von Excel-Spreadsheets
Quelle: Eigene Darstellung in Anlehnung an Heiser, J./Developing/2006, S. 3

Was die *Modellierung* betrifft, so kann Excel beispielsweise für den Entwurf und die Erstellung neuer Finanzprodukte verwendet werden oder auch bei der Erstellung von Modellen der Unternehmensbewertung zum Einsatz kommen. Was den Bereich der *operativen Tätigkeit* betrifft, sind zahlreiche Beispiele aus nahezu jedem Unternehmensbereich eines Unternehmens denkbar. Besonders sind natürlich Abteilungen zu erwähnen, die viel mit Zahlen und deren Auswertung arbeiten. So sind Spreadsheets beispielsweise im Bereich Controlling

---

[232] Vgl. hierzu und im Folgenden Grossman, T. A./Integrating Spreadsheet Engineering/2006, S. 4.

beliebt und weitverbreitet. Man findet zahlreiche Seminar-Angebote und viele Literaturquellen bzgl. des Excel-Einsatzes im Controlling-Bereich. Ohne den Einsatz von Spreadsheets wären Kalkulationen in den Bereichen Budgetierung, Kostenrechnung etc. heutzutage nicht mehr vorstellbar.

In der operativen Tätigkeit werden Excel-Tabellen oft als Steuerungsinstrument eingesetzt. So ist es durchaus üblich im Projektmanagement, die Datenerfassung und Koordination mittels Spreadsheets zu organisieren. Ein wichtiger Anwendungsbereich von Excel ist die *Berichterstattung*. So werden analytische Anwendungen mit Excel im Bereich Business Intelligence breit eingesetzt.

Eine weitere Kategorisierung der Excel-Anwendung wurde von P. K. FREI vorgeschlagen. Er definiert drei Kategorien: operativ, analytisch und finanziell.[233] *Operativ* werden Spreadsheets eingesetzt, um die Nachverfolgung und Überwachung operationeller Abläufe zu ermöglichen. Als Beispiel können hier Auflistungen der offenen oder unbezahlten Rechnungen genannt werden. Spreadsheets dienen hier zur Sicherstellung der Richtigkeit und der Vollständigkeit der Transaktionserfassung. *Analytisch* werden Spreadsheets zur Unterstützung der Analysen eingesetzt. Sie werden beispielsweise bei der Beurteilung der Angemessenheit der Finanzergebnisse in Verbindung mit den Unternehmenszielen oder auch bei Trend- und Marktanalysen verwendet. Im *finanziellen Bereich* kommen Spreadsheets zum Einsatz, um zum Beispiel Beträge oder Summen der Finanztransaktionen zu ermitteln.

Was den Einsatz von Excel im Bereich Controlling betrifft, so stellt dieses Programm eines der zentralen Werkzeuge in diesem Bereich dar.[234] Wie bereits gesagt, kann in Excel eine Vielzahl von Daten gespeichert und verarbeitet werden. Die Verbindung von Zellen zueinander macht komplexe Berechnungen möglich. Als Beispiel für den Einsatz von Excel im Controlling-Bereich ist in **Abb. 28** eine produktbezogene Deckungsbeitragsrechnung zu sehen. Dafür wird eine Tabelle erstellt, die grundlegende Daten (Produktbezeichnungen, Preise und Kosten sowie die Formeln für deren Ermittlung enthält. Durch die Eingabe von aktuellen Daten (z. B. neue Preise) können jederzeit Deckungsbeiträge in einer übersichtlichen Form ermittelt werden.

---

[233] Vgl. hierzu und im Folgenden Frei, P. K./IT-Kontrollen/2008, S. 136f.
[234] Vgl. hierzu und im Folgenden Plötner, O.; Sieben; B.; Kummer, T.-F./Kosten- und Erlösrechnung/ 2008, S. 216f.

	A	B	C	D	E	F	G
1	Produktbezeichnung	Einzelkosten	Gemeinkosten	Preis	Deckungsbeitrag	Verkaufsmenge	Deckungsbeitrag (gesamt)
2	MF 33	354,34	430,45	1.066	281,21	2.453	689.808,13
3	MF 23	343,56	502,45	1.234	387.99	1.545	599.444,55
4	GS 42	767,54	734,56	1.642	139,90	5.545	775.745,50
5	DTF 5	1.288,76	623,54	2.099	186,70	1.023	190.994,10
6	Gesamt	2.754,20	2.291,00		10.566,00		2.255.992,28

Abb. 28: Deckungsbeitragsrechnung mit MS Excel
Quelle: Plötner, O.; Sieben; B.; Kummer, T.-F./ Kosten- und Erlösrechnung/2008, S. 216

Was den Excel-Einsatz in den Führungsinformationssystemen betrifft, so wird Excel oft als Front-End eines Data-Warehouse-Systems verwendet. In Führungsinformationssystemen verwendet man das Data Warehouse als zentralen Datenpool. Informationen werden aus operativen Datenquellen extrahiert oder von externen Datenlieferanten beschafft und in diesem zentralen Datenpool vorgehalten. Verschiedene Auswertungen und Analysen können darauf aufbauend durchgeführt werden.[235] Um diese Analysen und Auswertungen in allen möglichen Konstellationen durchführen zu können, ist der Datenpool alleine nicht ausreichend. Ein sogenanntes Data-Warehouse-System ist notwendig. Der Aufbau eines solchen Data-Warehouse-Systems ist vereinfacht in **Abb. 29** dargestellt.[236]

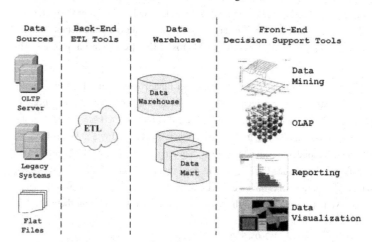

Abb. 29: Architektur eines Data-Warehouse-Systems
Quelle: Simitsis, A.; Theodoratos, D./Data Warehouse/2005

---

[235] Vgl. Goeken, M./Entwicklung von Data-Warehouse-Systemen/2006, S. 15.
[236] Mehr zu Data-Warehouse-Systemen findet man z. B. bei Goeken, M./Entwicklung von Data-Warehouse-Systemen/2006.

Im Zusammenhang mit den Anwendungsmöglichkeiten von Excel in Unternehmen ist im Rahmen der vorliegenden Arbeit das Front-End eines Data-Warehouse-Systems von Interesse. An die Front-End-Werkzeuge werden Anforderungen von Benutzern gestellt. So können die Anwender das Data-Warehouse selbstständig und interaktiv nutzen. Als Front-End-Werkzeuge stehen Internet-Browser und speziell für solche Auswertungen vorhandene Programme (Analysis Services) zur Verfügung. Sehr oft wird auch Excel als Front-End-Werkzeug eines Data-Warehouse eingesetzt. Die technologischen „Enabler" für Online Analytical Processing (OLAP) mit Microsoft Excel sind vor allem Pivot-Tabellen sowie zahlreiche OLAP Add-Ins verschiedener Hersteller: „Microsoft went this way, by adding PivotTables to Excel. Although only a small minority of Excel users take advantage of the feature, this is probably the single most widely used multidimensional analysis capability in the world, simply because there are so many users of Excel."[237] Grund für den Einsatz von Excel in Data-Warehouse-Systemen ist damit wieder die hohe Verfügbarkeit des Programms in Verbindung mit der Flexibilität in der Weiterverarbeitung. Einzelne Benutzer haben vielfältige Möglichkeiten, sich auf der Basis von Excel zahlreiche Tools zusammen zu „basteln", um die auf ihre Bedürfnisse angepassten Analysen und Auswertungen durchführen zu können. Der Einsatz von Excel auf der Ebene von Führungsinformationssystemen zu Auswertungs- und Analysezwecken und für die Erstellung von Berichten bedeutet, dass die mithilfe von Excel generierten Ergebnisse für Management-Entscheidungen verwendet werden und möglicherweise auch nach außen, an die Öffentlichkeit kommuniziert werden. Sollten die so produzierten Ergebnisse fehlerhaft sein, kann das unter Umständen fatale Folgen für das Unternehmen haben. Weitere Ausführungen zur Fehleranfälligkeit von Microsoft Excel erfolgen im nächsten Abschnitt.

Was die Branchen betrifft, so spielen Spreadsheets in der Finanzbranche eine besonders große Rolle. G. J. GROLL untersuchte in seinem Aufsatz die Bedeutung von Excel-Spreadsheets in „the City of London".[238] Der Beitrag von GROLL macht darauf aufmerksam, welche große Rolle Spreadsheets auf der einen Seite in der Finanzbrache spielen und wie unkontrolliert sie auf der anderen Seite besonders in manchen Bereichen eingesetzt werden. Beispielhaft werden in diesem Zusammenhang das Berichtswesen, das Fondsmanagement sowie „Investment research" genannt.[239] „Spreadsheets have been with us in their present form for over a quarter of a century. We have become so used to them that we forget that we are using them at all. It

---

[237] Enachescu, D./Spreadsheets and OLAP/2005, S. 40.

[238] „The City of London" ist die Bezeichnung für eines der führenden Finanz- und Business-Zentren in Europa und in der Welt. Es umfasst mehrere Unternehmen, – vor allem aus der Finanzbranche – die sich hauptsächlich im Zentrum von London befinden. Aktuell erwirtschaftet „the City of London" 3 % des Bruttonationalproduktes (BNP) England. Vgl. Groll, G. J./The Importance and Criticality of Spreadsheets/2005, S. 2. Unter http://www.cityoflondon.gov.uk/Corporation/media_centre/ keyfacts.htm kann man mehr Informationen zum Wirtschaftsraum City of London finden.

[239] Vgl. Groll, G. J./The Importance and Criticality of Spreadsheets/2005, S. 9.

may serve us well to stand back for a moment to review where, when and how we use spreadsheets in the financial markets and elsewhere in order to inform research that may guide their future development"[240], so GROLL in seinem Aufsatz. Die Aufmerksamkeit der Wissenschaft auf die Chancen und Risiken von Spreadsheets in der Finanzbranche zu lenken, war offensichtlich eine der Zielsetzungen seines Aufsatzes. Mit der vorliegenden Arbeit wird der Versuch unternommen, die Impulse aus der Praxis aufzunehmen und in der Forschung zu verarbeiten.

Auch wenn die Verfügbarkeit und Flexibilität der Excel-Anwendungen unbestritten sind, häufen sich in der letzten Jahren zunehmend auch kritische Stimmen bzgl. der Spreadsheets-Verwendung in Unternehmen insgesamt und in der Finanzbranche insbesondere. Der Grund dafür sind zahlreiche Fälle beträchtlicher Verluste im Zusammenhang mit dem Spreadsheets-Einsatz. In dem folgenden Abschnitt werden die ersten Überlegungen zur Fehleranfälligkeit von Microsoft Excel präsentiert. Eine ausführlichere Fehleranalyse und -klassifikation im Zusammenhang mit den IDV-Anwendungen – und damit auch mit den Excel-basierten Anwendungen – folgt dann in späteren Abschnitten.

3.4.4.3 Fehleranfälligkeit von MS Excel

> „End users and organizations that rely on spreadsheets generally do not fully recognize the risks of spreadsheet errors. In fact, spreadsheets tend to be somewhat invisible, both as corporate assets and as sources of risk."
>
> *Stephen G. Powell et al.[241]*

Fast alle Faktoren, die das Programm bei den Benutzern so beliebt und unersetzlich machen – also die Allgegenwärtigkeit und Schnelligkeit des Programms, Excel-Kenntnisse der Mitarbeiter und natürlich der Funktionsumfang – sind auch dafür verantwortlich, dass Anwendungen auf Excel-Basis fehleranfällig sind. Forschungsergebnisse belegen, dass über 80 % aller Tabellen, die in Unternehmen zur Anwendung kommen, fehlerhaft sind.[242] R. ABRAHAM et al. schreiben in ihrem Beitrag aus dem Jahr 2009: „Surveys have shown that a majority of commercial spreadsheets have non-trivial errors in them. Because of the wide variety of uses spreadsheets are put to, spreadsheet errors can have serious impact in many different ways. Instances of spreadsheet errors that have received publicity in the press as a result of compa-

---

[240] Groll, G. J./The Importance and Criticality of Spreadsheets/2005, S. 1.

[241] Powell, S. G.; Baker, K. R.; Barry, L./Errors/2009, S. 25.

[242] Vgl. Weilgum, T./Spreadsheet/2010.

nies losing millions of dollars have been documented on the European Spreadsheet Risks Interest Group (EuSpRIG)."[243]

Die Fehleranfälligkeit von Excel resultiert zum einen aus den inhaltlichen und konzeptionellen Fehlern der Benutzer und zum anderen aus dem System und aus der eingesetzten Technik. Wenn man an das MAUST-Diagramm zurückdenkt, so kann man sich diese zwei Bereiche gut vorstellen (s. **Abb. 30**).

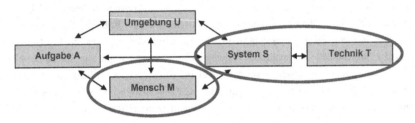

Abb. 30: Das MAUST-Diagramm und Bereiche der Fehleranfälligkeit
Quelle: In Anlehnung an Oberquelle, H./Gestaltungsaufgabe/2008, S. 157

Die Fehleranfälligkeit steht in einem unmittelbaren Zusammenhang zu der zu lösenden Aufgaben und unter Einfluss der Umgebung. Die Fehleranfälligkeit kann sich daher durchaus auch aus der Umgebung ergeben, was aber aus Gründen der Übersichtlichkeit in der vorliegenden Arbeit aus der Betrachtung ausgeklammert wurde.

Die Analyse der Fehleranfälligkeit steht im Mittelpunkt der vorliegenden Arbeit und wird – wie bereits gesagt – in späteren Abschnitten ausführlicher diskutiert. An dieser Stelle nur einige Beispiele.

In Excel werden überwiegend Zahlen verarbeitet. Bereits ein Zahlendreher oder ein falscher Schritt in der Anwendung des Programms können zu weitreichenden Fehlern führen. Beispielhaft sind einige Fälle aus der Vergangenheit zu nennen:

> **Beispiel 1**: Im September 2011 berichtete Spiegel-Online über „einen ärgerlichen Zahlendreher" bei der Neuberechnung der Hartz-IV-Sätze. „Das Arbeitsministerium hat Fehler im Gesetzentwurf über die neuen Hartz-IV-Regelsätze eingeräumt. Ursula von der Leyens Sprecher Jens Flosdorff sagte, in der Begründung zum Gesetzestext habe

---

[243] Abraham, R.; Burnett, M.; Erwig, M./Spreadsheet Programming/2009, S. 4.

es „bei der Übertragung von Werten aus einer Excel-Tabelle in ein Word-Dokument einen Zahlendreher" gegeben."[244]

Beispiel 2: In 2003 gab TransAlta, ein kanadisches börsennotiertes Unternehmen und gleichzeitig der größte Energieerzeuger des Landes bekannt, dass ein Verlust in Höhe von $ 24.000.000 aufgrund eines „Copy-Paste"-Fehlers in einem Excel-Sheet entstanden sei. Dieser Fehler führte zur Abgabe von unbeabsichtigten Geboten an New Yorks Energie-Vermittlungsstelle und so zur Bestellung einer 15fachen Menge der benötigten Kapazität für den 10fachen Preis.

Beispiel 3: Eine falsche Verknüpfung in einer Excel-Tabelle verursachte im Jahre 2003 Verluste in Höhe von 700.000.000 Dollar bei der Allied Irish Bank.[245]

Beispiel 4: Ein Excel-Fehler verursachte im Jahr 2003 Verluste in Höhe von 3 Milliarden Australischen Dollar bei der National Australia Bank und beeinflusste den Aktienkurs der Bank erheblich.[246]

Beispiel 5: Ein fehlendes Minuszeichen führte bei dem amerikanischen Fidelity's Magellan Fund im Jahre 1995 zu Verlusten in Höhe von 2,6 Milliarden Dollar.[247]

Weitere Beispiele für „Horror Stories" findet man auf der Webseite der European Spreadsheet Risks Interest Group, die in der Einführung bereits erwähnt wurde.

Wie aus **Abb. 31** zu ersehen, werden die Fehler dort auch hinsichtlich des entstandenen Risikos sowie Möglichkeiten der Vermeidung bewertet. In den dargestellten Beispielen waren die Ursachen der Fehler unterschiedlicher Natur, angefangen mit menschlichem Versagen bei der Übertragung von Daten aus einer Tabelle in die andere bis hin zu Fehlern aufgrund von mangelnder Transparenz bei der Erstellung und Koordinierung der Dateien.

Abgesehen von konzeptionellen Fehlern in der Entwicklung oder Anwendung von Spreadsheets sowie inhaltlichen Fehlern bei der Definition oder Umsetzung von Spezifikationen (oder gar dem Überspringen dieser Entwicklungsstufe) gibt es auch andere Gründe, warum Spreadsheets sich fehlerhaft verhalten und unerwartete Ergebnisse produzieren können. Eine mögliche Fehlerquelle liegt in der Art und Weise, wie Excel Gleitkommazahlen speichert und berechnet, nämlich als doppelt genaue binäre Gleitkommazahl entsprechend der IEEE-Spezifikation 754[248]. In dieser Norm werden Standarddarstellungen für binäre Gleitkomma-

---

[244] Dettmer, M.; Gathmann, F.; Wittrock, Ph./Leyen-Ministerium/2010.

[245] Vgl. Bewig, P. L./How do you know/2005, S. 1.

[246] Vgl. West, G./Risk Measurement/2006, S. 10.

[247] Vgl. Bewig, P. L./How do you know/2005, S. 1.

[248] IEEE steht für Institute of Electrical and Electronics Engineers. Es handelt sich um einen weltweiten Berufsverband von Ingenieuren aus den Bereichen Elektrotechnik und Informatik mit Sitz in New York City. Bei

zahlen in Computern definiert und genaue Verfahren für die Durchführung mathematischer Operationen, insbesondere für Rundungen, festgelegt.

Identifier:	NS01
Source:	C&C Group admit to mistake in revenue results
Organization:	C&C
Release Date:	Jul-09
Discrepancies:	11% of sales for the four months to the end June

Shares in C&C fell 15 per cent after it said total revenue in the four months to end-June had not risen 3 per cent as reported, but had dropped 5 per cent. C&C said cider revenues in the UK had fallen 12 per cent, not 1 per cent, while cider revenues in Ireland were flat instead of up 7 per cent as reported last week. C&C's group finance director and COO said the error in last week's announcement occurred after data were incorrectly transferred from an accounting system used for internal guidance to a spreadsheet used to produce the trading statement. "It was basically human error... there's nothing wrong with our accounting systems,"

Identifier:	NS02
Source:	FSA fines Credit Suisse £5.6m
Organization:	Credit Suisse
Release Date:	Aug-08

"2.33.3. The booking structure relied upon by the UK operations of Credit Suisse for the CDO trading business was complex and overly reliant on large spreadsheets with multiple entries. This resulted in a lack of transparency and inhibited the effective supervision, risk management and control of the SCG {Structured Credit Group}"

Identifier:	NS03
Source:	Budget discrepancies attributed to computer error
Organization:	Nevada City
Release Date:	Jan-06
Discrepancies:	$5 million
Risk:	Delay in city budgeting process, embarrassment
Avoidance:	Change tracking, comparison, validation, publishing a PDF of printed version on the web

The Nevada city budget spreadsheet apparently worked correctly until sometime in late December 2005 when, city finance director Ron Chandler says, it developed a problem, causing the 2006 budget to show a $5 million deficit in the water and sewer fund. Chandler said that it took him most of the day Wednesday to fix the problem. While he was working on it he found some other errors in the spreadsheet that needed to be corrected. "Once it's a PDF it can't change," Chandler said.

Abb. 31: Beispiele für „Horror Stories" auf der EuSpRIG-Webseite
Quelle: o. V./EuSpRIG/2011

Der Vorteil der in der Norm spezifizierten Darstellung liegt in dem vergleichsweise geringen Speicherbedarf sowie relativ schnellen Berechnungen. Die Folge ist, dass nur annähernde numerische Ergebnisse bei Einsatz von Computern erzielt werden.[249] Aus den Eigenschaften der binären Gleitkommaarithmetik, die in der vorliegenden Arbeit nicht im Einzelnen dargestellt werden, resultiert eine leichte bis absolute Ungenauigkeit der Rechnung, die unter Um-

---

IEEE-Spezifikation 754 geht es um die Norm mit der folgenden genauen Bezeichnung: Standard for Binary Floating-Point Arithmetic for microprocessor systems (ANSI/IEEE Std 754-1985).

[249] Vgl. Ruelle, D./Mathematiker/2006, S. 133.

ständen die Gültigkeit mathematischer Rechenregeln außer Kraft setzt (s. **Abb. 32**).[250] Dies hat unter anderem Einfluss auf die Lösbarkeit der Gleichungen und auf die Genauigkeit von komplexen finanzmathematischen Berechnungen.

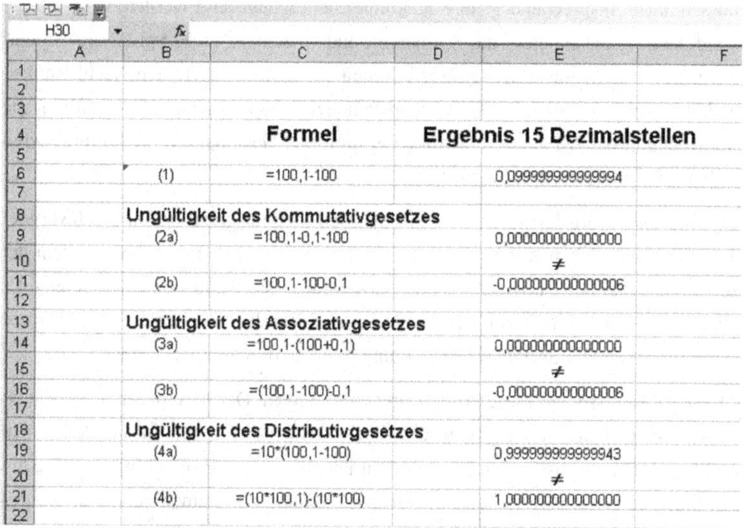

	A	B	C	D	E	F
1						
2						
3						
4			**Formel**		**Ergebnis 15 Dezimalstellen**	
5						
6		(1)	=100,1-100		0,099999999999994	
7						
8		**Ungültigkeit des Kommutativgesetzes**				
9		(2a)	=100,1-0,1-100		0,000000000000000	
10					$\neq$	
11		(2b)	=100,1-100-0,1		-0,000000000000006	
12						
13		**Ungültigkeit des Assoziativgesetzes**				
14		(3a)	=100,1-(100+0,1)		0,000000000000000	
15					$\neq$	
16		(3b)	=(100,1-100)-0,1		-0,000000000000006	
17						
18		**Ungültigkeit des Distributivgesetzes**				
19		(4a)	=10*(100,1-100)		0,999999999999943	
20					$\neq$	
21		(4b)	=(10*100,1)-(10*100)		1,000000000000000	
22						

Abb. 32: Genauigkeitsfehler in Excel
Quelle: Eigene Darstellung

Natürlich kommt es in jedem einzelnen Fall darauf an, welche Genauigkeit von einer Berechnung verlangt wird. Unter Umständen kann der Einsatz von Excel zur Entwicklung eines Kalkulationsmodells vollkommen ungeeignet sein, und darüber sollten sich Benutzer im Klaren sein. Es sei allerdings an dieser Stelle auch erwähnt, dass die beschriebenen Probleme der binären Gleitkommaarithmetik kein excelspezifisches Problem darstellen, sondern auch in anderen Programmen, die der IEEE 754 Spezifikation folgen, auftreten.

Für die Kompensation von Rundungsfehlern gibt es in Excel zwei Verfahren: *Runden* sowie die Arbeitsmappenoption *Genauigkeit wie angezeigt*.[251] Man kann sich leicht vorstellen, dass der konsequente und konsistente Einsatz der Funktion *Runden* einen erheblichen Mehraufwand bei der Entwicklung von Kalkulationsmodellen bedeutet und darüber hinaus das Lesen, Verstehen und Schreiben von Zellformeln erschwert. Die Verwendung der Option *Genauigkeit wie angezeigt* erzwingt für jede Zahl in der Arbeitsmappe die angezeigte Genauigkeit, wodurch unter Umständen natürlich bei der weiteren Berechnung noch viel weiter reichende

---

[250] Vgl. o. V./Gleitkomma-Arithmetik/2006.
[251] Vgl. hierzu und im Folgenden o. V./How to correct/2010 sowie o. V./Gleitkomma-Arithmetik/2006.

Genauigkeitsfehler auftreten können, die ohne die Verwendung der Option nicht eingetreten wären, nämlich wenn die dargestellten Nachkommastellen nicht die Genauigkeit der Zahlen gewährleisten können. Um also bei dem Einsatz dieser Option die notwendige Genauigkeit zu erhalten, müssen auch entsprechend viele Nachkommastellen angezeigt werden, wodurch die Lesbarkeit und damit unter anderem die Prüfbarkeit und Akzeptanz eines Spreadsheets deutlich beeinträchtigt werden kann. Darüber hinaus gehen alle nicht dargestellten Nachkommastellen unwiederbringlich verloren.[252] Die beiden Methoden kompensieren auf keinen Fall die durch die Verwendung der IEEE 754 Spezifikation limitierte Genauigkeit. Sie kompensieren ausschließlich ungenauere Repräsentationen.

Spreadsheets sind jedoch in der Regel nur unzulänglich qualitätsgesichert, und schwerwiegende Fehler mit folgenreichen Konsequenzen keine Seltenheit. Grund ist unter anderem der leichtfertige Umgang bei der Entwicklung und Anwendung; die wenigsten Entwickler oder Anwender behandeln Spreadsheets mit der angebrachten Sorgfalt – nämlich der gleichen wie sie in anderen Disziplinen der Software-Entwicklung praktiziert und notwendig ist.

Es existieren einige Ansätze, um diese Problematik aufzufangen. Der Ansatz der Spreadsheet-Modellierungssprache ModelMaster[253] geht hierbei so weit, dass Kalkulationsmodelle nicht mehr in den Spreadsheets selbst entwickelt, sondern über ein in der Programmiersprache beschriebenes Modell in Spreadsheets geladen werden. In weniger extremen Ansätzen werden Prinzipien und Techniken der Software-Entwicklung in Form von Best-Practice-Empfehlungen für die Vorgehensweise in die verschiedenen Entwicklungsstufen von Spreadsheets übertragen, als Beispiele seien hier das Konzept des Pair Programming sowie Strukturierungs- und Benennungsregeln bei der Entwicklung von Spreadsheets genannt.[254]

Diese kurze Darstellung der Problematik von Excel-Anwendungen aufgrund einiger Eigenschaften des Systems stellt nur einen kleinen Exkurs dar, der einen Eindruck von der Komplexität des Programms Excel vermitteln soll. Der Schwerpunkt der vorliegenden Arbeit liegt aber – wie bereits erwähnt – auf den Fehlern, die durch konzeptionelle und inhaltliche Fehlleistungen und -handlungen der Nutzer bedingt sind.[255] Einige Beispiele für solche Fehler wurden bereits genannt. In den nächsten Kapiteln der Arbeit soll nun genau analysiert werden, wie man diese Fehler klassifizieren kann und welche von diesen durch entsprechende Kontroll- und Steuerungsmechanismen vermieden bzw. reduziert werden können. Anschließend gilt es, die Frage zu beantworten, welche Risiken sich konkret aus den IDV-Fehlern für Banken ergeben.

---

[252] Vgl. o. V./How to correct/2010.
[253] Vgl. Chadwick, D./Stop that/2003.
[254] Vgl. Bewig, P. L./How do you know/2005, S. 10 sowie Scheck, R./Excel/2005.
[255] Begriffe Fehlleistung und -Handlung werden in **Abschnitt 6.1.2** definiert und betrachtet.

3.5   Zusammenfassung zu Kapitel 3

Die Ausführungen der letzten Seiten zeigen, dass die Individuelle Datenverarbeitung zu einem komplexen und mächtigen Systementwicklungsansatz im Laufe der Zeit gewachsen ist. Eine Intensivierung der Anwendungsentwicklung in den Fachabteilungen von Unternehmen ist zu beobachten.[256] Eine geordnete Regulierung sowie eine standardisierte Vorgehensweise der professionellen Systementwicklung fehlen hier allerdings völlig. Ist diese unkontrollierte Vorgehensweise („Wildwuchs") angemessen und von Risikogesichtspunkten her tragbar?

Effektive Programmierung erfordert grundsätzlich Kenntnisse in der entsprechenden Programmiersprache und eine Reihe von Software-Engineering-Techniken, die für die jeweilige Sprache geeignet sind. Im Fall der IDV-Anwendungen verzichtet man in der Regel komplett auf die Softwareentwicklungs-Techniken. Wegen der Fehleranfälligkeit und der daraus resultierenden Risiken stellt die Option „no control at all, which leaves the users with the maximum flexibility"[257] keine richtige Option dar. Zugleich wäre es wegen der großen Bedeutung von IDV-Anwendungen in Unternehmen undenkbar, auf IDV-Anwendungen komplett zu verzichten. Wie die vorstehenden Ausführungen gezeigt haben, sind IDV-Anwendungen für die Geschäftswelt „essenziell". Was bedeutet dieser Sachverhalt nun für Unternehmen?

IDV-Anwendungen haben in ihrer komplexen Umgebung ein breites Spektrum von abhängigen Akteuren. Wie auch im Fall der professionellen Anwendungssysteme sind diese Abhängigkeiten zu analysieren und eventuell Steuerungsmechanismen zu eruieren. Dabei geht es darum, sowohl Chancen als auch Risiken in den Blick zu nehmen. In der vorliegenden Arbeit wird dies am Beispiel des Bankensektors untersucht.

Vor der eigentlichen Analyse und Entwicklung des Konzepts ist jedoch – wie in der Einführung bereits dargestellt – für die Definition des Forschungsobjekts und die Abgrenzung der damit verbundenen Problemfelder der Blick in die Praxis notwendig.[258]

---

[256] Vgl. Arendt, S.; Schäfer, A./Individuelle Datenverarbeitung/2009, S. 280.
[257] Heiser, J./Developing/2006, S. 6.
[258] Vgl. Becker, J./Prozess/2010, S. 13.

4 Erhebung des Forschungsbedarfs in der Praxis: Experteninterviews

Für die Erhebung des Forschungsbedarfs in der Praxis wurde die qualitative Befragung in Form von mehreren Experteninterviews gewählt. Experteninterviews werden generell als Forschungsmethode kritisch beurteilt. Deshalb im Folgenden einige Ausführungen zur Brauchbarkeit dieses Instruments im Rahmen dieser Arbeit.

Experteninterviews werden in der Forschung in unterschiedlichen Kontexten eingesetzt.

Diese Methode wird sowohl als eigenständiges Verfahren als auch im Rahmen einer Methodentriangulation – also in Verbindung mit anderen Methoden – angewendet.[259] Im Rahmen der vorliegenden Arbeit kommt dieses Instrument der empirischen Forschung als eigenständiges Verfahren zum Einsatz.

Nach U. FLICK ist diese Art des empirischen Herangehens besonders gut geeignet, wenn das Ziel der Datenerhebung ist, konkrete Aussagen über einen Gegenstand zu bekommen.[260] Das Experteninterview als Methode eignet sich gut für die „Exploration des Unbekannten" und dient dem Zweck, die Sicht von „Insidern" auf Handlungsfelder und Handlungsmuster ihrer Betriebe aufzudecken.[261]

Im Zeitrahmen Sommer 2008 bis Frühjahr 2009 hatte ich die Möglichkeit, insgesamt sechs Experteninterviews bei zwei großen deutschen Banken durchzuführen. In Gesprächen sollte herausgefunden werden, wie die Experten in ihrem Umfeld die Situation in Bezug auf den IDV-Einsatz einschätzen und wo sie aktuell Probleme und eventuell Handlungsbedarf sehen. Die durchgeführten Experteninterviews stellen in dieser Arbeit einen Teil der Analysephase im Rahmen des Prozesses der gestaltungsorientierten Wirtschaftsinformatik dar.

Bevor die Vorgehensweise bei den Experteninterviews sowie deren Ergebnisse dargestellt werden, ist es sinnvoll, die theoretischen und methodischen Grundlagen dieser Art der qualitativen Befragung zu erläutern.

---

[259] Vgl. Meuser, M; Nagel, U./Experteninterview/2009, S. 465.

[260] Vgl. Flick, U.;/Qualitative Forschung/1999, S. 114.

[261] Vgl. Behnke, C.; Meuser, M./Qualitative Methoden/1999, S. 13. sowie Liebold, R.; Trinczek, R. /Experteninterview/2009, S. 47.

4.1 Experteninterviews: konzeptionelle Grundlagen

Interviews als Erhebungsverfahren sind in der qualitativen Forschung weit verbreitet. Dabei werden verschiedene Interviewarten unterschieden, z. B. thematische, problemzentrierte und biografische Interviews.[262] Eine der am häufigsten in der wissenschaftlichen Forschung eingesetzten Interviewarten ist das Experteninterview. Der Befragte ist in diesem Fall nicht als Person interessant, sondern als Experte für bestimmte Handlungsfelder.[263] Die Gespräche werden mit „ausgewählten, mit der Problemstellung besonders konfrontierten Interviewpartnern"[264] durchgeführt. Eine Person gilt nur dann als Experte, wenn sie über Wissen verfügt, „das sie zwar nicht alleine besitzt, dass aber doch nicht jedermann in dem interessierenden Handlungsfeld zugänglich ist."[265] Man setzt voraus, dass die als Experten identifizierten Personen in ihrem Umfeld einen deutlichen Wissensvorsprung vor anderen aufweisen.[266] Außerdem verfügen Experten über einen privilegierten Zugang zu Informationen in Hinsicht auf Personengruppen und Entscheidungsprozesse.[267] Das Experteninterview setzt beim Interviewer ein gewisses Vorverständnis des Untersuchungsgegenstandes voraus.[268] Voruntersuchungen und Vorkenntnisse im Handlungsfeld sind notwendig, um die richtigen Fragen stellen zu können. Die Erkenntnisse, die im Laufe der Experteninterviews generiert werden, haben das Potenzial, die weitere Untersuchung zu modifizieren und zu ergänzen.[269]

Das Experteninterview wird in der Regel als ein Leitfadeninterview mit offenen Fragen gestaltet. „Der Leitfaden schneidet die interessierenden Themen aus dem Horizont möglicher Gesprächsthemen heraus und dient dazu, das Interview auf diese Themen zu fokussieren."[270] Der Einsatz eines Leitfadens setzt voraus, dass der Forscher sich im Themenbereich auskennt und notwendige Begriffe und Konzepte beherrscht.

Auf der Basis von theoretischen Vorüberlegungen und Literaturrecherche wird vorab ein sensibilisierendes Konzept als Grundlage für die Entwicklung des Leitfadens entwickelt.[271] Das Konzept soll „die möglichst umfassende Berücksichtigung des zu behandelnden Realitätsaus-

---

[262] Vgl. Nohl, A.-M./Interview/2008, S. 19.

[263] Vgl. Mayer, H. O./Interview/2006, S. 36.

[264] Haag, T./Case Studies/1994, S. 271.

[265] Meuser, M; Nagel, U./ExpertInneninterview/1997, S. 484.

[266] Vgl. Liebold, R.; Trinczek, R./Experteninterview/2009, S. 34 sowie Walter, W./Strategien/1994, S. 271.

[267] Vgl. Liebold, R.; Trinczek, R./Experteninterview/2009, S. 34f. sowie Meuser, M; Nagel, U. /Experteninterviews/1991, S. 443.

[268] Vgl. Friebertshäuser, B./Interviewtechniken/1997, S. 375.

[269] Vgl. Liebold, R.; Trinczek, R./Experteninterview/2009, S. 37.

[270] Meuser, M; Nagel, U./ExpertInneninterview/1997, S. 488.

[271] Vgl. Mayer, H. O./Interview/2006, S. 42.

[272] Mayer, H. O./Interview/2006, S. 42.

schnitts und die Berücksichtigung wesentlicher Aspekte"[272] gewährleisten. Dieses Konzept stellt die Grundlage für die Entwicklung des Leitfadens dar. Für die Entwicklung des Konzepts wird oft die dimensionale Analyse angewandt.[273] Unter Dimensionen werden hier Teilthemen verstanden.[274] Die Erstellung der Teil-Themen für den Leitfaden hat so zu erfolgen, dass die der Untersuchung zu Grunde liegende Problemstellung stets im Blick bleibt; eine konsequente Orientierung an der forschungsleitenden Fragestellung bei der Erstellung des Leitfadens ist erforderlich.[275] Ein Leitfaden beinhaltet in der Regel mehrere Themenkomplexe, denen Nachfrage-Themen zugeordnet sind.

„Eine Gefahr eines Leitfadens liegt darin, dass das Interview zu einem Frage- und Antwort-Dialog verkürzt wird, indem die Fragen des Leitfadens der nacheinander „abgehakt" werden, ohne dass dem Befragten Raum für seine (möglicherweise auch zusätzlichen) Themen und die Entfaltung seiner Relevanzstrukturen gelassen wird."[276] Aus diesem Grund sollen die Fragen so formuliert werden, dass auf der einen Seite die gewünschte Offenheit der Kommunikation gewährleistet wird und auf der anderen Seite ein „schrankenloses" Informationsinteresse vermieden wird.[277] Gleichzeitig soll ein Leitfaden im Rahmen eines Experteninterviews sicherstellen, dass alle wichtigen Punkte zum Forschungsthema angesprochen werden.[278]

4.2 Expertenauswahl

Im Rahmen der vorliegenden Arbeit wurden – wie bereits erwähnt – sechs Experteninterviews mit insgesamt sieben Personen bei zwei Banken (Bank A und Bank B) durchgeführt.[279]

Wenn man Experteninterviews zu einem praxisrelevanten Thema durchführen will, stellt sich das Problem der Erreichbarkeit von möglichen Experten.[280]Besonders bei sensiblen Themenbereichen[281]ist es nicht einfach, den Zugang zu Informationen zu bekommen. Oft spielen ga-

---

[272] Mayer, H. O./Interview/2006, S. 42.
[273] Mayer, H. O./Interview/2006, S. 42.
[274] Vgl. Liebold, R.; Trinczek, R./Experteninterview/2009, S. 44.
[275] Vgl. Mayer, H. O./Interview/2006, S. 43.
[276] Friebertshäuser, B./Interviewtechniken/1997, S. 377.
[277] Vgl. Mayer, H. O./Interview/2006, S. 43f.
[278] Vgl. Schnell, R./Methoden/2005, S. 386ff.
[279] Die meisten von mir befragten Experten baten um die Anonymisierung der Information. Um die Dar-stellung einheitlich zu gestalten, wurden die Namen der beiden Banken sowie die Namen aller Interview-partner anonymisiert. Im Folgenden werden die beiden an den Interviews beteiligten Banken als Bank A und Bank B bezeichnet.
[280] Vgl. Mayer, H. O./Interview/2006, S. 45.
[281] Unter sensiblen Themenbereichen werden alle Themenbereiche verstanden, die unternehmensinterne, strategische relevante, für die Öffentlichkeit nicht zugängliche Unternehmensinformationen betreffen.

tekeepers oder „Türwächter" dabei eine wichtige Rolle.[282] „Der ‚Türwächter' ist eine Person, die von der Stellung her in der Lage ist, dem Forscher Zugang zum Feld zu verschaffen."[283]

Sowohl Bank A als auch Bank B zählen zu den größten deutschen Universalbanken. Die Mitarbeiterzahl liegt bei den beiden Kreditinstituten im fünfstelligen Bereich. Die Bilanzsumme erreicht in beiden Banken dreistellige Milliardenbeträge.

Der erste Kontakt zu einer Führungskraft aus dem Bereich Risikomanagement einer großen deutschen Bank (Bank A) kam aufgrund meiner früheren beruflichen Tätigkeit in der Wirtschaft zustande. In einem Vorgespräch wurde das Thema IDV-Einsatz in Banken als ein Forschungsthema und für Banken relevantes Problem[284] identifiziert. Anschließend wurde eine Vereinbarung getroffen, dass ein Leitfaden für die Experteninterviews erstellt und den Interviewpartnern vorab zugeschickt werden sollte. Wie bereits in der Einführung erwähnt, ist die IDV-Problematik sehr facettenreich und kann aus der Perspektive von verschiedenen Akteuren erforscht und dargestellt werden. Um diese Perspektiven abzudecken, wurden in Bank A drei Experteninterviews vereinbart: jeweils mit einem leitenden Mitarbeiter aus dem zentralen IT-Bereich, aus einer Fachabteilung (Berichtswesen) und aus dem Bereich Risikomanagement. Bei der Auswahl des Gesprächspartners auf der Fachseite wurde darauf geachtet, dass es sich um eine Fachabteilung handelt, wo IDV-Entwicklungen eine große Rolle spielen. Nachdem drei Experteninterviews in Bank A im Juli 2008 durchgeführt worden waren, wurden mittels Telefon- und E-Mail-Anfragen Möglichkeiten von weiteren Experteninterviews erkundet. Obwohl einige wohlgesonnene „Türwächter" zur Verfügung standen, erwies sich die Suche nach Experten zum Thema IDV-Anwendungen als schwierig. Interessant ist die Tatsache, dass es bei keiner der Antworten hieß, dass das Thema nicht auf der Tagesordnung der jeweiligen Bank stehe. Die Begründung war eher, dass es sich um ein sensibles Thema aus dem Bereich Risikomanagement handele und dass man Informationen nicht ohne weiteres preisgeben möchte. Diese Tatsache wirkte verständlicherweise zusätzlich motivierend, sich mit dem Thema wissenschaftlich zu befassen. In den Experteninterviews kam später heraus: Ein weiterer Grund, warum die Banken mit Äußerungen zum Thema IDV-Anwendungen und den damit verbundenen Risiken eher zurückhaltend sind, ist die unbefriedigende oder nicht ausreichend transparente Einhaltung von regulatorischen Anforderungen im IDV-Bereich.[285] Die Absagen zu Experteninterviews haben dementsprechend einen Mehrwert, weil sie die Relevanz des Themas für die Banken bestätigen und gleichzeitig darauf hindeuten, dass Probleme existieren.

---

[282] Vgl. Mayer, H. O./Interview/2006, S. 45.

[283] Merkens, H./Stichproben/1997, S. 101.

[284] Zur Problemdefinition s. Becker, J./Prozess/2010, S. 13.

[285] In diesem Zusammenhang spielt das Thema von IT-Compliance eine wichtige Rolle. Mehr zu diesem Thema in Verbindung mit dem IDV-Einsatz in Banken s. **Abschnitt 5.3.2.3.**

Eine positive Rückmeldung kam schließlich im Februar 2010 von Bank B, die, wie bereits gesagt, ebenfalls zu den großen deutschen Universalbanken zählt. **Tab. 4** gibt einen Überblick über die durchgeführten Gespräche in beiden Kreditinstituten.

		Experteninterview I	Experteninterview II	Experteninterview III
Bank A	**Datum**	2008-07-30	2008-07-30	2008-07-30
	Abteilung	IT-Abteilung	Meldewesen	Risikomanagement
	Position	Projektmanager	Abteilungsleiter	Bereichsleiter
	Gesprächsdauer	80 Minuten	95 Minuten	80 Minuten
Bank B	**Datum**	2009-02-17	2009-02-17	2009-02-17
	Abteilung	IT-Lösungen	IT-Controlling	IT-Management
	Position	Abteilungsleiter	Abteilungsleiter und ein Mitarbeiter	Manager
	Gesprächsdauer	75 Minuten	90 Minuten	80 Minuten

Tab. 4: Experteninterviews im Überblick
Quelle: Eigene Darstellung

Wie **Tab. 4** zeigt, wurden in Bank B ebenfalls drei Experteninterviews durchgeführt. Auch hier ging es darum, jeweils einen Experten aus dem professionellen IT-Bereich, aus einer Fachabteilung sowie aus dem Bereich Risikomanagement/IT-Sicherheit zu befragen. Bei der Auswahl der Experten aus den Fachabteilungen wurde darauf geachtet, dass die jeweilige Fachabteilung IDV-Anwendungen intensiv entwickelt und einsetzt. Wie bereits gezeigt, gehören unter anderem das Melde- und Berichtswesen sowie das Controlling zu den Bereichen, in welchen der IDV-Einsatz weit verbreitet ist und gleichzeitig das Potenzial besteht, erhebliche Risiken zu verursachen.

Für die Experteninterview I, II und III wurde jeweils ein separater Leitfaden entwickelt. Die Sicht auf IDV und die Einschätzung von Risiken und Chancen dieses Phänomens unterscheiden sich in Abhängigkeit davon, aus welchem Bereich der Experte kommt. Bei der Ausarbeitung von Themenkomplexen für die entsprechenden Leitfäden wurde diese Tatsache berücksichtigt. Drei Leitfäden wurden insgesamt erstellt und sind im Anhang zu dieser Arbeit zu finden. Es gibt einen allgemeinen Teil von Fragen, die in jedem der Leitfäden vorkommen, sowie jeweils einen bereichsspezifischen Fragenkomplex. Im nächsten Abschnitt wird der Prozess der Entwicklung von drei Leitfäden kurz dargestellt.

4.3 Das sensibilisierende Konzept für die Entwicklung der Leitfäden

In der Regel wird ein Leitfaden auf Basis eines sensibilisierenden Konzepts entwickelt, das gewährleisten soll, dass der behandelte Realitätsausschnitt möglichst umfassend berücksichtigt wird und wesentliche Aspekte nicht vergessen werden.[286]

Für die Entwicklung eines solchen sensibilisierenden Konzepts waren im Vorfeld, wie bereits erwähnt, Voruntersuchungen und Literaturstudien notwendig. Drei Hauptthemen wurden von mir in dieser Vorarbeit identifiziert:

- Entwicklung von IDV-Anwendungen

- Einsatz von IDV-Anwendungen

- Management von IDV-Anwendungen.

Diese sind in **Abb. 33** grafisch dargestellt und werden nun kurz erläutert. Der Schritt „Begriffsverständnis" wurde eingeführt, weil es gerade bei einem solchen Phänomen wie IDV, das auf der einen Seite nicht selten als „trivial" eingestuft wird und auf der anderen Seite in Details zu wenig untersucht wurde, notwendig ist, mit den Gesprächspartnern im Vorfeld zu klären, worüber man redet und welche konkreten Anwendungen in diesem Unternehmen unter dem Begriff IDV-Anwendungen zusammengefasst werden.

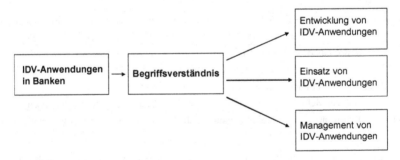

Abb. 33: Das sensibilisierende Konzept
Quelle: Eigene Darstellung

Im Folgenden werden die einzelnen Themenbereiche kurz dargestellt.

---

[286] Vgl. Mayer, H. O./Interview/2006, S. 42.

Zur Entwicklung von IDV-Anwendungen:

In **Kapitel 3** wurde die IDV als ein möglicher Entwicklungsansatz vorgestellt. In diesem Bereich ging es darum, die Aspekte zu eruieren, die im Zusammenhang mit IDV als einem möglichen Systementwicklungsansatz stehen. Folgende Themen standen bei den Ausgangsüberlegungen im Mittelpunkt:

- Vorgehensweisen, Normen, Standards, Qualitätssicherungsmaßnahmen bei der Entwicklung von IDV-Anwendungen;

- Kosten-/Nutzen-Relation bei der Entwicklung von IDV-Anwendungen;

- Kommunikation zwischen der IT- und der Fachabteilung.

Aus diesen ziemlich allgemein formulierten Themenkomplexen wurden im zweiten Schritt detaillierte Fragen herausdestilliert. Eine Herausforderung besonderer Art bestand dabei darin, die Perspektiven verschiedener zuvor identifizierter Personengruppen (Fachabteilungen, IT-Bereich, Management) innerhalb einer Bank im Blick zu behalten. Eine Liste detaillierter Fragen entstand. Die einzelnen Fragen wurden dem relevanten Personenkreis zugeordnet, wobei dieselbe Frage gleichzeitig für verschiedene Personenkreise von Bedeutung sein konnte. Bevor die detaillierten Fragen dargestellt werden, sind die zwei weiteren Themenbereiche des sensibilisierenden Konzept vorzustellen.

Zum Einsatz von IDV-Anwendungen:

Wie in **Kapitel 3** dargestellt, sind IDV-Anwendungen in die Landschaft der betrieblichen Anwendungssysteme eines Unternehmens – oder wie im Fall dieser Arbeit einer Bank – einzuordnen. Folgende Themen standen bei Ausgangsüberlegungen im Mittelpunkt:

- Einsatzbereiche der IDV-Anwendungen in einer Bank

- Chancen und Risiken von IDV-Anwendungen

- Koexistenz von IDV-Anwendungen und professionellen Anwendungssystemen.

Zum Management von IDV-Anwendungen:

Wie man aus den bisherigen Ausführungen erkennen kann, stellen IDV-Anwendungen auf der einen Seite einen strategischen Erfolgsfaktor und auf der anderen Seite einen Risikofaktor für Unternehmen dar und sind deswegen zu steuern und zu kontrollieren. Was ist unter Steuerung, Kontrolle und Überwachung von IDV-Anwendungen zu verstehen? Wer soll wen oder was überwachen?

Zunächst Erläuterungen zum Begriffsverständnis: In den letzten Jahren wurde in der Praxis und in der wissenschaftlichen Literatur intensiv über eine wertorientierte und risikobewusste Steuerung der Ressource IT diskutiert. In **Kapitel 5** der vorliegenden Arbeit wird die Diskussion über den IT-Wertbeitrag aufgegriffen. Wie zu zeigen sein wird, hängt der IT-Wertbeitrag nicht so sehr von der Technik selbst sondern viel mehr von den Organisationsmaßnahmen und Managementmethoden ab. Eine wertorientierte Steuerung von IDV-Anwendungen bedeutet also eine solche Steuerung, die zur Generierung eines Wertbeitrags durch den IDV-Einsatz beiträgt. Eine risikobewusste Steuerung setzt Kontroll- und Überwachungsmechanismen voraus. Unter Kontrolle wird hier die interne Kontrolle verstanden, die in Unternehmen in den meisten Fällen in Form eines internen Kontrollsystems realisiert wird. Im weiteren Verlauf der Arbeit, bei der Ausarbeitung des Meta-Gestaltungskonzepts und bei der Analyse der Konsequenzen für Wirtschaftsprüfer, wird der Begriff des internen Kontrollsystems noch einmal eine Rolle spielen. An dieser Stelle soll nun die Definition eingeführt werden. Ein Internes Kontrollsystem umfasst „Grundsätze, Verfahren und Maßnahmen (Regelungen)", die „organisatorische Umsetzung der Entscheidungen des Managements zur Sicherung der Wirksamkeit und Wirtschaftlichkeit der Geschäftstätigkeit [...], zur Ordnungsmäßigkeit und Verlässlichkeit der internen und externen Rechnungslegung sowie zur Einhaltung der für das Unternehmen maßgeblichen rechtlichen Vorschriften"[287] gewährleisten sollen.

In den Experteninterviews ging es also unter anderem darum, die Frage zu klären, ob solche „Grundsätze, Verfahren und Maßnahmen (Regelungen)" in Bezug auf IDV-Anwendungen in den für Experteninterviews ausgewählten Kreditinstituten existieren. Falls es solche Regelungen tatsächlich geben sollte, wäre die nächste Frage nach der Überwachung dieser Regelungen zu stellen. Unter Überwachung versteht man im Allgemeinen einen „mehrstufigen Informations- und Entscheidungsprozess, der alle Maßnahmen umfasst, durch die festgestellt werden soll, ob Systeme und Abläufe, Vorgänge und Aktivitäten einer Norm entsprechen bzw. normgerecht durchgeführt werden."[288] Es wäre also in Erfahrung zu bringen, ob und welche Mechanismen es in Banken gibt, um die Einhaltung der eventuell existierenden Regelungen überwachen zu können. Zusammenfassend kann man folgende Themen für den dritten Bereich des sensibilisierenden Konzepts festhalten:

- Strategische Bedeutung von IDV-Anwendungen

- Verantwortlichkeiten im IDV-Bereich

- Kontroll- und Überwachungsmechanismen.

In **Abb. 34** sind die Ausgangsfragen für jeden Themenbereich zusammengefasst.

---

[287] Tz. 4 IDW PS 261.
[288] Lück, W./Überwachung/1993, S. 801.

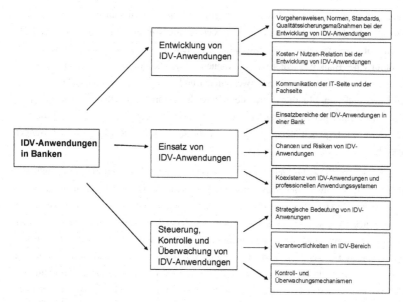

Abb. 34: Das sensibilisierende Konzept (Fortsetzung)
Quelle: Eigene Darstellung

In einem dritten Schritt ging es um die Identifizierung der Personenkreise in einer Bank, die im Zusammenhang mit der IDV-Problematik von Interesse sind. Wie bereits erwähnt, wurden im Vorgespräch mit Bank A drei Personenkreise identifiziert, für die IDV-Anwendungen unter dem einen oder anderen Gesichtspunkt ein Thema darstellen. Das Vorgespräch wurde mit einer Führungskraft auf der Vorstandsebene im Bereich Risikomanagement geführt. Bei der Identifizierung der relevanten Personenkreise spielten sowohl meine Kenntnisse und Voruntersuchungen im Bereich IDV als auch der Blick des Interviewten auf die IDV-Problematik eine Rolle. Zum Vorgespräch wurde das bis dahin entwickelte Konzept (s. **Abb. 33 und 34**) mitgenommen.

Zum einen sind natürlich Fachabteilungen von Interesse, die IDV-Anwendungen unmittelbar entwickeln und einsetzen. Auch wenn IDV-Lösungen das Potenzial haben, in nahezu allen Bereichen einer Bank zum Einsatz zu kommen, gibt es Bereiche, die dazu mehr prädestiniert sind als andere. In der Regel sind das die Abteilungen, die viel mit Zahlen und/oder Reports und Auswertungen arbeiten. In Bank A wurde der Abteilungsleiter aus dem Bereich Berichtswesen befragt, in Bank B standen zwei Mitarbeiter aus dem Bereich Controlling für ein Experteninterview zur Verfügung.

Des Weiteren ist die Sicht von Experten aus dem Bereich der professionellen IT einer Bank auf die IDV-Problematik von Interesse. Die Vernetzung von einzelnen Rechnern und IT-Systemen sorgt dafür, dass IDV-Anwendungen nicht losgelöst von der restlichen IT-Infrastruktur einer Bank betrachtet werden können. Mögliche Probleme und Risiken, die mit der Koexistenz von professionellen Anwendungen und IDV-Anwendungen verbunden sind, können unter anderem Mitarbeiter aus dem Bereich der professionellen IT beleuchten. In Bank A wurde einer der Abteilungsleiter des zentralen IT-Bereichs als Experte befragt. In Bank B wurde ein Experteninterview mit einer Führungskraft aus dem Bereich IT-Lösungen durchgeführt.

Schließlich ist es wichtig, die Sicht des IT-Managements einer Bank auf die Problematik des Einsatzes von IDV-Anwendungen zu erforschen. Ich erhoffte von der Befragung der Mitarbeiter aus diesen Bereichen einen Einblick in die Problematik von IDV-Anwendungen sowohl aus der Perspektive der Chancen als auch aus der Perspektive der Risiken zu bekommen. Meine Vermutung war, dass Fachabteilungen (also der erste Personenkreis) vor allem Chancen des IDV-Einsatzes schildern und Risiken eher vernachlässigen würden (sonst würden sie IDV-Anwendungen nicht einsetzen!). Wie später zu zeigen ist, hat sich diese Vermutung bestätigt. Von der Befragung der Experten aus dem zentralen IT-Bereich (der zweite Personenkreis) einer Bank erwartete ich eher einen kritischen Blick auf die IDV-Anwendungen. Auch das liegt in der Natur der Sache. Die Überlegung war, dass professionelle IT-Abteilungen dem „Wildwuchs" innerhalb der komplexen IT-Landschaft kritisch gegenüber stehen würden. Auch diese Vermutung – wie später zu zeigen ist – war richtig. Voruntersuchungen und Vorkenntnisse im Handlungsfeld halfen mir dabei, diese Hypothesen aufzustellen.

Von der Befragung der Experten aus dem Bereich IT-Management erwartete ich eine übergeordnete Perspektive bzgl. der IDV-Problematik. Eine besondere Schwierigkeit der Befragung dieses Personenkreises bestand darin, dass gerade solche Bereiche wie IT-Management, IT-Governance, IT-Compliance[289] etc. von Bank zu Bank sehr unterschiedlich organisiert sind. In beiden Banken war es nicht einfach, einen Experten zu finden, der sich in der Lage sah, einen umfassenden Einblick in die Handhabung der IDV-Anwendungen in seiner Institution aus der Management-Perspektive zu geben. In Bank A wurde schließlich ein Experteninterview mit einer Führungskraft aus dem Bereich Risikomanagement vereinbart. In Bank B stand eine Führungskraft aus dem Bereich IT-Management, Ressort IT-Sicherheit für ein Experteninterview zur Verfügung.

Nachdem die für Experteninterviews relevanten Personengruppen identifiziert worden waren, ging es im vierten Schritt darum, detaillierte Fragen auszuarbeiten. Für jede Expertengruppe wurde ein Leitfaden (s. **Anhang**) entworfen:

---

[289] Die beiden Begriffe werden in **Kapitel 5** dargestellt und erläutert.

- Leitfaden I für einen Experten aus einer Fachabteilung

- Leitfaden II für einen Experten aus dem Bereich der professionellen IT

- Leitfaden III für einen Experten aus dem Bereich IT-Management.

Jeder Leitfaden setzt sich also aus einem allgemeinen und einem bereichsspezifischen Teil zusammen.

4.4 Durchführung der Experteninterviews

Allen Experten wurden vorab der entsprechenden Leitfaden sowie die Zielsetzung der Arbeit zugeschickt. Im Idealfall ist eine Tonbandaufzeichnung bei einem Experteninterview erforderlich.[290] Deswegen wurden alle Gespräche (bis auf eine Ausnahme, weil ein Experte der Aufnahme nicht zustimmte) aufgezeichnet, was die spätere Auswertung (s. **Abschnitt 4.5**) wesentlich erleichterte.

Nach einer gegenseitigen Vorstellung wurde eine Darstellung der Ziele der Befragung am Anfang jedes Gesprächs zusammengefasst. Vor dem eigentlichen Interview wurden die Fragen bezüglich der Verwendung des Tonbandes sowie der Anonymität[291] der Befragung geklärt. Jedem Interviewpartner war der entsprechende Leitfaden im Vorfeld ausgehändigt worden. Die meisten Interviewten waren auf das Interview ausgezeichnet vorbereitet und brachten zum Gespräch ergänzende Materialen und Dokumente mit. Bei den Interviews stand ausreichend Zeit zur Verfügung, sodass auch Nachfragen ohne Probleme möglich waren. Auch wenn die Experteninterviews von mir genau geplant wurden, verliefen die Gespräche nicht immer streng nach dem Leitfaden. Wie die Theorie auch lehrt, diente der Leitfaden einer Orientierung und der Vorbereitung auf das Gespräch. Alle Experten betonten, dass sie auf manche Aspekte der IDV-Problematik erst durch den Leitfaden aufmerksam geworden wären.

Neben der Tonbandaufzeichnung machte ich während der Interviews Notizen zum Verlauf des jeweiligen Gespräches sowie zu Eindrücken und Interpretationen der besprochenen Themen. Mit einigen der Gesprächspartner wurde der Kontakt nach den Experteninterviews per E-Mail oder per Telefon erneut aufgenommen, um einige fachliche Aspekte und Interpretationen noch einmal zu klären, damit der Prozess der Auswertung, der im nächsten Abschnitt dargestellt wird, sauber durchgeführt werden konnte.

---

[290] Vgl. Liebold, R.; Trinczek, R./Experteninterview/2009, S. 40.

[291] Unanhängig von den Wünschen und Vorstellungen jedes einzelnen Interviewpartners wurde eine Vertraulichkeitserklärung mit den beiden Institutionen vereinbart.

4.5 Auswertung der Experteninterviews

Die Auswertung der Experteninterviews hat in dieser Arbeit das Ziel, das Überindividuell-Gemeinsame bezüglich der Handhabung der IDV-Anwendungen in Kreditinstituten herauszuarbeiten.[292]

In den meisten Fällen stellte das transkribierte Tonband die Grundlage für die Auswertung dar.[293] Im ersten Schritt ging es darum, ein Transkript zu erstellen, d. h. alle Gespräche in eine Textform zu bringen. Wenn die Interviews von den Forschern selbst durchgeführt werden – was vorliegend der Fall war – ist auch eine selektive Transkription bzw. Paraphrasierung möglich.[294]

Bei der Erstellung der Transkripte wurden außerdem handschriftliche Notizen verwendet, die während der Experteninterviews gefertigt wurden. Ferner wurden die Unterlagen in die Auswertung miteinbezogen, die von den Interviewpartnern in den Banken teilweise zur Verfügung gestellt wurden. Bei diesen Unterlagen ging es zum einen um die in Bank A vorhandene IDV-Richtlinie und zum anderen um zwei Präsentationen. Die erste Präsentation hat die Problematik des IDV-Einsatzes in Kreditinstituten zum Thema, die zweite Präsentation behandelt das Thema der Datenqualität in Kreditinstituten.

Die Interpretation empirischer Daten ist ein Schritt im Forschungsprozess, in welchem es oftmals schwierig ist, „Rezeptwissen" zu formulieren.[295] Es gibt keine eindeutige Interpretation von Texten. Auch bei scheinbar sehr objektiven Inhalten sind mehrere konkurrierende Deutungen möglich.[296] Aus diesem Grund habe ich in insgesamt vier Telefongesprächen die Unklarheiten bzw. offenen Fragen noch einmal diskutiert und so die Ergebnisse nachgearbeitet.

Wie bereits angedeutet, werden Experteninterviews in der vorliegenden Arbeit für die offene Problemexploration verwendet. Deswegen ging es bei der Auswertung nicht primär darum, „ein einzelnes Interview so exakt und ausführlich wie möglich zu interpretieren, sondern Problembereiche zu identifizieren, die den einzelnen Fragen des Leitfadens des Interviews zugeordnet werden können. Nicht jeder Satz muss also bei der Auswertung herangezogen werden (wie es bei der objektiven Hermeneutik der Fall ist)."[297]

Nachdem die einzelnen Gespräche transkribiert und nachgearbeitet worden waren, ging es im nächsten Schritt darum, die einzelnen Aussagen den Themenkomplexen des sensibilisieren-

---

[292] Vgl. Meuser, M; Nagel, U./Experteninterviews/1991, S. 452 und Mayer, H. O./Interview/2006, S. 46.

[293] Vgl. Mayer, H. O./Interview/2006, S. 46.

[294] Vgl. Liebold, R.; Trinczek, R./Experteninterview/2009, S. 41.

[295] Vgl. Liebold, R.; Trinczek, R./Experteninterview/2009, S. 45.

[296] Vgl. Mayer, H. O./Interview/2006, S. 46.

[297] Lamnek, S./Quantitative Sozialforschung/1995, S. 206.

den Konzepts zuzuordnen. Für die Darstellung der Ergebnisse wurde mit dem aus allen Interviews zu jeweils einem spezifischen Themenbereich extrahierten Material gearbeitet.[298] Die entsprechenden relevanten Passagen aus einzelnen Interviews wurden systematisch inhaltlich miteinander verglichen. Die ausgearbeiteten Gemeinsamkeiten und Unterschiede wurden typologisierend verdichtet.[299]

4.6 Ergebnisse der Experteninterviews

Entsprechend den erstellten Leitfäden können Ergebnisse der Interviews in drei Themenbereichen zusammen gefasst werden:

- *Themenbereich I:* Allgemeines Verständnis und Notwendigkeit von IDV-Anwendungen

- *Themenbereich II:* Entwicklung und Einsatz von IDV-Anwendungen

- *Themenbereich III:* Steuerung, Kontrolle und Überwachung von IDV-Anwendungen.

Zum Themenbereich I: Allgemeines Verständnis und Notwendigkeit von IDV-Anwendungen

In allen durchgeführten Interviews konnte ein einheitliches Verständnis für die IDV-Anwendungen festgestellt werden. Man versteht darunter im Allgemeinen Eigenentwicklungen von Mitarbeitern in den Fachabteilungen mithilfe von Endbenutzer-Werkzeugen. Alle Interview-Partner bestätigten dabei eine besondere Rolle der Programme MS Excel sowie MS Excel in Verbindung mit VBA. In beiden Banken war das Thema „IDV-Anwendungen" präsent. Der Bedeutung dieses System-Entwicklungsansatzes in ihrer Bank waren sich alle Interview-Partner bewusst.

Die Experteninterviews zeigten, dass die verschiedenen Abteilungen die Notwendigkeit von IDV-Anwendungen unterschiedlich einschätzen. Die Repräsentanten der Fachabteilungen (Berichtswesen (Bank A), Controlling (Bank B)) sind der Meinung, dass es zum jetzigen Zeitpunkt unmöglich sei, auf eigenständige Entwicklungen auf der Fachseite zu verzichten. Die Flexibilität, das Innovationspotenzial sowie die Möglichkeiten, Lösungen schnell und unabhängig umzusetzen, seien die wichtigsten Gründe, warum IDV-Lösungen eingesetzt werden. Insbesondere aus dem Bereich des Berichtswesens war deutlich zu hören, dass der Einsatz von IDV-Anwendungen unverzichtbar sei, weil man ansonsten die Anforderungen des schnellen und zeitnahen Reportings nicht erfüllen könne. Das Reporting beinhaltet in der Regel Quartals-, Segment-, Jahresberichte, Analysepräsentationen, Aufsichtsratspräsentationen und Vorstandsinformationen. Ähnlich war die Einschätzung aus dem Bereich Controlling, wobei hier die fachliche Komplexität der Lösungen als einer der Hauptgründe für den IDV-

---

[298] Zur Technik der Durchführung und Auswertung von Experteninterviews s. z. B. Liebold, R.; Trinczek, R/. Experteninterview/2009, S. 43.

[299] Vgl. Liebold, R.; Trinczek, R./Experteninterview/2009, S. 44.

Einsatz genannt wurde. Der Bereichsleiter des Risikomanagements in Bank A sagte: „Die Fachseite führt selbst durch lesenden SQL-Zugriff und selbst erstellte Auswertungsskripte experimentelle Analysen durch, die aufgrund ihrer notwendigen Zahl und Variabilität nicht von der IT via Programmierauftrag angefertigt werden können. Analoges gilt für die Analysen des Bereichs Controlling."

Die Mitarbeiter von der Fachseite in den beiden Banken gaben an, dass es in den meisten Fällen einfacher sei, die Lösungen selbst zu entwickeln, als die Anforderungen gegenüber der IT-Seite zu kommunizieren. Die Problematik der Kommunikation der Fachseite mit der IT-Seite wurde in beiden Banken von den Interview-Partnern in den Fachabteilungen thematisiert. Die Notwendigkeit von IDV-Anwendungen wurde vor allem mit den komplexen fachlichen Anforderungen und mangelnder Zeit für deren Kommunikation an die IT-Abteilung begründet. Der Kostenfaktor wurde ebenfalls erwähnt. Wobei dieser Aspekt offensichtlich nicht den entscheidenden Grund für den Einsatz von IDV-Anwendungen darstellt.

Die Sichtweise der Vertreter der professionellen IT-Seite auf IDV-Anwendungen weicht von der Sichtweise der Fachseite ab. So waren diese zwar auch der Ansicht, dass IDV-Lösungen in manchen Bereichen unverzichtbar seien, gleichzeitig wurde aber kritisiert, dass IDV-Lösungen von Fachabteilungen oft als ein „bequemerer" und kos-tengünstigerer Weg gesehen werden. Die Kommunikation mit der IT-Seite und fachgerechte Formulierungen von Anforderungen würden dadurch vermieden. Die Notwendigkeit des Einsatzes von IDV-Anwendungen ist nach Ansicht der IT-Seite nicht in allen Fällen begründet.

Zum Themenbereich II: Entwicklung und Einsatz von IDV-Anwendungen

Die Interviews mit der Fachseite haben gezeigt, dass die Problematik der eigenständigen Entwicklung zum größten Teil nicht erkannt wird. Die Mitarbeiter betonten vor allem die Notwendigkeit und die Flexibilität dieses Entwicklungsansatzes. Die möglichen Risiken wurden nicht thematisiert. In Bank A werden IDV-Anwendungen immerhin gemäß der dort existierenden IDV-Richtlinie dokumentiert. Bei Entwicklung von IDV-Anwendungen verlässt man sich auf die IT-Kenntnisse der Mitarbeiter. Der Abteilungsleiter aus dem Bereich „Berichtswesen" berichtete, dass es in seinem Team ein paar Mitarbeiter gäbe, die Endbenutzer-Werkzeuge (z. B. Excel) besonders gut beherrschten. Diese werden gefragt, wenn z. B. Programmieraufgaben bei der Erstellung von Reports anstehen. In Bank B berichtete die Fachseite (Controlling), dass MS Excel eines der wichtigsten Werkzeuge im Bereich Controlling darstelle. Die Problematik der möglichen Fehler bzw. der möglichen unzureichenden Excel-Kenntnisse wurde weitgehend nicht erkannt. Zwar hat man bestätigt, dass bei Weitem nicht alle Mitarbeiter das Programm gleich gut beherrschten; eine Notwendigkeit, in die Entwicklungstechniken (z. B. in Form von Entwicklungsrichtlinien) einzugreifen, sehe man aber nicht.

Die IT-Seite sowohl in Bank A als auch in Bank B sieht die Tatsache, dass Entwicklungen in Fachabteilungen ohne Einsatz von Methoden der professionellen Softwareentwicklung stattfinden, viel kritischer. Methoden und Verfahren seien da; sie müssten nur angewendet werden. Es sei unverantwortlich, Anwendungen ohne professionelle Methoden zu entwickeln. „Hobby-Entwicklungen" bedeuteten Risiken für die Bank. Auch wenn die Software-Entwicklung im kleineren Rahmen durch immer bessere Endbenutzer-Werkzeuge und umfangreichere IT-Kenntnisse der Mitarbeiter immer einfacher werde, seien die Verfahren und Techniken aus der professionellen Entwicklung unverzichtbar, um die gewünschte Qualität der Anwendungen sicherzustellen. Nach Ansicht des IT-Projektmanagers in Bank A bestehe das Problem darin, dass Mitarbeiter in den Fachabteilungen „keine Ahnung von der Systementwicklung, außer von der Programmiersprache" hätten. „Wenn ein Mitarbeiter MS Excel kann, heißt es noch lange nicht, dass er auch Systementwicklung beherrscht", so der IT-Projektmanager in Bank A. Klar definierte Vorgehensweisen und Prozesse in der Systementwicklung seien wichtig, um die notwendige Qualität, Datenkonsistenz und -redundanzfreiheit zu gewährleisten. So stelle ein professionelles Anforderungsmanagement einen wichtigen Punkt dar, der im Fall der IDV-Entwicklungen in den meisten Fällen komplett vernachlässigt werde. Die IT-Seite bemängelt außerdem das mangelnde Verständnis der Fachseite für die Problematik der Datenhaltung (IT-Sicherheit). Die Tragweite und die Auswirkungen der IDV-Anwendungen sind unter Umständen enorm. Viele IDV-Entwicklungen sollten in die professionelle Softwareentwicklung überführt werden. Ein wichtiges Kriterium für die Entscheidung, wann und wo man IDV-Anwendungen einsetzen kann, ist die Stelle im Geschäftsprozess. Wenn IDV-Anwendungen weitreichende Konsequenzen für die nachgelagerten Vorgänge haben, müssten sie vermieden werden. Eine wichtige Frage sei also, wo die Ergebnisse (die Daten) aus IDV-Anwendungen tatsächlich verwendet werden. Risikoklassen für IDV-Anwendungen seien notwendig. Im Fall der IDV-Anwendungen sei oft die Frage nicht geklärt, wer der „IDV-Anwendung-Owner" ist. Die Reproduzierbarkeit und die Dokumentation des Entwicklungsprozesses seien oft nicht gewährleistet.

Die IT-Seite sieht die Tatsache, dass die Fachseite immer mehr „IT-Aufgaben" übernimmt, sehr kritisch. Auf jeden Fall sollten „Rahmenbedingungen für die Entwicklung und den Einsatz von IDV-Anwendungen" formuliert werden. Die Fachseite sieht in solchen Rahmenbedingen die Gefahr, dass die Flexibilität eingeschränkt wird.

Was die Einsatzgebiete der IDV-Anwendungen betrifft, zeigten die Interviews, dass der Einsatz von IDV-Anwendungen vor allem in den Bereichen Controlling, Risikomanagement und Reporting stattfindet. Die Regulierungstendenzen im Bankensektor nehmen zu, und das hat einen unmittelbaren Einfluss auf Dichte und Häufigkeit der zu erstellenden Berichte. Ohne schnelle Excel- und Access-Lösungen seien die Herausforderungen oft gar nicht zu meistern. Als Anwendungsbereiche von IDV-Lösungen wurden auch solche Bereiche wie Pricing und innovative Finanzprodukte genannt. Auch in diesen Bereichen war die schnelle Verfügbarkeit der IDV-Anwendungen ein wichtiges Argument. Bis eine professionelle IT-Lösung zur Verfügung steht, sei eine Innovation keine Innovation mehr.

Zum Themenbereich III: Steuerung, Kontrolle und Überwachung von IDV-Anwendungen

Das Thema Steuerung, Kontrolle und Überwachung von IDV-Anwendungen war zum Zeitpunkt der Interviews sowohl in Bank A als auch in Bank B auf der Agenda, wobei Bank A sich zum Zeitpunkt der Interviews schon deutlich intensiver mit dem IDV-Thema auseinandergesetzt hatte als Bank B.

Die Interviews mit dem Bereichsleiter Risikomanagement in Bank A und mit dem IT-Manager in Bank B zeigten, dass Banken aktuell vor der Herausforderung stehen, dass Anzahl (Quantität) und Komplexität (Qualität) der gesetzlichen Anforderungen und Regularien kontinuierlich wachsen. Für eine Bank ist es immer eine Frage der strategischen Abwägung, welche Anforderungen man als Priorität behandeln soll und in welchem Umfang. Eine große strategische Bedeutung von IDV-Anwendungen wurde von Gesprächspartnern in beiden Banken bestätigt. IDV-Anwendungen stellen einen festen Bestandteil der Geschäftsprozesse beider Banken dar. Das Thema hat insbesondere mit der wachsenden Bedeutung von operationellen Risiken an Aktualität gewonnen. Wegen der Anforderungen von Basel II (s. **Abschnitt 5.2.3.1**) im Kontext der operationellen Risiken ist es unabdingbar geworden, sich auch mit den IDV-Risiken auseinanderzusetzen. Der Druck von der aufsichtsrechtlichen Seite zwingt die Banken dazu, sich mit dieser Risikokategorie auseinanderzusetzen.

Die Notwendigkeit einer Regulierung im IDV-Bereich wurde vor allem in Bank A erkannt. Im Interview mit dem Bereichsleiter Risikomanagement in Bank B war davon die Rede, dass die Bank die Regulierung von IDV-Anwendungen nicht nur wegen der aufsichtsrechtlichen Anforderungen, sondern auch wegen der strategischen Interessen für notwendig halte. So wurde das Thema Datenqualität in diesem Zusammenhang angesprochen. IDV-Anwendungen finden gerade im Reporting eine breite Anwendung. Folgende Fragestellungen wurden in diesem Zusammenhang thematisiert: Inwieweit kann man den Daten vertrauen? Wie kann man sicherstellen, dass mithilfe von IDV-Anwendungen durchgeführte analytische Auswertungen fehlerfrei sind? Das Datenqualitätsmanagement muss in Bank A mehr als 28 Datenquellsysteme der Bank beherrschen, um Datenmängel unter Kenntnis der gegenseitigen Abhängigkeiten und Verbindungen mit konzeptionell anspruchsvollen Analysen erkennen und bewerten zu können. Eine zentrale operative Verantwortung für sämtliche regulatorischen Daten muss gewährleistet werden. Im Fall von IDV-Anwendungen fängt die Herausforderung bereits damit an, dass man keinen Überblick hat, wo IDV-Anwendungen tatsächlich zum Einsatz kommen. Man hat es im IDV-Bereich mit Strukturen von Daten- und Informationssystemen zu tun, die über Jahre gewachsen sind und nicht immer dokumentiert und kommuniziert wurden.

Eine Regulierung im Bereich IDV-Anwendungen sei notwendig, um den Anforderungen aus den Bereichen Rechnungswesen, Steuern und Gesamtbanksteuerung gerecht zu werden. Deswegen wurde in Bank A eine Rahmenrichtlinie zum regulierten Einsatz von IDV-Anwendungen entwickelt, die insgesamt 16 Seiten umfasst und welche die Erfassung von IDV-Anwendungen und einen kontrollierten Einsatz von IDV-Lösungen gewährleisten soll. Nach dieser Richtlinie werden IDV-Anwendungen in drei Kategorien unterteilt. Ein wichtiges Kriterium für die Kategorisierung stellt die Bedeutung von IDV-Anwendungen für die Finanzberichterstattung dar. Die Kategorie I umfasst Anwendungen, die keine oder geringere Auswirkungen auf die Finanzberichterstattung haben und/oder durch geringere Fehlereintrittswahrscheinlichkeit charakterisiert sind. Die Kategorie II beinhaltet IDV-Anwendungen, die mittlere Auswirkungen auf die Finanzberichterstattung haben und/oder durch eine mittlere Fehlereintrittswahrscheinlichkeit gekennzeichnet sind. In der Kategorie III werden schließlich IDV-Anwendungen zusammengefasst, die hohe Auswirkungen auf die Finanzberichterstattung im Fehlerfall haben und/oder durch eine hohe Fehlereintrittswahrscheinlichkeit charakterisiert sind. In Bank A war zu beobachten, dass Bestrebungen da sind, IDV-Anwendungen strategisch und Risiko vermeidend einzusetzen. In Gesprächen in Bank A kam deutlich zum Ausdruck, dass der Forschungsbedarf in folgenden Bereichen besteht:

- Strukturierte Darstellung von möglichen Fehlern und Risiken der IDV-Anwendungen im Vergleich zur professionellen Software-Entwicklung;

- Weiterentwicklung von Kategorien der IDV-Anwendungen;

- Übertragung von Methoden aus der professionellen Software-Entwicklung auf den IDV-Bereich (In welchem Umfang und wie sinnvoll ist das?).

Eine weitere wichtige Herausforderung, die in Gesprächen mit den Interviewpartnern in Bank A formuliert wurde, ist die transparente Ausarbeitung und Darstellung von Ursache-Wirkungsbeziehungen. Wann ist ein Risiko den IDV-Risiken zuzuordnen? Eine klare Trennung zwischen IT-Fehlern und Prozessfehlern sei notwendig.

Sowohl in Bank A als auch in Bank B gab es keine dokumentierten Schadensfälle im Zusammenhang mit dem IDV-Einsatz.

Die Gespräche mit den Interviewpartnern in Bank A zeigten, dass IDV-Anwendungen ein strategisch wichtiges Thema für die Bank darstellen.

Anders war der Eindruck bei Bank B. IDV-Anwendungen waren auch hier ein Thema. Allerdings hatte ich hier den Eindruck, dass man sich mit dem Thema nur in dem Umfang befasst, wie es notwendig ist, um den aufsichtsrechtlichen Anforderungen gerecht zu werden. Bank B hatte lediglich eine sehr allgemein formulierte Richtlinie, die in Anlehnung an die Empfehlungen vom BSI erstellt wurde und gerade mal 1,5 Seiten umfasste.[300] Wie die Umsetzung dieser Richtlinie konkret stattfindet und wie sie gelebt wird, wurde in den Gesprächen nicht deutlich zum Ausdruck gebracht. Mein Eindruck war, dass die Richtlinie in Bank B vor allem auf dem Papier existierte und eher für die Aufsichtsbehörden als für die strategische Steuerung gedacht war.

4.7 Zusammenfassung zu Kapitel 4

In **Kapitel 4** wurden die Vorgehensweise und die Ergebnisse der durchgeführten Experteninterviews dargestellt. Die sechs Interviews mit sieben Experten aus zwei deutschen Großbanken haben die Relevanz des Themas IDV-Anwendungen in Kreditinstituten bestätigt. Die Gespräche haben gezeigt, dass man sich der aus IDV-Einsatz resultierenden Risiken im Bankensektor durchaus bewusst ist. Übereinstimmend ordneten die Experten IDV-Risiken den sogenannten operationellen Risiken zu. Diese Risikoart gewann besonders in den letzten Jahren und nicht zuletzt wegen zahlreicher neuer aufsichtsrechtlicher und gesetzlicher Anforderungen für den Bankensektor an Bedeutung. Gleichzeitig wurden solche Vorteile der IDV-Anwendungen wie Flexibilität, niedrige Kosten und schnelle Verfügbarkeit mehrmals in Gesprächen betont. Die Experteninterviews haben klar gezeigt, dass eine große Herausforderung in Hinblick auf den Einsatz von IDV-Anwendungen darin besteht, Risiken zu minimieren, ohne die Chancen dieses Softwaresystementwicklungsansatzes komplett zu eliminieren.

Meine Vermutung, dass verschiedene Personenkreise innerhalb einer Bank die IDV-Problematik unterschiedlich beurteilen, hat sich bestätigt. Während die einen (vor allem Fachabteilungen) Chancen und Notwendigkeit der IDV-Anwendungen für Banken unterstreichen, betonen die anderen (vor allem Vertreter der professionellen IT) Risiken und Nachteile dieser Entwicklungsart.

Die Herausforderung besteht also darin, Rahmenbedingungen für den IDV-Einsatz zu schaffen, die auf der einen Seite die gewünschte und notwendige Flexibilität für die Fachseite garantieren und auf der anderen Seite Risiken solcher IDV-Anwendungen eindämmen. Eine mögliche Lösung wäre, Methoden aus der professionellen Softwareentwicklung auf den IDV-Bereich zu übertragen.

Für einen sicheren und kontrollierten Einsatz von IDV-Anwendungen ist eine umfassende IDV-Strategie notwendig. Im Spannungsfeld zwischen Flexibilität und Kontrolle ist ein Weg zu finden, um den Einsatz von IDV-Anwendungen in einer Bank eher zu einer Chance als zu einem Risikofaktor werden zu lassen.

---

[300] Vgl. BSI/PC-Anwendungsentwicklung/2010.

5 Auf dem Weg zu IDV-Governance – Betrachtungsperspektiven und organisatorische Grundlagen

Wie die Darstellungen in **Kapitel 3** und die Ergebnisse der Experteninterviews in **Kapitel 4** zeigen, ist das IDV-Phänomen sehr facettenreich. Es ist somit aus verschiedenen Perspektiven zu betrachten und zu analysieren. Im aktuellen Kapitel werden diese Betrachtungsperspektiven dargestellt und erläutert

Zum einen ist der Einsatz von IDV-Anwendungen aus der Perspektive des Wertbeitrags zu betrachten. Die Diskussion um den IT-Wertbeitrag entflammte in der Forschungsliteratur vor einigen Jahren und wird bis heute intensiv diskutiert. Bevor das IDV-Phänomen aus dieser Perspektive dargestellt wird, gilt es die Grundlagen dieses Diskurses darzustellen (**Abschnitt 5.1**).

Risiken aus IDV-Anwendungen sind operationellen Risiken zuzuordnen. Das wurde bereits im Rahmen der Experteninterviews thematisiert. Im Rahmen dieses Kapitels gilt es, die Behauptung theoretisch zu begründen. Die theoretischen Grundlagen und aufsichtsrechtlichen Bestimmungen für diese Risikoart werden in **Abschnitt 5.2** betrachtet.

Die Facettenreichweite des IDV-Phänomens und verschiedene Betrachtungskontexte machen ein theoretisches und organisatorisches Konzept erforderlich, in dessen Rahmen IDV-Anwendungen analysiert und untersucht werden können. In **Abschnitt 5.3** wird die IT-Governance als organisatorisches Konzept für das IDV-Phänomen eingeführt.

5.1 Wertbeitrag der Informationstechnologie

> "When organisations in a specific sector have access to the same IT resources, the management difference determines the business value of IT."
>
> *Ryan R. Peterson*[301]

Die Debatte über einen Wertbeitrag der Informationstechnologie beschäftigt seit einigen Jahren sowohl die Forschung als auch die Praxis. Nahezu alle Abteilungen und Geschäftsbereiche eines Unternehmens durch IT unterstützt. Mit den veränderten Einsatzbedingungen und Möglichkeiten der IT steigen auch die IT-Ausgaben rasant an. Über einen positiv geschaffenen Wert der IT kann man dann sprechen, wenn die Differenz zwischen den eingesetzten

---

[301] Peterson, R. R./Information Technology Governance/2000, S. 1.

Kosten und dem Nutzen positiv ist. Ein Wertbeitrag kann auch die Reduktion des Aufwands beinhalten. Dabei ist es erforderlich, dass eine nachvollziehbare Verbesserung bzw. Optimierung der Funktionserfüllung vorliegt. Das bedeutet konkret ein Mehr an Funktionserfüllung und/oder ein Weniger an Kosten zur Realisierung der Funktionserfüllung.[302]

Die Besonderheit der Ressource IT besteht darin, dass die Messung des Wertbeitrags schwieriger ist als bei anderen Investitionsgütern. Das hängt damit zusammen, dass Kosten und Nutzen, die im Zusammenhang mit IT entstehen, nicht immer monetär ausgedrückt werden können.

Einen neuen Impuls erhielt die Debatte im Jahre 2003 durch die Thesen von N. G. CARR, der in seinem Beitrag „IT doesn't matter"[303] argumentiert, dass der Einfluss der IT auf den Erfolg von Unternehmen generell zurückgehe. Mit Entwicklung und Fortschritt seien die Funktionen der Informationstechnologie für jeden erhältlich und bezahlbar. IT hat sich daher zu einem Allgemeingut entwickelt. Die Veröffentlichung des Beitrags löste eine lebhafte Diskussion aus. Im Jahr 2004 ist danach ein Buch von CARR herausgekommen, das den gleich Titel trägt: „IT doesn't matter?". Allerdings steht ein Fragezeichen am Ende des Satzes, womöglich um die These ein wenig zu entschärfen.

CARR ist der Meinung, dass IT in der modernen Welt keine langfristigen Wettbewerbsvorteile für Unternehmen schaffen kann. Am Ausgang seiner Überlegungen steht die Unterteilung von IT in zwei Kategorien: die proprietäre Technologie und die infrastrukturelle Technologie. Proprietär bedeutet frei übersetzt „eigentumsgeschützt". Strategische Vorteile und Gewinne werden durch die proprietäre Technologie nur solange ermöglicht, als ein Schutz besteht. Dies bezieht sich auf die Eigentumsrechte. Solange man eine Innovation schützen kann, bringt sie einen Wertbeitrag. Infrastrukturelle Technologie bezeichnet die Technologie, die einer breiten Masse zur Verfügung steht. „A distinction needs to be made between proprietary technologies and what might be called infrastructural technologies. Proprietary technologies can be owned, actually or effectively, by a single company [...] The characteristics and economics of infrastructural technologies, whether railroads or telegraph lines or power generators, make it inevitable that they will be broadly shared – that they will become part of the general business infrastructure."[304] Die beiden Technologiearten hängen miteinander insofern zusammen, als eine infrastrukturelle Technologie im frühesten Stadium ihrer Entwicklung (buildout phase) die Form einer proprietären Technologie annehmen kann. Solange der Zugang zu der Technologie durch Patente, hohe Kosten oder Standards geschützt ist, kann ein Unternehmen dadurch Wettbewerbsvorteile erlangen. Um die Argumentation anschaulich zu gestalten, vergleicht

---

[302] Vgl. Heinrich, L. J./Informationsmanagement/2002, S. 476.

[303] Vgl. Carr, N./IT doesn't matter/2003.

[304] Vgl. Carr, N./It doesn't matter/2003, S. 42.

CARR die Informationstechnologie mit Strom- und Eisenbahnnetzen. Im Anfangsstadium der Entwicklung stellten diese Errungenschaften proprietäre Technologien dar. Unternehmen konnten durch die unmittelbare Nähe einer Eisenbahnlinie oder durch die Nähe einer Stromleitung Wettbewerbsvorteile gegenüber Konkurrenten erlangen. Mit der schnellen Weiterentwicklung von Strom- und Eisenbahnnetzen wurden diese Wettbewerbsvorteile zum größten Teil zunichte gemacht. In Analogie dazu argumentiert CARR, dass auch die IT sich von einer ursprünglich proprietären Technologie zu einer infrastrukturellen Technologie entwickelt habe. Es sei nicht mehr möglich, Wettbewerbsvorteile durch die IT zu erlangen. „By the end of the buildout phase, the opportunities for individual advantage are largely gone. The rush to invest leads to more competition, greater capacity, and falling prices, making the technology broadly accessible and affordable."[305] IT entwickelte sich daher im Laufe der Zeit zu einem Allgemeingut (Commodity) (s. **Abb. 35**).

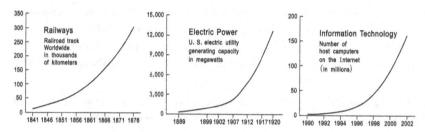

Abb. 35: IT als Allgemeingut
Quelle: Carr, N./ IT doesn't matter/2003, S. 46

CARR betont, dass es immer noch Unternehmen gebe, die aufgrund von speziellen Produkten durch IT Wettbewerbsvorteile erlangen könnten. Es handele sich dabei aber um eine Ausnahme, die die Regel bestätigt. Ansonsten würden die Vorteile, die durch Anwendung der IT entstehen, langsam verschwinden.

Aus diesem Gedankengang heraus resultierend, postuliert CARR drei IT-Businessregeln[306]:

- *„Spend Less"*

„Investiere weniger" ist CARR's Antwort auf die von ihm benannte negative Korrelation zwischen IT-Ausgaben und der wirtschaftlich/finanziellen Situation von Unternehmen. Dadurch, dass Wettbewerbsvorteile der IT rapide sinken, entstehen vermeidbare Kosten ohne die nötigen Kapitalrückflüsse.

---

[305] Carr, N./IT doesn't matter/2003, S. 43.
[306] Vgl. Carr, N./IT doesn't matter/2003, S. 48.

- *„Follow, don't lead"*

„Folge und führe nicht" heißt die Konsequenz aus schrumpfenden „Leader"-Vorteilen. Da der „Pionier" immer weniger Nutzen aus seiner Vorreiterrolle ernten wird, rät CARR, in Sachen IT-Investitionen zu warten. Weiterhin werde dadurch das Risiko minimiert, auf eine Technologie zu setzen, welche sich langfristig nicht durchsetzen wird.

- *„Focus on vulnerabilities, not opportunities"*

CARR sieht eine gestiegene Verwundbarkeit eines Unternehmens durch IT, welche sich in Kosten niederschlagen werde. Zukünftig steige der Kostenfaktor für Verteidigung und Abwehr von Sicherheitslücken, Viren, Datenverlust und allgemeine Wartung. Neben der Erhöhung von Möglichkeiten, ausgelöst durch vermehrten IT-Einsatz, steige auch die Problematik, die daraus resultiert, in ungleich höherem Ausmaß.

Der Artikel löste, wie gesagt, eine global geführte Diskussion aus. Das lag zum einen an den eben umrissenen Kernaussagen, zum anderen an der Art, wie Carr formuliert. Er benutzt teilweise eine drastische Ausdrucksweise, angefangen mit der Überschrift, der er erst später in seinem Buch[307] das Fragezeichnen anhängte, und endend mit deutlichen Phrasen wie „IT Management is boring"[308], wodurch sich sicherlich ein Großteil der IT-Branche angegriffen fühlte.

CARR vergleicht den historischen Wettbewerbsvorteil von Eisenbahnnetz und Elektrizität mit der heutigen IT. Doch ist der Vergleich IT und Strom überhaupt tragbar? Das Elektrizitätsnetz ist seit seiner Erfindung gleich geblieben. Natürlich wurden neue Leitungen etc. eingesetzt, aber die Funktion des Transports von Strom ist immer noch dieselbe. Auch hat sich die Elektrizität als solche nicht verändert, von verschiedenen Spannungsstandards etc. abgesehen.

Die IT transportiert zwar auch Daten, aber transformiert, speichert und bearbeitet diese auch. Also vergleicht CARR ein Transport- und Transformationsmedium mit einem reinen Transportmedium. Der Schienenverkehr als solcher ist ein reiner Transporteur. Weder transformiert er seine Güter, noch schafft er einen Mehrwert des Gutes durch reinen Transport. IT ist also viel mehr als nur der Transport. Ebenso unterliegt die IT nicht ähnlichen Restriktionen wie der Schienenverkehr oder z. B. das Stromnetz. S. LOHR bezeichnet die IT als evolutionär und bezieht sich in seinem Beitrag „Does Nick Carr Matter?" auf CARR's Aussagen: „The general-purpose nature of computing – especially software, a medium without material constraints – makes it more like biology than like railroads or electricity. IT has the agibilty to

---

[307] Vgl. Carr, N./Does IT matter?/2004.
[308] Carr, N./IT doesn't matter/2003, S. 48.

envolve and take new forms. Speech recognition, natural language processing, and selfhealing systems are just three of the next evolutionary steps on the computing horizon."[309] CARR definiert den Begriff IT enger als gemeinhin üblich. Er versteift sich zu sehr auf das „T", also die Technologie der IT. „Explizit ausgeschlossen aber sind Geschäftsprozesse von Unternehmen, ganz gleich, wie sie sich durch die Unterstützung von IT-Funktionalität umstrukturieren oder gar neu definieren lassen."[310] Er unterschätzt in seinem Beitrag die Rolle von IT bei der Entstehung neuartiger Prozesse.

CARR findet auch Zustimmung zu seiner These, welche die immer kürzeren Lebenszyklen beschreibt.[311]Allerdings findet sich kein Anhaltspunkt, wieso in den kürzeren Pionierphasen nicht ebenso gewinnbringende Vorteile generiert werden sollen. Da sich Budgetkürzungen in erster Linie auf variable Kosten auswirken, führt auch das „spend less"-Postulat nicht zum gewünschten Ziel. „Spezifische Investitionen in der IT auszubremsen, führt kurzfristig sicherlich zu reduzierten Projektkosten in der IT, mittelfristig aber zum Gegenteil, nämlich erhöhten Betriebskosten. [...] Eine Optimierung des IT-Betriebs zur Reduktion der Fixkosten hingegen macht kurzfristig Investitionen erforderlich, kann jedoch mittelfristig eine Verbesserung darstellen."[312]

Zu seinen Business-Regeln gibt es auch kritische Erwiderungen. Die These „follow – don't lead" kann nur für solche Unternehmen eine passende Strategie sein, die ihre Abgrenzungsmerkmale dem Wettbewerb gegenüber nicht aus der IT als solcher beziehen. Kernkompetenzen nicht abzubilden oder auszubauen wäre ein grober Fehler.

In einem intelligenten Zusammenspiel der IT-Strategie und der Unternehmensstrategie liegt ein Großteil der Potenziale zum Wertbeitrag der IT. Die aktuellen Untersuchungen zeigen, dass es nicht so sehr auf die Technik ankommt, sondern auf das Management von IT.[313] Diese Untersuchungen bestätigen die Aussagen von R. WIGAND et al., die bereits im Jahre 1998 geschrieben haben, dass es keinen direkten Zusammenhang zwischen IT und Unternehmenserfolg gebe.[314] Die positive Wirkung der IT auf den Unternehmenserfolg im Sinne eines Wertbeitrags hängt im Wesentlichen davon ab, wie erfolgreich die Abstimmung der Unternehmensstrategie und IT in einem Unternehmen erfolgt und wie adäquat Managementstrukturen für eine wertorientierte und risikobewusste Steuerung gestaltet sind. In **Abb. 36** ist das Zusammenspiel zwischen IT-Strategie und Unternehmensstrategie grafisch dargestellt.

---

[309] Lohr, S./Does Nick Carr Matter?/2004, S. 3.

[310] Mieze, T./Beyond Carr/2004, S. 20.

[311] Carr, N./IT doesn't matter/2003, S. 48.

[312] Mieze, T./Beyond Carr/2004, S. 21.

[313] Vgl. Johannsen, W.; Goeken, M./IT-Governance/2006, S. 8 sowie van Reenen, J.; Sadun,R./Information Technology and Productivity/2005.

[314] Vgl. hierzu und im Folgenden Wiegand, R.; Picot, A.; Reichwald, R:/Information/1998, S. 151ff.

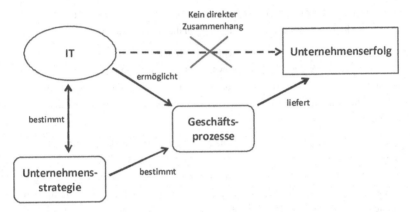

Abb. 36: Zusammenspiel der IT-Strategie und der Unternehmensstrategie
Quelle: Wiegand, R.; Picot, A.; Reichwald, R:/Information/1998, S. 159

Diese Überlegungen gelten auch für den IDV-Einsatz in Unternehmen. Auch wenn die meisten IDV-Werkzeuge der infrastrukturellen Technologie zuzuordenen sind, können mit ihrer Hilfe individuelle Strukturen, Visionen und Strategien umgesetzt werden. Hier liegen die besonderen Wettbewerbsvorteile der IDV-Anwendungen in Unternehmen. P. FLESSNER von Microsoft entgegnet CARR's Argumentation mit einem sehr unwissenschaftlichen aber dennoch erwähnenswerten Ausspruch. Er stelle sich vor, in einem Golfclub zu sein und ebenso gute Ausrüstung wie Tiger Woods zu besitzen, aber: „I don´t play Golf like Tiger Woods."[315] Die Unternehmen, die das Zusammenspiel zwischen Prozessen und IT besonders gut beherrschen, können besonders gut ihren Vorsprung gegenüber Mitbewerbern ausbauen.[316]

In **Abb. 37** sind Schritte zur Steigerung des Wertbeitrags durch IT aufgezeigt.[317] Wie in **Kapitel 7** zu zeigen sein wird, bieten IDV-Anwendungen für Unternehmen hervorragende Möglichkeiten im Hinblick auf Innovationen, Nutzung des übergreifenden Prozesswissens, aber auch Flexibilität und Effizienz.

---

[315] LaMonica, M./Why IT still matters/2003.
[316] Vgl. Wichmann, T./Spielt IT noch eine Rolle?/2003.
[317] Vgl. Prottung, S./Auf dem Weg zur Geschäftsentwicklung/2008, S. 67.

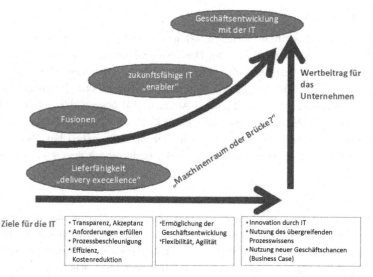

Ziele für die IT	• Transparenz, Akzeptanz
	• Anforderungen erfüllen
	• Prozessbeschleunigung
	• Effizienz,
	  Kostenreduktion
		• Ermöglichung der
		  Geschäftsentwicklung
		• Flexibilität, Agilität
			• Innovation durch IT
			• Nutzung des übergreifenden
			  Prozesswissens
			• Nutzung neuer Geschäftschancen
			  (Business Case)

Abb. 37: Steigerung des Wertbeitrags durch die IT
Quelle: Prottung, S./Auf dem Weg zur Geschäftsentwicklung/2008, S. 67

S. PFEIFFER beschreibt in Anlehnung an R. MIRANI et al. drei Bereiche des zu erwartenden Nutzens aus der IT:

▪ Strategische Vorteile

▪ Informationsorientierte Vorteile

▪ Transaktionsorientierte Vorteile (s. **Tab. 5**).

Strategische Vorteile	Informationsorientierte Vorteile	Transaktionsorientierte Vorteile
- Wettbewerbsvorteil	- Zugang zu Information	- Effizienz der Kommunikation
- Strategische Übereinsti- mung - Kundenbindung	- Qualität der Information - Flexibilität der Information	- Effizienz der Systementwicklung - Effizienz der Geschäftsabläufe

Tab. 5: Nutzen aus IT entsprechend Zielsetzung der Geschäftsführung
Quelle: In Anlehnung an Pfeiffer, A./Zum Wertbeitrag von Informationstechnologie/2003, S. 98 sowie Mirani, R.; Lederer, A. L./ Organizational Benefits of IS Projects/1998, S. 828 und Weill, P./Computers/1990

Zu strategischen Vorteilen:

Der Wettbewerbsvorteil betrifft die Fähigkeit, sich mittels der IT-Struktur einen Vorteil im Hinblick auf die Wettbewerber zu verschaffen. Dies könnte z.b. eine IT-Lösung sein, die dem Kunden einen neuartigen Wert vermittelt.[318] Die „strategische Übereinstimmung" als zweiter Punkt der ersten Spalte meint die optimale Abstimmung zwischen Unternehmensstrategie, also der Geschäftsführung, und den Zielen der IT-Abteilung. Auf diesen wichtigen Punkt des „Fits" zwischen diesen Organisationseinheiten wird im Laufe der Arbeit noch näher eingegangen. Kundenbindung ist ein wichtiger Bestandteil, um am Markt zu bestehen. Hierunter fallen die Wünsche externer und interner Kunden (z.b. Abteilungen etc. des eigenen Unternehmens).

Zu informationsorientierten Vorteilen:

Der Aspekt „Informationsorientiert" richtet sich an den Zugang, die Qualität und die Flexibilität der angefragten Informationen. Der schnellere und leichtere Zugang zu qualitativ hochwertigen Informationen kann enorme Wettbewerbsvorteile gegenüber den Konkurrenten bedeuten. Wie in **Kapitel 7** darzustellen sein wird, haben IDV-Anwendungen bei einem kontrollierten und strategisch abgestimmten Einsatz das Potenzial, informationsorientierte Vorteile für ein Unternehmen zu schaffen.

Zu transaktionsorientierten Vorteilen:

Transaktionsorientierte Vorteile beschreiben die Effizienz der Unterstützung von Geschäftsabläufen und der Bereitstellung der IT-Anwendungen.[319] Hierin fallen neben reinen Rationalisierungsaktivitäten, wie z. B. die Einführung einer Software für die Finanzbuchhaltung, auch innovative Transaktionsverbesserungen, z. B effizientere Geschäftsabläufe bei der Erstellung von Reports. Auch hier können IDV-Anwendungen einen positiven Beitrag zur Steigerung des gesamten IT-Wertbeitrags leisten.

Traditionell wurden lange Zeit die Aspekte der dritten Spalte, also die der Effizienzsteigerungen, behandelt, jedoch verlangen die Geschäftsleitungen heutzutage vermehrt den Nutzenbeitrag in der ersten Spalte, der strategischen Ausrichtung. Aber gerade auf strategischer Ebene fällt das Aufzeigen des Wertbeitrags im Gegensatz zu transaktionsorientierten Verbesserungen relativ schwer.

CARRs Thesen sind im Grundgerüst widerlegt worden. Komplett unrecht hatte CARR aber nicht. Wenn man die Ressource IT unüberlegt und ohne Abstimmung auf die Gesamtstrategie einsetzt, erzielt man tatsächlich keine langfristigen Wettbewerbsvorteile und keinen Wertbeitrag. „Agilität im Umgang mit der IT ist gefragt, Flexibilität der IT ist entscheidend. Die

---

[318] Vgl. hierzu und im Folgenden Pfeiffer, A./Zum Wertbeitrag von Informationstechnologie/2003, S. 98.
[319] Vgl. Pfeiffer, A./Zum Wertbeitrag von Informationstechnologie/2003, S. 98.

Wichtigkeit der IT bemisst sich an ihrem operativen, taktischen und strategischen Nutzen. Lässt der sich nicht erkennen, dann sind provokatorische Thesen wie die von Nicholas Carr die Folge."[320] Das gilt auch für den Einsatz und für den Umgang mit den IDV-Anwendungen. Eine richtige „Benutzung" und ein durchdachter Einsatz von IDV-Anwendungen sind gefragt, um dieses kostbare Gut eines Unternehmens wertorientiert einsetzen zu können. In **Kapitel 6** werden einige Gestaltungsvorschläge ausgearbeitet, die ein Unternehmen im Umgang mit IDV-Anwendungen unterstützen sollen.

5.2 IDV-Anwendungen und operationelle Risiken in Kreditinstituten

"Banks measure credit and market risks because they can, not because these are the biggest risks they face."

Mark Parsley[321]

Der Begriff „Risiko" hat in der Betriebswirtschaftslehre eine große Bedeutung und wird immer wieder diskutiert. Seit Anfang des 20. Jahrhunderts beschäftigt man sich mit der Analyse der Implikationen von Risiken im ökonomischen Handeln.[322]

Mit neuen Geschäftsmodellen und Organisationsstrukturen, aber auch wegen des zunehmenden Einflusses der IT kommen in Unternehmen auch neue Risiken hinzu. Je nach Branche haben verschiedene Arten von Risiken unterschiedliche Bedeutung. Im Bankensektor wird das Thema „operationelle Risiken" seit einiger Zeit mit großer Aufmerksamkeit sowohl seitens des Gesetzgebers und der Aufsichtsbehörden als auch seitens der Kreditinstitute selbst verfolgt. Obwohl operationelle Risiken – wie später zu zeigen sein wird – unmittelbar mit der Gründung eines Kreditinstituts entstehen und keineswegs neu sind, erlangte diese Risikoart gerade in der jüngsten Vergangenheit zunehmend an Bedeutung. Die Tatsache, dass operationelle Risiken in vielen Fällen zu dramatischen Ereignissen und Folgen geführt haben, sorgt dafür, dass das Thema aktueller ist als je zuvor.[323] Während für Markt- und Kreditrisiken entsprechende Risikomanagementkonzepte in den letzten Jahren weitgehend etabliert wurden, gibt es im Bereich der operationellen Risiken vergleichsweise nur wenige theoretische Grundlagen dieser Art.[324] Operationelle Risiken sind stets latent vorhanden. Das macht ihre Identifikation und Steuerung kompliziert. Eine ertragsorientierte Steuerung von Kreditinstituten

[320] Niemann, K. D./IT-Governance/2005, S. 213.
[321] Parsley, M./Risk/1996, S. 74.
[322] Vgl. Häberle, S. G./Risiko/1979, S. 3 und Fasse, F.-W./Risk-Management/1995, S. 44 mit den jeweils dort angegebenen Verweisen sowie Imboden, C./Risikohandhabung/1983, S. 39.
[323] Vgl. Stickelmann, K./Operationelles Risiko/2002, S. 4.
[324] Vgl. Kaiser, T.; Köhne, M. F./Operationelle Risiken/2007, S. 37.

macht die Auseinandersetzung mit dieser Risikoart unabdingbar, um Risiko- und Fehlerquellen auszuschalten.[325]

5.2.1 Operationelle Risiken – Definitionen und Abgrenzungen des Begriffs

5.2.1.1 Aufsichtsrechtliche Definition

Es gibt zwei Definitionen der operationellen Risiken: die aufsichtsrechtliche sowie die betriebswirtschaftliche Definition.

Die aufsichtsrechtliche Definition von operationellen Risiken ist vor allem durch die Konsultationspapiere des Basler Ausschusses für Bankenaufsicht geprägt. Das erste Konsultationspapier wurde im Juni 1999 herausgegeben. In diesem Konsultationspapier wurde der Begriff „operationelle Risiken" noch sehr eng gefasst und lediglich in der Rubrik „Sonstige Risiken" erwähnt.[326] Innerhalb der nächsten zwei Jahre wurde die Entwicklung im Bereich operationeller Risiken deutlich vorangetrieben. Das zweite Basler Konsultationspapier vom Januar 2001 behandelt operationelle Risiken als eine eigenständige Risikokategorie und definiert sie als „the risk of direct or indirect loss resulting from inadequate or failed internal processes, people and systems or from external events."[327]. Laut dem zweiten Konsultationspapier umfasst die Definition der operationellen Risiken rechtliche Risiken, jedoch keine Reputationsrisiken oder strategischen Risiken. Das zweite Basler Konsultationspapier schreibt vor, dass operationelle Risiken mit einer angemessenen Summe an Eigenkapital zu unterlegen sind und dass bestimmte qualitative Anforderungen an das Management erfüllt werden müssen.[328] Das Management operationeller Risiken sollte zum Ziel haben, „diese Risiken zu antizipieren und im Rahmen von Risikofähigkeitsüberlegungen sachgerecht zu limitieren."[329] Operationelle Risiken werden nun als selbstständige Risikoart auf der gleichen Ebene mit Kredit- und Marktrisiken betrachtet.

Im dritten Basler Konsultationspapier (2003) werden operationelle Risiken basierend auf der zuvor dargestellten Definition des zweiten Konsultationspapiers wie folgt beschrieben: Ein Operationelles Risiko ist „die Gefahr von Verlusten, die in Folge der Unangemessenheit oder des Versagens von internen Verfahren, Menschen und Systemen oder in Folge von externen

---

[325] Vgl. Minz K.-A./Operationelle Risiken/2004, S. 1.

[326] Vgl. Minz K.-A./Operationelle Risiken/2004, S. 12.

[327] o. V./Basel/2001, S. 2.

[328] Vgl. Minz K.-A./Operationelle Risiken/2004, S. 1.

[329] Minz K.-A./Operationelle Risiken/2004, S. 2.

Ereignissen eintreten. Diese Definition schließt Rechtsrisiken ein, beinhaltet aber nicht strategische Risiken oder Reputationsrisiken."[330]

Diese zunehmende Beachtung operationeller Risiken durch die Aufsichtsbehörden führt zwangsläufig zu einer wachsenden Bedeutung dieses Themas in der Praxis und in der Forschung.

5.2.1.2 Betriebswirtschaftliche Definition

Wenn man eine betriebswirtschaftliche Definition der operationellen Risiken sucht, wird man nicht so schnell fündig. Wie auch in der aufsichtsrechtlichen Definition ist hier die Schwierigkeit einer präzisen Definition zu sehen. Die Verwirrung fängt schon bei der Unterscheidung zwischen operationellem, operativem und operationalem Risiko an. Laut Auffassung der Deutschen Bundesbank wird der Begriff „operational risk" mit „operationelles Risiko" ins Deutsche zutreffend übersetzt.[331]

Bei der Suche nach einer betriebswirtschaftlichen Definition für operationelle Risiken erscheint es sinnvoll, bei der allgemeinen Risikodefinition anzufangen. In dieser Arbeit wird die von vielen Autoren verwendete Risiko-Auffassung vertreten, dass ein Risiko eine mögliche negative Abweichung des tatsächlich realisierten Ergebnisses von dem erwarteten Ergebnis darstellt. Diese Auffassung beruht unter anderem auf § 289 HGB, der das Risiko als die Gefahr einer negativen Entwicklung versteht. Eine sehr allgemeine Definition eines Risikos formuliert F. ROMEIKE: „Die Möglichkeit eines Schadens oder Verlustes als Konsequenz eines bestimmten Verhaltens oder Geschehens; dies bezieht sich auf Gefahrensituationen, in denen nachteilige Folgen eintreten können aber nicht müssen."[332] Operationelle Risiken definiert ROMEIKE in diesem Kontext als alle von innen und außen kommenden Störungen, die ein Unternehmen bei der Leistungserstellung behindern können.[333]

Am häufigsten verbreitet ist in der betriebswirtschaftlichen Forschung eine Residualdefinition, die besagt, dass operationelle Risiken alle Risiken beinhalten, die nicht den Marktpreis- oder Kreditrisiken zugeordnet werden können.[334]

Folgende Merkmale werden den operationellen Risiken von den meisten Autoren zugeschrieben:

- Operationelle Risiken sind sehr komplex;

---

[330] Basler Ausschuss für Bankenaufsicht/Konsultationspapier/2003, Absatz 607, S. 140.
[331] Vgl. Jörg, M./Operational Risk/2003, S. 5.
[332] Romeike, F./Risikomanagement/2004, S. 102.
[333] Vgl. Romeike, F./Risikomanagement/2004, S. 110f.
[334] Vgl. Ceske, R.; Hernandez, J.; Sanchez, L./Event Risk/2000, S. 2.

- In den meisten Fällen treten sie diskontinuierlich auf;

- Diese Risikoart wird sowohl von internen als auch externen Faktoren beeinflusst;

- Operationelle Risiken betreffen spätestens in ihren Folgen das gesamte Unternehmen sowie die Unternehmenskultur.[335]

Angesicht der fehlenden präzisen betriebswirtschaftlichen Definition wird auch in der vorliegenden Arbeit letztendlich die aufsichtsrechtliche Definition für operationelle Risiken aus dem dritten Basler Konsultationspapier (2003) verwendet.

5.2.1.3 Abgrenzungsproblematik

Wie gesagt, betrachten die meisten Autoren operationelle Risiken in einer Abgrenzung zu Marktpreis- oder Kreditrisiken. Diese Sichtweise geht auf die Bestrebung des Basler Ausschusses zurück, der eine Kategorisierung der Risikoarten vornimmt und drei Risikokategorien für Eigenkapitalanforderung formuliert:

- Kreditrisiken

- Marktrisiken

- Operationelle Risiken.

Eine saubere Abgrenzung zwischen operationellen Risiken und anderen Risikoarten ist wichtig, weil sie zum einen zu einer vollständigen Erfassung aller Risiken beiträgt und zum anderen Fehl- und Doppelerfassungen aller Risiken vermeiden kann. Überlappende bzw. korrelierende Risiken sollen nach Möglichkeiten nicht mehrfach erfasst und mit Eigenkapital unterlegt werden.[336] Nicht selten treten Situationen auf, in welchen sich Verluste in einem typischen Ereignis einer Risikoart niederschlagen, jedoch aus operationellen Risiken hervorgingen oder durch sie stark mitverursacht wurden.

T. KAISER und M. F. KÖHNE führen fünf Kategorien ein, die eine Abgrenzung der operationellen Risiken von Markt- und Kreditrisiken erlauben (s. **Tab. 6**). Ein wichtiges Charakteristikum der operationellen Risiken besteht darin, dass die negativen Folgen und die Höhe der Verluste unbegrenzt sind. Im Fall des Kreditrisikos ist die mögliche Höhe der Verluste auf die Anzahl der Kredite und deren Kreditvolumen beschränkt. Beim Marktrisiko stellt der Marktwert des Unternehmens die Grenze dar.

---

[335] Vgl. Minz K.-A./Operationelle Risiken/2004, S. 11f.
[336] Vgl. hierzu und im Folgenden Minz K.-A./Operationelle Risiken/2004, S.16; Peter, A.; Vogt, H.-J.; Kraß, V./ Management operationeller Risiken/2000, S. 657 sowie Beeck, H.; Kaiser, T./Operational Risk/2000, S. 638.

	Betrachtungs-ebene	Risikokategorien	Portfolio-elemente	Exposure	Max. Anzahl Verluste
Marktrisiko	Training Desk/Portfolio	Zins-/Fx-/Kursrisiko	Wertpapiere	Marktwert (außer Leerverkäufe/Derivate)	Anzahl der Wertpapiere
Kreditrisiko	Kreditportfolio	Segmente	Kredite	Kreditvolumen	Anzahl der Kredite
OpRisiko	Unternehmens-bereich	Ereigniskategorien	Prozesse	unbeschränkt	unbeschränkt

Tab. 6: Strukturelle Unterschiede der Risikoarten
Quelle: Kaiser, T.; Köhne, M. F./Operationelle Risiken/2007, S. 37

Die von KAISER und KÖHNE aufgezeigten strukturellen Unterschiede sowie die zuvor dargestellten betriebswirtschaftlichen und aufsichtsrechtlichen Definitionen zeigen, dass operationelle Risiken im Wesentlichen auf die fünf Risikofaktoren Organisation, Prozesse, Technologie, Personal und externe Vorkommnisse zurückzuführen sind.[337]

Im folgenden Abschnitt sollen nun diese Risikofaktoren und Risikoursachen näher betrachtet und dargestellt werden.

5.2.2 Ursachen von operationellen Risiken

5.2.2.1 Überblick und Herausforderungen

Laut dem Basler Ausschuss für Bankenaufsicht resultieren operationelle Risiken aus Schwächen in Geschäftsprozessen, Informationstechnologie, Personal und Unternehmenskultur.[338] Diese Definition sucht damit nach Identifikationsmöglichkeiten oder nach den Ursachen für Verluste.[339]

Ausgehend von der Basler Definition als einem Anhaltspunkt haben verschiedene Autoren an der Risikokategorisierung geforscht. So unterscheidet K.-A. MINZ zwischen internen und externen Ursachen operationeller Risiken (s. **Abb. 38**).

---

[337] Vgl. Jörg, M./Operational Risk/2003, S. 8.
[338] Vgl. Buhr, R./Betriebsrisiken/2000, S. 1.
[339] Vgl. Jörg, M./Operational Risk/2003, S. 7.

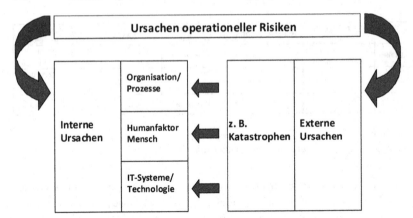

Abb. 38: Ursachen operationeller Risiken
Quelle: In Anlehnung an Minz K.-A./Operationelle Risiken/2004, S. 11

Was die internen Ursachen operationeller Risiken betrifft, so sind diese zum einen in Prozessen und Arbeitsabläufen begründet (*Organisation/Prozesse*). Des Weiteren können operationelle Risiken durch fehlerhafte oder nicht konsistente IT-Systeme und Technologien zustande kommen (*IT-Systeme/Technologie*). Die dritte Unterkategorie innerhalb der internen Ursachen bilden Mitarbeiter als Ursache operationeller Risiken (*Humanfaktor Mensch*).

Unter externen Ursachen werden vor allem alle möglichen *Katastrophen* zusammengefasst. Diese Risiken sind in der Praxis meist über entsprechende Versicherungen abgedeckt.[340]

In **Tab. 7** werden für vier Risikokategorien beispielhaft einige operationelle Einzelrisiken genannt. Die Kategorisierung geht auf die zuvor dargestellte Basler Definition der operationellen Risiken zurück.

Risikokategorien	Einzelrisiko
- Mensch	z. B. Betrug, Fahrlässigkeit, Irrtum, ...
- Prozess	z. B. Kontrolle, Ausführung, ...
- Technologie	z. B. Computer, Maschinen, ...
- Katastrophen	z. B. Brand, Erdbeben, ...

Tab. 7: Zusammenhang zwischen Risikoart, Risikokategorie und Einzelrisiken
Quelle: In Anlehnung an Minz K.-A./Operationelle Risiken/2004, S. 17

---

[340] Vgl. Minz K.-A./Operationelle Risiken/2004, S. 11.

Eine ähnliche Systematisierung wird von W. SIMON vorgeschlagen.[341] SIMON unterscheidet fünf Kategorien operationeller Risiken: Verhaltensrisiken, Risiken im banktechnischen Management, technologische Risiken, Rechtsrisiken sowie Katastrophenrisiken (s. **Abb. 39**).

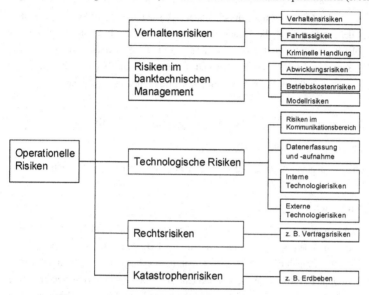

Abb. 39: Kategorisierung operationeller Risiken nach W. SIMON
Quelle: In Anlehnung an Simon, W./Systematische Identifikation/2002, S. 130ff.

Verhaltensrisiken werden in Irrtumsrisiken, Fahrlässigkeitsrisiken und kriminelle Risiken unterteilt.[342] Verhaltensrisiken begünstigen die Entstehung von anderen Risiken (z. B. rechtliche und regulatorische Risiken und Reputationsrisiken). Unter Verhaltensrisiken werden alle möglichen Risiken verstanden, die mit menschlichen Handlungen verbunden sind. Man spricht von einem Irrtum, wenn bei Einhaltung interner und externer Gesetze/Richtlinien der Bank ein Schaden zugefügt wird. Das Irrtumsrisiko ist meist durch menschliche Fehler begründet. Eingabefehler, Schreibfehler oder Verwechslun-gen können als Beispiele hier genannt werden. Fahrlässiges Verhalten liegt vor, wenn ein Mitarbeiter interne Regularien und/oder externe Gesetze und Anforderungen ver-letzt, ohne die Absicht oder den Willen zu haben, einen persönlichen Vorteil aus seiner schädlichen Handlung zu bekommen. Ein Irrtum liegt dann vor, wenn die internen und externen Anforderungen zwar eingehalten werden, die

---

[341] Vgl. Simon, W./Systematische Identifikation/2002, S. 130ff.
[342] Vgl. hierzu und im Folgenden Simon, W./Systematische Identifikation/2002, S. 130ff.

Bank aber trotzdem zu Schaden kommt.[343] Unter kriminellen Risiken werden typischerweise Betrug, Unterschlagung oder Sabotageakte zusammengefasst.

Zu den *Risiken im banktechnischen Management* zählt SIMON Abwicklungsrisiken, Kontrollrisiken, Betriebskostenrisiken und Modellrisiken. Abwicklungsrisiken kommen dadurch zustande, dass der Umfang bzw. die Menge oder die Qualität der Mittel, die für einen reibungslosen Ablauf notwendig sind, nicht ausreichen. Betriebskostenrisiken kommen durch die finanzielle Bewertung der Einsatzfaktoren und die damit verbundenen Kosten zustande. Modellrisiken sind durch falsche Annahmen in den zugrunde liegenden Berechnungsmodellen bedingt.

Technologische Risiken bestehen nach SIMON aus folgenden einzelnen Risiken:

- Risiken im Kommunikationsbereich

- Risiken bei der Datenerfassung und Datenaufnahme (Tippfehler, Fehler beim Ablesen etc.)

- Risiken im IT Bereich.

Risiken im IT-Bereich unterteilt SIMON in *interne und externe Risiken*. Die internen finden z. B. in nicht funktionierenden oder falsch implementierten EDV-Systemen Ausdruck. Zu den externen zählen z. B. Computerviren, Netzzusammenbrüche etc. So gab es z. B. in der Firma Microsoft am 24. Januar 2001 einen Netzzusammenbruch. Der Zugang zum Server wurde dadurch für den ganzen Tag unterbrochen. Für eine Bank würde das bedeuten, dass einen Tag lang keine Transaktionen, die einen elektronischen Zugang von außen voraussetzen, durchgeführt werden können.[344] *Rechtsrisiken* sind beispielsweise Vertragsrisiken, die u. a. durch schlecht gewählte Formulierungen oder falsche Annahmen entstehen können. Bei *Katastrophenrisiken* geht es z. B. um Brand, Erdbeben etc.

Die dargestellten Kategorisierungen machen die IT-Rolle im Bereich operationeller Risiken deutlich. Die Bedeutung dieser Risikoart ist mit dem technologischen Fortschritt gewachsen. Ein Großteil der aus operationellen Risiken entstehenden Schäden ist auf die Kategorien Menschen und Technologien zurückzuführen.[345] Oft werden diese Risiken sehr allgemein beschrieben und lediglich mit einigen konkreten Beispielen aus der Praxis untermauert. Es fehlt – wie in der Einführung zur vorliegenden Arbeit bereits angedeutet – an der Konkretisierung in diesem Bereich. Die in **Abschnitt 5.2.1.2** dargestellten Eigenschaften von operatio-

---

[343] Vgl. Simon, W./Systematische Identifikation/2002, S. 130 sowie Minz K.-A./Operationelle Risiken/ 2004, S. 17.

[344] Vgl. Simon, W./Systematische Identifikation/2002, S. 131.

[345] Vgl. Hofmann, M./Management operationeller IT-Risiken/2006, S. 79.

nellen Risiken sowie die Vielzahl von Risikoursachen machen das Management der operationellen Risiken nicht einfach.

Ein systematischer Umgang mit operationellen Risiken besteht im Kern in der Auseinandersetzung mit folgenden Fragen:

- Was kann schief gehen?

- Welche Auswirkungen entstehen für die Bank?

- Wie wahrscheinlich ist das Szenario?

- Wie kann sich eine Bank schützen?

In der vorliegenden Arbeit geht es schwerpunktmäßig um die Fragen „Was kann schief gehen bei der Entwicklung und beim Einsatz der IDV-Anwendungen?" und „Wie kann sich eine Bank vor Risiken aus IDV-Anwendungen schützen, ohne auf Chancen dieses Systementwicklungsansatzes verzichten zu müssen?

Im Bereich Risikobeeinflussung werden im Risikomanagement vier Strategien unterscheiden:

- Risikovermeidung

- Risikominderung

- Risikoüberwälzung

- Selbsttragen von Risiken.[346]

Es ist nahezu unrealistisch (und wie zu zeigen sein wird, auch nicht erstrebenswert), auf IDV-Anwendungen komplett zu verzichten und somit die Strategie der Risikovermeidung zu wählen. Anzustreben ist also eine Risikominderungsstrategie. Bevor konkrete Vorschläge für die Umsetzung solcher Vorhaben im Hinblick auf den IDV-Bereich gemacht werden, gilt es Ursachen und Risken der IDV-Anwendungen zu konkretisieren.

5.2.2.2 Ursachen operationeller Risiken im IDV-Bereich

Im vorherigen Abschnitt wurden allgemeine Ursachen operationeller Risiken darge-stellt. Nun geht es darum, die allgemeinen Ursachen in Bezug auf den IDV-Bereich zu konkretisie-ren. Darauf aufbauend werden einzelne IDV-Risiken im nächsten Kapitel dargestellt und ana-lysiert.

Damit der Gedankengang nachvollziehbar ist, wird der Zusammenhang zwischen Ursachen, Auslösern und konkreten Risiken in **Abb. 40** dargestellt.

---

[346] Vgl. hierzu ausführlicher z. B. bei Krystek, U.; Müller M./Frühaufklärungssysteme/1999, S. 179ff.

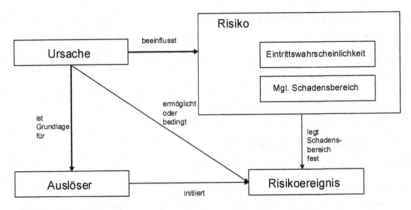

Abb. 40: Ursache-Wirkungsbeziehung
Quelle: In Anlehnung an Hofmann, M./Management operationeller IT-Risiken/2006, S. 51

Wie im vorherigen Abschnitt erläutert, stellen Menschen und Technologien zwei wesentliche Ursachenkategorien dar. Im Fall der IDV-Anwendungen kommen diese beiden Risikofaktoren der operationellen Risiken zusammen: sowohl der Faktor Mensch mit allen seinen Fehlleistungen und -handlungen[347] als auch die von ihm entwickelten Anwendungen.

Ein menschliches Versagen kann in nahezu jedem Tätigkeitsfeld auftreten. Im Fall von IDV-Anwendungen wird das Risiko des menschlichen Versagens durch zwei Umstände verschärft: eingeschränkte Qualifikation der Mitarbeiter in den Fachabteilungen im Hinblick auf Kenntnisse der Systementwicklung sowie Komplexität der Aufgabenstellung (Zusammenspiel von fachlichen Anforderungen und informationstechnischen Anforderungen).

Nach der Kategorisierung von SIMON sind die aus IDV-Anwendungen resultierenden IDV-Risiken den Verhaltensrisiken auf der einen und den internen Technologierisiken auf der anderen Seite zuzuordnen. Das Risiko eines Irrtums bzw. einer Fahrlässigkeit ist bei IDV tendenziell höher als im Fall einer professionellen Softwareentwicklung. Die Gründe dafür liegen zum einen in der Konzentration aller Rollen bei einer Person und zum anderen in der Tatsache, dass IDV-Entwickler in den meisten Fällen keine IT-Fachleute sind. Verhaltensrisiken begünstigen die Entstehung von anderen Risiken, z. B. rechtliche und regulatorische Risiken sowie Reputationsrisiken.

Im IDV-Kontext kann man sich Verhaltensrisiken vorstellen, bei denen Betrug bzw. kriminelle Absichten im Mittelpunkt stehen. Der Schwerpunkt der Analyse liegt in der vorliegenden Arbeit auf Verhaltensrisiken, die sich aus Fahrlässigkeit, Irrtum oder durch ein menschliches Versagen ergeben. Es wird davon ausgegangen, dass ein Mitarbeiter bei der IDV-Erstellung

---

[347] Mehr zu Begriffen Fehlleistung- und -handlung s. **Abschnitt 6.1.2.**

und/oder Anwendung nach bestem Wissen und Gewissen handelt. Eine besondere Bedeutung kommt im Zusammenhang mit dem IDV-Einsatz dem menschlichen Versagen zu. Zu menschlichem Versagen kommt es in einem besonders komplexen Zusammenspiel von Wahrnehmung, Entscheidungsfindung und folgender Handlung.[348] Die Wahrnehmung wird z. B. durch Übersättigung mit Informationen beeinträchtigt. Ab einer bestimmten Informationsmenge bzw. ab einer bestimmten Komplexität der Aufgabenstellung können Mitarbeiter unter Umständen Umwelteinflüsse gar nicht mehr oder nur noch eingeschränkt wahrnehmen. Mehrere Verhaltensmuster können dabei die Entscheidungsfindung beeinflussen:

- Verlust der Übersicht: Der Mitarbeiter konzentriert sich vollkommen auf den aktuellen Ausschnitt seiner Arbeitssituation und übersieht dabei möglicherweise wichtige Interdependenzen (z. B. Einfluss auf andere IT-Systeme) und verliert dabei den Überblick über die Gesamtlage.

- Verdrängung: Trotz der Hinweise auf mögliche Störfälle konzentriert sich ein Mitarbeiter nur auf den für ihn in dem aktuellen Moment relevanten Ausschnitt der Aufgabenstellung und übersieht dabei wichtige Fehler/Inkonsistenzen.

- Stress: Die Komplexität der Aufgabenstellung und die mögliche Tragweite von Gefahren und Risiken werden vom Mitarbeiter erkannt. Das löst in ihm unter Umständen Panik und längere Reaktionszeiten aus.[349]

Solche Verhaltensmuster werden im IDV-Bereich dadurch begünstigt, dass Mitarbeiter z. T. Aufgaben übernehmen/übernehmen müssen, die nicht ihrer fachlichen Qualifikation entsprechen.

Was die Zuordnung der IDV-Risiken zur Kategorie „interne Technologierisiken" nach SI-MON betrifft, so bedeuten fehlerhafte und/oder nicht konsistente IDV-Anwendungen für Unternehmen potenzielle Verluste monetärer und nicht monetärer Natur (z. B. Reputationsverluste).

IDV-Risiken können auch der Kategorie Organisation/Prozesse nach MINZ zugeordnet werden. Nicht optimale bzw. nicht adäquat organisierte Abläufe und Prozesse können unter Umständen dazu führen, dass sich Fehler und Ungenauigkeiten in IDV-Anwendungen einschleichen. Im Folgenden wird genauer analysiert, an welchen Stellen in Arbeitsabläufen und Prozessen Risiken besonders ausgeprägt sind. Anders als bei der professionellen Entwicklung ist im Fall der IDV-Anwendung in den meisten Fällen nur eine Person (End User) in den Prozess der Entwicklung und der Anwendung involviert. Entsprechend potenziert sich das Risiko, das mit dem Faktor Mensch verbunden ist.

---

[348] Vgl. hierzu und im Folgenden Minz K.-A./Operationelle Risiken/2004, S. 22.
[349] Vgl. hierzu und im Folgenden Minz K.-A./Operationelle Risiken/2004, S. 22f.

Basierend auf dieser Ursachenanalyse werden die aus IDV-Anwendungen resultierenden Risiken in **Kapitel 6** konkretisiert. Die Ausführungen zum Thema operationelle Risiken zeigen, dass es aus betriebswirtschaftlichen Gründen zwingend erforderlich ist, sich mit dem Thema zu beschäftigen. Es sind aber nicht nur betriebswirtschaftliche Gründe, die die Banken dazu zwingen, sich des Themas anzunehmen. Aufsichtsrechtliche Vorschriften schreiben den Banken vor, operationelle Risiken zu beachten, zu messen und zu managen. Auf diese Vorschriften wird im nächsten Abschnitt kurz eingegangen.

5.2.3 Die aufsichtsrechtlichen Bestimmungen zu operationellen Risiken im Überblick

5.2.3.1 Basel II

Das wichtigste Regelwerk im Zusammenhang mit operationellen Risiken ist für die Banken die Vereinbarung für Internationale Konvergenz der Kapitalmessung und Eigenkapitalanforderung (Basel II).[350] Das dritte Basler Konsultationspapier schreibt vor, dass operationelle Risiken mit einer angemessenen Summe an Eigenkapital zu unterlegen sind und dass bestimmte qualitative Anforderungen an das Management erfüllt werden müssen.[351] Gerade im Bankensektor müssen die Sicherheit der Kunden- und Geschäftsdaten sowie die Verfügbarkeit der Kernsysteme und Prozesse im IT-Bereich durch strenge gesetzliche Vorgaben geschützt werden, da sonst ein hoher finanzieller Schaden droht.[352]

Hauptadressaten von Basel II sind Kreditinstitute und Finanzdienstleister aller Art. Allerdings liegt das Augenmerk auch auf Unternehmen und Privatpersonen, die als Kreditnehmer in Frage kommen.[353] Die einzelnen Kreditnehmer werden in Klassen eingeteilt, für die jeweils Kriterien zur Risikobeurteilung formuliert werden. Das kreditnehmerklassenspezifische Risiko wird erfasst und bewertet. Nach diesem Ergebnis richten sich die Eigenkapitalbindung der Banken und im Idealfall auch die Konditionen der Kreditvergabe. Allgemein lässt sich sagen, dass die Eigenkapitalbindung einer Bank mit dem Risiko ihrer Kreditnehmer steigt, was wiederum höhere Ansprüche an die Kundenzinssätze generiert.

Banken müssen ein Ratingverfahren entwickeln, durch das die Bonität der Kunden gemessen werden kann. Nach Basel II sollte das interne und bewährte Risikomanagement der Banken kontinuierlich optimiert werden.[354] Da ein solch komplexes Verfahren nur mit IT-

---

[350] Der Basler Ausschuss für Bankenaufsicht besteht aus den nationalen Aufsichtsbehörden der zehn führenden Industrieländer. Mehr dazu unter http://www.bis.org/bcbs/.

[351] Vgl. Minz K.-A./Operationelle Risiken/2004, S. 1.

[352] Vgl. Szivek, E./IT-Sicherheit/2006, S. 365.

[353] Vgl. hierzu und im Folgenden Schrey, J./IT-Sicherheit/2006, S. 275.

[354] Vgl. Reckers, H./Basel II/2005, S. 5.

Unterstützung durchgeführt werden kann, bestehen hohe Anforderungen an die zugrunde liegenden Systeme, den Anforderungen nach Basel II gerecht zu werden. In Bankensysteme
müssen gemäß Basel II diverse Datenbanken mit Kundeninformationen, Kreditausfällen und -
verlusten integriert werden, damit Datenreihen für Ausfallraten und Erlösquoten erstellt werden können.[355] Diese Notwendigkeit führt häufig dazu, dass das Risikomanagementsystem
angepasst oder neu aufgebaut werden muss. Um sowohl interne als auch externe Qualitäts-
standards einhalten zu können, müssen IT-Systeme und IT-Prozesse in ein IKS eines Kreditinstitutes integriert sein.[356] Im Einzelnen besteht Basel II aus drei Säulen (s. **Abb. 41**).

Abb. 41: Das Grundkonzept von Basel II
Quelle: In Anlehnung an Deutsche Bundesbank/Basel II/2011

Bei den *Mindestkapitalanforderungen* (erste Säule) wird auf den gängigen Bestimmungen
bezüglich der Eigenkapitalunterlegung von Kreditgeschäften aufgebaut: Grundsätzlich müssen Kreditinstitute bei der Kreditvergabe einen bestimmten Betrag an Eigenkapital unterlegen, welcher zur Absicherung eventueller Ausfälle dient und in diesem Zuge das zu verge-
bende Kreditvolumen begrenzt. Die Anforderungen an die Eigenkapitalunterlegung werden
dabei vom wirtschaftlichen Risiko abhängig gemacht. So dürfen Kredite nur auf der Basis von
Bonitätsprüfungen gewährt werden, wobei auch Ratings anerkannter Agenturen zur Risiko-
bemessung zugelassen sind.[357] Neben Kredit- und Marktrisiken müssen – wie bereits gesagt –

---

[355] Vgl. Reckers, H./Basel II/2005, S. 11f.
[356] Vgl. Szivek. E./Basel II/2006, S. 367ff.
[357] Vgl. Loetto, T.; Remy, R.; Rothe, A./Basel II/2003, S. 34f.

auch operationelle Risiken bei der Ermittlung von Mindestkapitalanforderungen einbezogen werden.[358]

Die zweite Säule von Basel II (*bankaufsichtsrechtlicher Überprüfungsprozess*) beschreibt das bankaufsichtliche Verfahren der Überprüfung des Managements und Controllings. Dahinter steht das Überprüfungsverfahren durch eine Bankenaufsicht, die das individuelle Risikobeurteilungsverfahren der Kreditinstitute kontrolliert.[359] Das System wird dabei auf Verfügbarkeit, Vertraulichkeit und Integrität geprüft. Zum Aufbau dieser Prüfung werden keine klaren und detaillierten Vorschriften bestimmt. Nach „Vor-Ort-Prüfungen" wird beurteilt, ob die Bank interne Verfahren entwickelt hat, welche die Eigenkapitalausstattung in Abhängigkeit von ihrem spezifischen Risikoprofil bestimmen und erhalten können. Außerdem wird die Existenz von angemessenen Risikomanagementsystemen geprüft. Ziel dieser Maßnahmen ist die Früherkennung und ggf. Gegensteuerung von Fehlentwicklungen. Dazu werden keine genauen technischen Vorgaben an interne Verfahren festgelegt. Allerdings soll das System eine Beurteilungsmöglichkeit der Eigenkapitalausstattung vor dem Hintergrund der Risikosituation bieten. Ferner werden die qualitativen Anforderungen der zweiten Säule in die Mindestanforderungen an das Risikomanagement (MaRisk) erfüllt.[360]

Folglich müssen geeignete Kontrollstrukturen bereitgestellt werden, um das aufsichtsrechtliche Überprüfungsverfahren zu unterstützen. Diese können frei gewählt werden. Allerdings kann es sich aus Effizienzgründen lohnen, bewährte Modelle zu verwenden: Einerseits kann bei der Implementierung und Anwendung auf Erfahrungen anderer zurückgegriffen werden. Andererseits kann die Erläuterung bzw. Dokumentation bei Systemprüfungen ggf. knapper ausfallen als bei komplizierten individuellen Verfahren.

Im Rahmen der *erweiterten Offenlegung* – der dritten Säule von Basel II – soll die Transparenz des Risikomanagements der Banken gesteigert werden. Dies soll als Basis für Anlage- und Kreditentscheidungen der Kunden von Kreditinstituten dienen und gleichzeitig die Banken zu einem bestmöglichen Risikomanagement motivieren.[361]

Aktuell befindet sich „Basel III" im Konsultationsprozess. Die Umsetzungsfristen und möglichen Übergangsperioden für die einzelnen Bestandteile von Basel III sind noch unklar. Die endgültigen Inhalte des Rahmenwerks und der Implementierungszeitplan werden für Ende 2011 erwartet.[362] Was die Anforderungen an IT-Systeme betrifft, so kann man jetzt schon festhalten, dass es kein singuläres „Basel-III-System" geben wird. Eine Vielzahl von Syste-

---

[358] Vgl. Reckers, H./Basel II/2005, S. 5.

[359] Vgl. Bonn, H. P.; Mosch, T./Basel II/2003, S. 29.

[360] Vgl. Reckers, H./Basel II/2005, S. 6 und 14.

[361] Vgl. Bonn, H. P.; Mosch, T./Basel II/2003, S. 23.

[362] Vgl. hierzu und im Folgenden Frese, T./Basel III/2010.

men wird von Anforderungen betroffen sein und der Bedarf an punktuellen Lösungen wird sich erhöhen.

5.2.3.2 MaRisk

Die „Mindestanforderungen an das Risikomanagement" wurden erstmals 2005 durch die BaFin veröffentlicht. Die letzte Neufassung erfolgte im August 2009.[363]Die MaRisk stellen als konkretisierende Verlautbarung die Auslegung gesetzlicher Regelungen dar.[364] Die Ma-Risk verfolgen das Ziel, die Umsetzung der zweiten Säule von Basel II zu unterstützen. Sie stellen die Grundlage für eine integrierte Geschäfts- und Risikosteuerung dar.[365]

In der Praxis werden die MaRisk als eine Art „Best-Practice"-Ansatz zur Umsetzung des Risikomanagements in Kreditinstituten gesehen.[366] Zunächst einmal sind die Anforderungen der MaRisk natürlich nur für den Bankensektor einschlägig. Es sei jedoch erwähnt, dass Module der MaRisk auch als „Best-Practice" für andere Unternehmen von Bedeutung sein können, da sie zur Umsetzung von IT-Compliance wichtige Hinweise geben.[367]

Im Hinblick auf den IT-Einsatz sind unterschiedliche Teile der MaRisk relevant. Abschnitt AT 4.3 befasst sich mit der Einführung eines Internen Kontrollsystems. Von Bedeutung hinsichtlich des IT-Einsatzes ist der Abschnitt AT 7.2 „Technisch-organisatorische Ausstattung". Hier wird gefordert, dass IT-Systeme und IT-Prozesse die Integrität, Verfügbarkeit, Authentizität und Vertraulichkeit der Daten sicherzustellen haben. Weiterhin werden Prozesse zur Berechtigungsvergabe (Rollenkonzept) gefordert.[368]

Auch wenn die MaRisk die technisch-organisatorische Ausstattung vom jeweiligen Fall abhängig machen, verweisen sie bzgl. der Ausgestaltung von Systemen und Prozessen auf „gängige Standards".[369] Unter „gängigen Standards" ist z. B. der ITGrundschutzkatalog des BSI zu verstehen[370], dessen Einhaltung so implizit verlangt wird.[371] Die Regelungen der BaFin haben direkte Auswirkungen auf die Problematik der IDV-Anwendungen. Die BaFin schreibt vor, dass die programmtechnischen Vorgaben unter der Beteiligung der fachlich und technisch zuständigen Mitarbeiter zu erfolgen haben: „Die Entwicklung und Änderung programmtechnischer Vorgaben (z. B. Parameteranpassungen) sind unter Beteiligung der fach-

---

[363] Vgl. o. V./Mindestanforderungen/2009, S. 5.
[364] Vgl. Binder, J.-H./Rechtliche Grundlagen/2008, S. 153.
[365] Vgl. Bartels, D./Bankrisikomanagement/2008, S. 79.
[366] Vgl. BaFin/Rundschreiben/2009, AT 1 Nr. 1.
[367] Vgl. Rath, M./IT-Compliance/2008, S. 136.
[368] Vgl. BaFin/Rundschreiben/2009, AT 7.2, Nr. 2.
[369] Vgl. BaFin/Rundschreiben/2009, AT 7.2, Nr. 1f.
[370] Vgl. BaFin/Erläuterungen/2009, AT 7.2, Nr. 2.
[371] Vgl. Rath, M./IT-Compliance/2008, S. 136.

lich und technisch zuständigen Mitarbeiter durchzuführen. Die programmtechnische Freigabe hat grundsätzlich unabhängig vom Anwender zu erfolgen."[372]

Um den aufsichtsrechtlichen Bestimmungen zu genügen, müssen Banken IT-Sicherheit gemäß dem IT-Grundschutzkatalog gewährleisten.[373] Die MaRisk nennen in diesem Zusammenhang konkrete Schritte und Vorgehensweisen zur Umsetzung der Anforderungen. Auch die Anforderungen an ein Notfallkonzept sind unmittelbar IT-relevant. Weitere, eher indirekte Implikationen enthalten bspw. Anforderungen an die Dokumentation von Geschäften.[374]

Auch wenn die MaRisk die Bedeutung von operationellen Risiken mehrmals unterstreichen, werden Eigenschaften operationeller Risiken nicht ausreichend behandelt.[375] Es fehlt also auch hier an Konkretisierung. Der Fokus des Regelwerks liegt zu sehr auf einem reaktiven Management.[376] Primär soll auch hier aus eingetretenen Schadensfällen gelernt werden, und entsprechende Risikosteuerungsmaßnahmen sollen eingeleitet werden. Eine proaktive Behandlung wird nicht ausreichend thematisiert und beschränkt sich auf sehr allgemein gehaltene Anforderungen an das Notfallkonzept. Die Identifikation und die Früherkennung mit einer proaktiven Risikominimierung, wie sie bei Kreditrisiken gefordert werden, werden ebenfalls nicht behandelt. Vielleicht ist diese fehlende nicht zufriedenstellende Konkretisierung eine mögliche Erklärung für den unerfreulichen Zustand, der zu Beginn des aktuellen Abschnitts in einem Zitat treffend formuliert wurde: "Banks measure credit and market risks because they can, not because these are the biggest risks they face."[377]

5.2.3.3 Sonstige Regelwerke

Neben den vorgestellten Rahmenwerken Basel II und MaRisk, die den Begriff und die Handhabung operationeller Risiken explizit ansprechen, gibt es sowohl auf der nationalen als auch auf der internationalen Ebene einige andere aufsichtsrechtliche Bestimmungen, die im Zusammenhang mit operationellen Risiken von Bedeutung sind, auch wenn sie diese Risikoart nur implizit behandeln. Diese Bestimmungen werden nun an dieser Stelle vorgestellt.

Gesetz zur Kontrolle und Transparenz im Unternehmensbereich (KonTraG)

Als erstes ist das Gesetz zur Kontrolle und Transparenz im Unternehmensbereich (KonTraG) zu nennen, das am 1998-03-05 verabschiedet wurde. Ziel des KonTraG ist es, die Corporate

---

[372] BaFin/Rundschreiben/2009, AT 7.2, Nr. 4.

[373] Vgl. Klotz, M; Dorn, D./IT-Compliance/2008, S. 13.

[374] Vgl. BaFin/Rundschreiben/2009 Nr. 5f.

[375] Vgl. Hofmann, M./Management operationeller Risiken/2006, S. 130.

[376] Vgl. hierzu und im Folgenden Hofmann, M./Management operationeller Risiken/2006, S. 130.

[377] Parsley, M./Risk/1996, S. 74.

Governance[378] in deutschen Unternehmen zu verbessern. Das Gesetz fordert ein integriertes Risikomanagementsystem für das gesamte Unternehmen, das aus drei Elementen bestehen soll:

- Frühwarnsystem

- Internes Überwachungssystem

- Controlling.[379]

Das Risikomanagement in IT-Bereichen spielt dabei eine wichtige Rolle. Die zunehmende Verzahnung der Geschäftsprozesse erfordert ein konsistentes Sicherheits- und Risikomanagement über die direkt kontrollierbaren Unternehmensteile hinaus. Dies wirft die Frage auf, wie der Nachweis geführt werden kann, dass die IT mit größtmöglicher geschäftlicher Wirkung und akzeptablem Risiko eingesetzt wird. Die Aufgabe des Risikomanagementsystems besteht vor allem in der zeitnahen Erkennung von bestandsgefährdenden Entwicklungen. Es geht dabei um Risiken in allen möglichen Unternehmensbereichen und somit auch im Bereich IT. Fehler in der Rechnungslegung und Nicht-Einhaltung von regulatorischen Anforderungen sind Beispiele dafür. Mit § 317 Abs. 4 HGB wurde das Überwachungssystem eines Unternehmens in die gesetzliche Abschlussprüfung aufgenommen: „Bei einer Aktiengesellschaft, die Aktien mit amtlicher Notierung ausgegeben hat, ist außerdem im Rahmen der Prüfung zu beurteilen, ob der Vorstand die ihm nach § 91 Abs. 2 AktG obliegenden Maßnahmen in einer geeigneten Form getroffen hat und ob das danach einzurichtende Überwachungssystem seine Aufgaben erfüllen kann."[380] Die Überwachung bezieht sich auf Risiken, die den Fortbestand des Unternehmens beeinträchtigen können.[381] Die Überwachungssysteme müssen demnach die Risiken berücksichtigen, die aus der Nutzung der Informationstechnologie entstehen, da IT-Sicherheitsvorfälle bzw. IT-Schadensfälle enorme wirtschaftliche Schäden verursachen und im schlimmsten Fall den Fortbestand eines Unternehmens gefährden können.[382]

Auch wenn die aus der IT-Nutzung resultierenden operationellen Risiken in KonTraG nicht explizit genannt werden, so ist naheliegend, dass deren angemessene Berücksichtigung in Risikomanagementsystemen von Unternehmen notwendig ist, um die Anforderungen des Gesetzes zu erfüllen.

---

[378] Zu dem Begriff Corporate Governance s. **Abschnitt 5.3**.

[379] Vgl. hierzu und im Folgenden z. B. Goeken, M.; Kozlova, E.; Johannsen, W./IT-Governance/2007, S. 1586.

[380] § 317 Abs. 4 HGB.

[381] Vgl. Kozlova, E.; Hasenkamp, U./IT-Systeme/2007, S. 991.

[382] Vgl. Hofmann, M./Management operationeller Risiken/2006, S. 84f.

Gesetz über das Kreditwesen (KWG)

Ebenfalls implizit wird die Berücksichtigung operationeller Risiken im KWG gefordert. Nach § 25a Abs. 1 des KWG sind Kreditinstitute verpflichtet, eine „ordnungsgemäße Geschäftsorganisation" zu haben, deren Primärziel die Gewährleistung der von Instituten zu beachtenden gesetzlichen Bestimmungen ist.[383] Diese Geschäftsorganisation hat über eine angemessene Strategie zu verfügen, die die Risiken des Kreditinstituts berücksichtigt. Weiterhin hat eine solche Geschäftsorganisation über angemessene interne Kontrollverfahren zu verfügen, die auf einem *internen Kontrollsystem (IKS)* und der *internen Revision* aufbauen. Ein IKS soll geeignete Regelungen zur Steuerung, Überwachung und Kontrolle der Risiken insgesamt und IT-Risiken insbesondere umfassen.[384] Außerdem werden angemessene Regelungen gefordert, anhand derer sich die finanzielle Lage eines Kreditinstituts jederzeit sehr genau bestimmen lässt.

Die Rolle der Internen Revision besteht in der Überwachung der Funktionsweise und Qualität des vorhandenen Risikomanagementsystems.[385] Diese Aufgabe der Internen Revision führt zwangsläufig dazu, dass man sich hier mit dem Begriff „Risiko" intensiver befassen muss.[386] Die Überwachung des vorhandenen Risikomanagementsystems setzt voraus, dass die Interne Revision die Risikobereiche des Unternehmens analysiert und die Risikopotenziale richtig erkennt.[387] Dabei ist ein solches risikoorientiertes Vorgehen bei Kreditinstituten besonders wichtig.[388]

„Die Interne Revision ist ein von der Unternehmensführung delegiertes, vom operativen Geschehen unabhängiges Überwachungselement des Unternehmens. Sie entlastet die Führungskräfte bei der Erledigung ihrer Aufgaben, indem sie ihnen objektive Analysen, Gutachten, Empfehlungen und passende Erklärungen über die geprüften Vorgänge liefert. Sie ist im Gegensatz zur ergebnisorientierten Abschlussprüfung oder dem Controlling primär verfahrensorientiert."[389]

Ziel der Internen Revision ist die Aufdeckung aktueller und potenzieller Beeinträchtigungen des Erreichens der Unternehmensziele.[390] Im Mittelpunkt stehen dabei zwei Aufgabenbereiche:

- Die Prüfung und Bewertung der Angemessenheit und Effektivität des IKS

---

[383] Vgl. hierzu und im Folgenden Hofmann, M./Management operationeller Risiken/2006, S. 85f.

[384] Vgl. hierzu und im Folgenden Hofmann, M./Management operationeller Risiken/2006, S. 85.

[385] Vgl. Krey, S./Konzeption/2001, S. 20.

[386] Vgl. Kliege, H./Gesetzesentwurf/1997, S. 227.

[387] Vgl. Dahl, R.; Donay, C. H. et al./Interne Revision/2001, S. 97.

[388] Vgl. z. B. Haacke, M./Mindestanforderungen/1996, S. 224ff.

[389] Lück, W./Interne Revision/1993, S. 584f.

[390] Vgl. Krey, S./Konzeption/2001, S. 20.

- Die Prüfung und Bewertung der Qualität, mit der die Aufgaben innerhalb des Unternehmens wahrgenommen werden.[391]

Immer mehr Unternehmen verfügen neben der Internen Revision auch über eine Interne IT-Revision. Wie später bei der Darstellung des Meta-Gestaltungskonzepts zu zeigen sein wird, sind einige der mit der Entwicklung und dem Einsatz von IDV-Anwendungen verbundenen Aufgaben dem Bereich Interne IT-Revision zuzuordnen. Zielsetzungen der Internen Revision und Internen IT-Revision sind in **Tab. 8** zusammengefasst.

Zielsetzungen	
Interne Revision	- Prüfung und Bewertung der Angemessenheit und Effektivität des IKS
	- Prüfung und Bewertung der Qualität, mit der die Aufgaben innerhalb eines Unternehmens wahrgenommen werden
Interne IT-Revision	- Prüfung und Bewertung der Angemessenheit und Effektivität des IKS im Bezug auf IT-Prozesse
	- Prüfung und Bewertung der Qualität, mit der die Aufgaben im Bereich IT eines Unternehmens wahrgenommen werden

Tab. 8: Interne Revision vs. Interne IT-Revision
Quelle: Eigene Darstellung in Anlehnung an Krey, S./Konzeption/2001, S. 20

Die Aufgaben der modernen Revision liegen schwerpunktmäßig in der Beratung zur Verbesserung von Prozessen und Organisation mit dem Ziel der Steigerung der unternehmerischen Wertschöpfung.[392] Wie in **Abschnitt 5.1** dargestellt, wird das Thema der Wertschöpfung im Zusammenhang mit dem Einsatz der Informationstechnologie in Unternehmen immer aktueller. Die Interne Revision hat im Idealfall bei der Verbesserung der IT-Prozesse, der IT-Organisation und damit auch der IDV-Organisation kreativ und gestalterisch mitzuwirken.

Sarbanes-Oxley Act (SOX)

Der Sarbanes-Oxley Act (SOX) wurde am 2002-07-30 in den USA verabschiedet. Das Ziel war es, die Berichterstattung der Unternehmen verlässlicher und wahrheitsgemäßer zu machen und Bilanzmanipulationen zu erschweren.[393] Für die Erreichung dieser Ziele ist u. a. die Integrität der Finanzdaten sicherzustellen, das Management zur Verantwortung zu ziehen und

---

[391] Vgl. Krey, S./Konzeption/2001, S. 20.
[392] Vgl. Krey, S./Konzeption/2001, S. 25.
[393] Vgl. Augenstein, F; Martin, C./Compliance/2005, S. 14.

die Unabhängigkeit des Prüfers zu gewährleisten. Außerdem ist es erforderlich, dass die Bilanzierung zeitgerecht vorgenommen wird, was eine spezielle Anforderung an die Verfügbarkeit und Qualität des zugrunde liegenden IT-Systems darstellt.[394] Präzise Finanzinformationen hängen von sicheren und ordnungsgemäßen IT-Systemen ab. In Deutschland sind Unternehmen von SOX-Bestimmungen betroffen, wenn sie an einer US-Börse notiert sind.

Im Zusammenhang mit der Fragestellung der vorliegenden Arbeit ist Section 404 von besonderem Interesse. Danach wird Unternehmen vorgeschrieben, ein wirksames IKS über die Richtigkeit der Finanzberichterstattung einzuführen sowie dieses zu dokumentieren und zu pflegen. Dadurch können – neben der Erfüllung gesetzlicher Vorschriften – Betrug und Unterschlagung vorgebeugt werden sowie Prozesssicherheit der Finanzberichterstattung erhöht und Optimierungspotenziale transparent gemacht werden. Die IT ist in diesem Zusammenhang besonders betroffen, da sie für ca. 30 % der Schwächen eines IKS verantwortlich ist.[395]

Daten, die in IT-Systemen erfasst werden, sind häufig Anhaltspunkte zur Kontrolle anderer Geschäftsprozesse.[396] Es ist z. B. möglich, dass ein Mitarbeiter der Buchhaltung auf Daten im IT-System zugreift und diese freigibt. Um solche Vorgänge nachzuvollziehen, ist die Dokumentation und Beurteilung von IT-Prozessen sowie der erforderlichen Kontrollen unerlässlich. Auch wesentliche Risiken, die durch den IT-Einsatz entstehen, müssen überwacht werden. Die ganzheitliche Betrachtung der Prozesse führt zu einer Komplexitätssteigerung in der Praxis. Daher sind bedeutende Abläufe so abzubilden, dass Transaktionen bis zu ihrem Auftauchen in der Finanzberichterstattung wiedergegeben werden können.

Die Sicherheitsanforderungen an ein IT-System werden durch SOX erheblich erhöht. Dies zeigt sich beispielsweise in den Bereichen Berechtigungsvergabe und Transaktionsmonitoring: Selbst bei gut dokumentierten und einheitlichen Abläufen bzw. Kontrollen treten Probleme auf, wenn das zugrunde liegende Rollen- und Berechtigungskonzept nicht den SOX-Anforderungen entspricht.[397]

Gemäß Section 404 ist weiterhin eine jährliche Bewertung von CEO und CFO durchzuführen, welche als eidesstattliche Erklärung bei der US-Börsenaufsicht SEC vorgelegt werden muss.[398] Durch diese Erklärung übernimmt die Geschäftsführung die Verantwortung dafür, dass ein IKS eingerichtet und aufrechterhalten wird. Außerdem werden Einschätzungen be-

---

[394] Vgl. Rüter, A; Schröder, J.; Göldner, A./IT-Governance/2006, S. 116f.

[395] Vgl. Rüter, A; Schröder, J.; Göldner, A./IT-Governance/2006, S. 116f. sowie Menzies, Ch.; Heinze, T.; Becker, N./Sarbanes-Oxley Act/2005, S. 20.

[396] Vgl. hierzu und im Folgenden Menzies, Ch.; Heinze, T.; Becker, N./Sarbanes-Oxley Act/2005, S. 21.

[397] Vgl. Menzies, Ch.; Heinze, T.; Becker, N./Sarbanes-Oxley Act/2005, S. 21f.

[398] Vgl. Rüter, A; Schröder, J.; Göldner, A./IT-Governance/2006, S. 117.

züglich der Qualität, Funktionsfähigkeit und möglicher Mängel getroffen.[399] Um dieses sicher beurteilen zu können, muss das IT-System geeignete Kontrollstrukturen bereitstellen.

Am Ende des Geschäftsjahres sollen Abschlussprüfer das Vorgehen und das Ergebnis des Managements beurteilen sowie die Wirksamkeit des IKS bewerten.[400] Bei Verstößen gegen SOX-Bestimmungen finden zum ersten Mal Sanktionen statt, welche die verantwortlichen Personen direkt betreffen: CEO und CFO haften persönlich.[401]

Wenn dieses Gesetz auch operationelle Risiken nicht explizit erwähnt, so sind doch seine Bestimmungen für die Handhabung und Steuerung dieser Risiken in Unternehmen insgesamt und in Kreditinstituten insbesondere von Bedeutung.

8. EU-Richtlinie

Auch in Europa haben sich in der Vergangenheit Aufsehen erregende Unternehmensskandale ereignet, wie zum Beispiel die Insolvenz des italienischen Lebensmittelkonzerns Parmalat.[402] Deswegen hat die Europäische Union (EU) die 8. EU-Richtlinie (Richtlinie 2006/43/EG des Europäischen Parlaments und des Rates vom 2006-05-17) verabschiedet, die auch als SOX für Europa oder Euro-SOX bezeichnet wird.[403]

Die Konsequenzen dieser Richtlinie entsprechen in weiten Teilen denen des SOX.[404] Neben der Regelung der Zulassung von Abschlussprüfern in den EU-Mitgliedstaaten fordert die Richtlinie, dass „Unternehmen von öffentlichem Interesse" ein Audit Committee bilden, dessen Aufgabe unter anderem in der Prüfung der Wirksamkeit von internen Kontrollen besteht. IT-Kontrollen fallen zweifelsohne darunter.[405] Diese Zuverlässigkeit muss – auch im IT-Bereich – schließlich von der Geschäftsleitung und einem unabhängigen Prüfungsausschuss (Audit Committee) im Sinne der Corporate Governance festgestellt werden.[406] Der Abschlussprüfer bzw. die Prüfgesellschaft muss das Audit Committee über wesentliche Schwächen der internen Kontrolle des Rechnungslegungsprozesses unterrichten.[407] Damit ergibt sich die Forderung nach einer engeren Zusammenarbeit zwischen den internen Kontrollinstanzen und externen Abschlussprüfern. Abschlussprüfer haben ausreichende Kenntnisse sowohl im Bereich der internen Kontrollen als auch im Bereich IT mitzubringen. Die Europäische

---

[399] Vgl. Menzies, Ch.; Heinze, T.; Becker, N./Sarbanes-Oxley Act/2005, S. 20.

[400] Vgl. Menzies, Ch.; Heinze, T.; Becker, N./Sarbanes-Oxley Act/2005, S. 20.

[401] Vgl. Rüter, A; Schröder, J.; Göldner, A./IT-Governance/2006, S. 116f.

[402] Vgl. Augenstein, F; Martin, C./Compliance/2005, S. 14.

[403] Vgl. Frei, P. K./IT-Kontrollen/2008, S. 63.

[404] Vgl. Kozlova, E.; Hasenkamp, U./IT-Systeme/2007, S. 997.

[405] Vgl. Frei, P. K./IT-Kontrollen/2008, S. 63.

[406] Vgl. Heinrich, R./Beurteilung von IT-Risiken/2006, S. 359f.

[407] Vgl. hierzu und im Folgenden Frei, P. K./IT-Kontrollen/2008, S. 63f.

Kommission verfolgt damit das Ziel, die Verwaltung von Dokumenten zu regeln und eine Archivierung zu gewährleisten, die den Anforderungen von Revisionen entspricht.

5.3   IT-Governance als theoretisches und organisatorisches Konzept für das IDV-Phänomen

Wie in den letzten Abschnitten theoretisch begründet, können IDV-Anwendungen auf der einen Seite einen Wertbeitrag für Banken erbringen und auf der anderen Seite einen Risikofaktor bedeuten. In den Experteninterviews wurde bereits klar, dass eine IDV-Strategie für jede Bank notwendig ist, um eine angemessene Handhabung dieses Phänomens im Spannungsfeld zwischen möglichen Chancen und Risiken zu gewährleisten.

Um die verschiedenen Sichtweisen auf das IDV-Phänomen in Einklang zu bringen und eine IDV-Strategie konsequent ableiten zu können, kann IT-Governance als theoretisches und organisatorisches Konzept verwendet werden. IT-Governance gibt als Bezugsrahmen klare Strukturen vor, die auch für die Handhabung des IDV-Einsatzes in Banken geeignet sein könnten. Im aktuellen Abschnitt werden der Begriff und die Aufgaben von IT-Governance kurz dargestellt. Darauf aufbauend wird das Konzept einer IDV-Governance in **Kapitel 6** entwickelt. Es wird begründet, dass eine konsequente IDV-Governance eine wertorientierte und risikobewusste Positionierung der IDV-Anwendungen in Banken unterstützen kann.

5.3.1   Der Begriff „IT-Governance"

Seit Mitte der 1990er-Jahre werden Themen Corporate Governance[408] und Unternehmensüberwachung in der Öffentlichkeit intensiv diskutiert. Das englische Wort „Governance" (in Deutsch „Regierung"), meint im weitesten Sinne ein Steuerungs- und Regelungssystem einer sozialen, politischen oder ökonomischen Einheit. Unter Corporate Governance versteht man eine verantwortliche und auf langfristige Wertschöpfung ausgerichtete Organisation der Unternehmensführung und -kontrolle. Die Umsetzung von Corporate Governance erfolgt zum einen aus rechtlichen Anforderungen und zum anderen auf „freiwilliger" Basis, um das Vertrauen verschiedener Anspruchsgruppen in Unternehmen zu sichern.[409]

Als Bestandteil dieser allgemeinen Corporate Governance kann IT-Governance gesehen werden. P. WEILL et al. definieren IT-Governance als „specifying the decision rights and accountability framework to encourage desirable behaviour in the use of IT".[410] Im Mittelpunkt

---

[408] Mehr zum Thema Corporate Governance s. z. B. Gerum, E./Das deutsche Corporate Governance-System/2007 oder Brühl, K./Corporate Governance/2009.

[409] Vgl. z. B. Goeken, M.; Kozlova, E.; Johannsen, W./IT-Governance/2007, S. 1582f.

[410] Weill, P.; Ross, J./IT Governance/2004, S. 10. Mehr zum Begriff „IT-Governance" s. auch Weill, P.; Woodham, R./IT Governance/2002.

steht also das Problem der Etablierung von Entscheidungsrechten und Verantwortlichkeiten im Umgang mit IT. Es geht um die Aufstellung eines Ordnungsrahmens für die IT. Im Rahmen der vorliegenden Arbeit geht es spezieller um die Ausarbeitung eines Ordnungsrahmens für den IDV-Einsatz in Banken.

IT-Governance stellt den Brückenschlag zwischen IT und Business dar. Sie übernimmt die Rolle des Vermittlers, indem sie als Bezugsrahmen klare Strukturen vorgibt und als Instrument zur verbesserten Positionierung der IT im Unternehmen externe Anforderungen und interne Fähigkeiten in Balance bringt. Dabei werden Prinzipien und Anliegen der Corporate Governance analog auf den IT-Bereich angewendet.[411]

Wie in **Kapitel 2** erläutert, ist die IT-Landschaft einer Bank sehr heterogen und vielfältig. Einen wesentlichen Anteil stellen IDV-Anwendungen dar. Die Frage ist, ob ein einheitlicher Ordnungsrahmen für verschiedene Bereiche der IT-Landschaft angemessen ist und ob der IDV-Bereich möglicherweise eine eigene Governance erfordert. Um das zu prüfen, muss man erforschen, was die wesentlichen Aufgaben der IT-Governance sind.

5.3.2   Aufgaben der IT-Governance

Der Aufgabenkreis von IT-Governance wird in der Literatur von verschiedenen Autoren unterschiedlich abgegrenzt. Im Kern geht es hier um die Steuerung der Ressource IT im Sinne des Wertbeitrags, die Abstimmung von IT-Strategie mit der Unternehmensstrategie (*IT/Business-Alignment*), den risikobewussten Umgang mit IT, die Einhaltung von gesetzlichen und aufsichtsrechtlichen Anforderungen (*IT-Compliance*) und um aufbau- und ablauforganisatorische Maßnahmen (*Meta-Gestaltungsaufgaben*). Im Folgenden werden die einzelnen Kern-Aufgabenbereiche dargestellt.[412]

5.3.2.1 IT/Business-Alignment

Wie in **Abschnitt 5.1.1** erläutert, kommt es beim wertorientierten Einsatz der Ressource IT nicht so sehr auf die Technik, sondern auf die Strategie und ein adäquates Management an. Das Ziel des IT/Business-Alignments besteht in der Abstimmung der Prioritäten, Kompetenzen, Entscheidungen und Aktivitäten der IT auf das Gesamtunternehmen und dessen Ziele und Strategien auf langfristiger Basis.[413] IT/Business-Alignment bezieht sich sowohl auf die Strategieebene („doing the right things"/Effektivität) als auch auf die operative Ebene („doing things right"/Effizienz).[414]

---

[411] Vgl. Rüter, A./IT-Governance/2006, S. 27f.

[412] Vgl. z. B. Goeken, M.; Kozlova, E.; Johannsen, W./IT-Governance/2007, S. 1582ff.

[413] Vgl. z. B. Goeken, M.; Kozlova, E.; Johannsen, W./IT-Governance/2007, S. 1585.

[414] Vgl. Luftman, J. N./Business-IT Alignment/2000, S. 6.

Im Wesentlichen geht es hier um die Erkennung von Chancen der unterschiedlichen Informationstechnologien. Es sollte analysiert werden, welche Technologien ein Unternehmen tatsächlich benötigt, um seine Ziele zu erreichen. Dabei geht es nicht darum, immer den Trends zu folgen und die neuesten (und oft die teuersten) Technologien anzuschaffen, sondern vielmehr darum, eigene Bedürfnisse und Möglichkeiten (auch finanzielle) richtig einzuschätzen. Im Hinblick auf die IDV-Anwendungen würde das bedeuten, dass man Chancen und Risiken dieser Anwendungen unter der Berücksichtigung der aktuellen Situation im Bankensektor (s. **Kapitel 2**) erst einmal systematisch aufzeigen muss, um die Entscheidung zu treffen, ob und in welchem Umfang diese Software-Entwicklungsart in die Gesamtbankstrategie passt. Eine systematische Darstellung von Chancen und Risiken der IDV-Anwendungen sowie Überlegungen zur Abstimmung der IDV-Strategie auf die Gesamtbankstrategie werden in **Abschnitt 7.1.2.2** gegeben.

Hier erst einmal einige theoretische Grundlagen zu IT/Business-Alignment:

Seit Ende der 1990er Jahre ist eine Vielzahl von Alignment-Modellen entwickelt worden, die versuchen, das komplexe Phänomen zu erklären und somit die Alignment-Aufgaben methodisch zu unterstützen. Eine besondere Beachtung in Theorie und Praxis erlangte das Strategic-Alignment-Model (SAM) von J. C. HENDERSON und N. VENKATRAMAN, das von verschiedenen Autoren übernommen und erweitert wurde.[415]

Das SAM stellt als erstes den Zusammenhang von Geschäftsstrategie und IT dar (s. **Abb. 42**). Alignment bedeutet im SAM-Modell „a balance among the choices made across all four domains".[416] Auf den beiden Seiten (Business und IT) unterscheidet man zwischen der Strategie (nach außen gerichtete Domäne) und der Infrastruktur (nach innen gerichtete Domäne).[417] Zusätzlich werden zwei grundlegende Bausteine formuliert: Strategischer Fit (Strategic Fit) und funktionale Integration (Functional Integration).[418]

Beim strategischer Fit geht es um die vertikale Abstimmung von Geschäfts- oder IT-Strategie mit den jeweils dazu gehörenden nach innen gerichteten Domänen. Im Bereich IT bedeutet das beispielsweise, dass IT-Prozess, IT-Infrastruktur sowie IT-Fähigkeiten (bspw. Qualifikationen von Mitarbeitern) auf die IT-Strategie abgestimmt sein müssen.

Die funktionale Integration beschreibt Auswirkungen von Entscheidungen in der IT auf die Geschäftsebene und umgekehrt, wobei hier zwischen strategischer und operativer Integration

---

[415] Vgl. Johannsen, W.; Goeken, M./Referenzmodelle/2010, S. 14.

[416] Henderson, J. C.; Venkatraman, N./Framework/1989, S. 477.

[417] Vgl. Johannsen, W.; Goeken, M./Referenzmodelle/2010, S. 14f.

[418] Vgl. De Haes, S.; Van Grembergen, W./IT-Governance/2004, S. 2.

unterschieden wird.[419] Wenn sich also die Unternehmensstrategie ändert, muss auch die IT Strategie angepasst werden. Eine Abstimmung zwischen den beiden nach innen gerichteten Domänen ist ebenfalls notwendig. So ist beispielsweise vor der Einführung einer Software darauf zu achten, dass Prozesse auf der Organisationsebene entsprechend analysiert und angepasst sind. Wie in **Abb. 42** zu sehen ist, erfolgt eine Abstimmung zwischen einzelnen Komponenten des SAM-Modells nicht nur bilateral, sondern auch multilateral. So ist beispielsweise bei der Aufstellung einer Geschäftsstrategie auf die vorhandene IT-Infrastruktur zu achten.

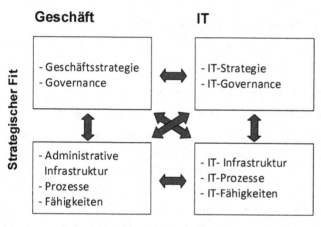

Abb. 42: IT/Business-Alignment gemäß SAM
Quelle: In Anlehnung an Johannsen, W.; Goeken, M./Referenzmodelle/2010, S. 15 sowie Henderson, J. C.; Venkatraman, N./Strategic Alignment/1999, S. 476

Was bedeuten diese Überlegungen für den Gegenstand der vorliegenden Arbeit? Neben einem allgemeinen IT/Business-Alignment benötigt eine Bank eine IDV/IT/Business-Alignment. So wäre eine IDV-Strategie auf der einen Seite auf die Geschäftsstrategie und auf der anderen Seite auf die IT-Strategie abzustimmen. Auch die Fähigkeiten und Qualifikationen der Mitarbeiter im IDV-Bereich sowie in den IDV-Prozessen (also nach innen gerichtete Domänen) wären auf die anderen Bausteine des IDV/IT/Business-Alignment-Modells abzustimmen. Welche Faktoren dabei eine Rolle spielen, wird in **Kapitel 6** erläutert.

---

[419] Vgl. hierzu und im Folgenden Johannsen, W.; Goeken, M./Referenzmodelle/2010, S. 15.

5.3.2.2 Risikosteuerung

Eine der wesentlichen Aufgaben von IT-Governance besteht darin, IT-Risiken zu analysieren und eine angemessene Risikostrategie zu erarbeiten. Eine Herausforderung in diesem Bereich stellt – wie in der Einführung bereits erwähnt – eine ausreichende Konkretisierung der einzelnen Risiken dar.

Um eine angemessene Steuerung von IT-Risiken zu gewährleisten, ist eine Risikoanalyse notwendig. Durch die Analyse von IT-Risiken werden unter anderem folgende Vorteile erzielt:

- Identifikation von Schwachstellen in einzelnen Geschäftsprozessen

- Erkennung von risikokritischen Bereichen

- Inventarisierung der IT-Risiken

- Unterstützung bei der Einhaltung von gesetzlichen Anforderungen

- Schaffung der Grundlage für ein unternehmensweites Sicherheitskonzept.[420]

Das primäre Ziel einer Risikoanalyse besteht nicht in der Berechnung der potenziellen Schadenshöhe. Es geht vielmehr um eine positive Veränderung der Risikosituation durch Ableitung der Maßnahmen zur Minimierung oder Vermeidung von Risiken.

Wie in den vorherigen Abschnitten erläutert, stellen IDV-Anwendungen einen wichtigen Bestandteil der IT-Landschaft einer Bank dar. Im Rahmen von IDV-Governance werden im nächsten Kapitel die aus IDV-Anwendungen entstehenden Risiken im Einzelnen dargestellt und analysiert.

5.3.2.3 IT-Compliance

Über die bereits genannten Aufgabenbereiche hinaus ist eine weitere Aufgabe der IT-Governance zu nennen: IT-Compliance. Der Begriff Compliance ist ein sehr junger Begriff und war vor gut zehn Jahren so gut wie unbekannt in Deutschland. Er beschreibt die Pflicht, die für Unternehmen relevanten und gültigen Anforderungen und Gesetze einzuhalten. „Corporate Compliance bedeutet die Einhaltung von Vorgaben, Normen, Standards und Gesetzen."[421] An sich stellt diese Verpflichtung nichts Neues dar. Neu ist jedoch das Einbeziehen der Compliance in einen größeren Zusammenhang.[422] So ist beispielsweise die Betrachtung von Compliance im Zusammenhang mit dem Einsatz der IT in Unternehmen seit einigen Jahren ein sowohl in der Forschung als auch in der Praxis breit diskutiertes Thema. Im engeren

---

[420] Vgl. hierzu und im Folgenden o. V./IT-Risk-Assessment/2010, S. 5.

[421] Teubner, A.; Feller, T./Informationstechnologie/2008, S. 400.

[422] Vgl. Vetter, E./Compliance/2008, S. 29.

Sinne versteht man unter IT-Compliance „einen Zustand, in dem alle für die IT des Unternehmens relevanten, allgemein geltenden rechtlichen Vorgaben [...] nachweislich eingehalten werden".[423] Wenn man zu den gesetzlichen Anforderungen seitens des Gesetzgebers die Anforderung aus Verträgen oder externen Vorgaben dazu nimmt, spricht man von einer IT-Compliance-Definition im weiteren Sinne.[424]

Die Nicht-Einhaltung von Vorschriften bedeutet für Unternehmen Risiken aus Regelverstößen. M. KLOTZ et al. definieren IT-Compliance-Risiken als „Schnittmenge" von IT-Risiken einerseits und Regelrisiken andererseits (s. **Abb. 43**).[425]

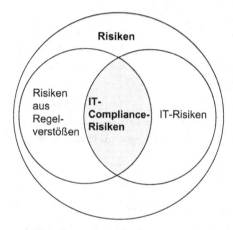

Abb. 43: IT-Compliance als Schnittmenge
Quelle: In Anlehnung an Klotz, M; Dorn, D./IT-Compliance/2008, S. 7

IT-Compliance-Risiken werden dadurch verursacht, dass IT nicht planmäßig funktioniert, schlecht organisiert ist und nicht ordnungsmäßig eingesetzt und genutzt wird. Außerdem entstehen IT-Compliance-Risiken, wenn die Verfügbarkeit und Sicherheit von IT-Systemen nicht gewährleistet sind.[426]

Compliance stellt die Antwort auf die neuen Herausforderungen dar. Die wachsenden Haftungsrisiken und indirekte Folgen (z. B. Reputationsverluste) zwingen Unternehmen, sich mit dem Thema Compliance auseinanderzusetzen. Noch nie wurden Unternehmen einer derart

---

[423] Klotz, M; Dorn, D./IT-Compliance/2008, S. 8.
[424] Vgl. Klotz, M; Dorn, D./IT-Compliance/2008, S. 8.
[425] Vgl. Klotz, M; Dorn, D./IT-Compliance/2008, S. 6.
[426] Vgl. Klotz, M; Dorn, D./IT-Compliance/2008, S. 6f.

intensiven Strafverfolgung und Konfrontation mit einer kritischen Presse und aufmerksamen Öffentlichkeit ausgesetzt.[427]

In der Literatur wird zunehmend von der Trias „Governance – Risk – Compliance" gesprochen, die eine integrierte Strategie und ein gemeinsames Management erfordere.[428] Oft wird IT-Compliance als eine direkte Aufgabe der IT-Governance behandelt. Deswegen ist es notwendig, dass Strategie, Prozesse und Verantwortlichkeiten der IT-Compliance mit der Risiko- und Governance-Strategie eines Unternehmens abgestimmt werden.[429] Das ist unter anderem deshalb relevant, weil ein Zustand der 100-prozentigen-Compliance nicht erreichbar ist und IT-Compliance deshalb als „regulatives Ideal" anzusehen ist.[430]

Unternehmen müssen daher abwägen, wie hoch ein IT-Compliance-Budget sein darf und welche Risiken in Kauf genommen werden können und welche nicht. Das ökonomische Prinzip ist bei IT-Compliance grundsätzlich zu beachten. Die Risikoakzeptanz hängt unter anderem von der finanziellen Situation eines Unternehmens ab.

Bei der Definition des IT-Compliance-Begriffs unterscheidet man – wie schon erwähnt – zwischen einer engeren und einer weiteren Begriffsauslegung, je nachdem, welche Regelwerke in Betracht gezogen werden. KLOTZ et al. definieren vier Gruppen von Regelwerken:

- Rechtliche Vorschriften

- Verträge

- Unternehmensexterne Regelwerke (z. B. Standards, Zertifikate etc.)

- Unternehmensinterne Regelwerke (z. B. Verfahrensanweisungen, Service Level Agreements (SLA) etc.).

Je nach Kategorie unterscheiden sich sowohl der Bindungsgrad der Regularien als auch das Risiko, das mit der Nicht-Einhaltung dieser Regularien verbunden ist (s. **Abb. 44**).

Eine Nicht-Einhaltung von Rechtsnormen und Verträgen ist für Unternehmen tendenziell mit höheren Risiken verbunden, weil monetäre Strafen, Schadenersatzansprüche und weitere rechtliche Konsequenzen mit der Verletzung der Regularien verbunden sein könnten. Auch der Bindungsgrad ist bei diesen beiden Kategorien der Regelwerke üblicherweise höher als bei internen Regelwerken.[431]

---

[427] Vgl. Bussmann, K.-D. et al./Compliance/2010, S. 11.
[428] Vgl. Klotz, M; Dorn, D./IT-Compliance/2008, S. 7.
[429] Vgl. Klotz, M; Dorn, D./IT-Compliance/2008, S. 7.
[430] Vgl. hierzu und im Folgenden Klotz, M; Dorn, D./IT-Compliance/2008, S. 10.
[431] Vgl. Klotz, M; Dorn, D./IT-Compliance/2008, S. 11.

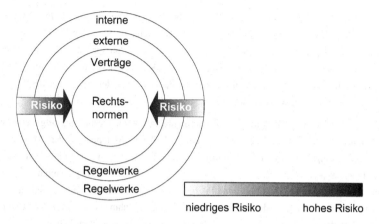

Abb. 44: Bindungs- und Risikograd der Regularien
Quelle: In Anlehnung an Klotz, M; Dorn, D./IT-Compliance/2008, S. 11

Welche Rolle spielt die Compliance-Problematik im Zusammenhang mit dem IDV-Einsatz in Unternehmen? Gesetzliche und regulatorische Anforderungen sind natürlich auch hier zu beachten. Wie bereits mehrmals erwähnt, findet der Einsatz von IDV-Anwendungen oft in rechnungslegungsrelevanten Bereichen statt. Verarbeitungsergebnisse aus dem IDV-Bereich dienen nicht selten als Entscheidungsgrundlage für Managemententscheidungen und werden im Reporting angewendet. Das Problem dabei ist, dass die regulatorischen Anforderungen an eine IT-gestützte Rechnungslegung oft keine oder nur ungenügende Beachtung finden.[432] In **Kapitel 6** werden diese grundlegenden Anforderungen dargestellt. Außerdem wird dort erläutert, welche Faktoren und Maßnahmen zu einem zufriedenstellenden Compliance-Niveau im IDV-Bereich einer Bank beitragen können.

5.3.2.4 Meta-Gestaltungsaufgaben

Nach H. KRCMAR, der den Begriff „Meta-Gestaltungsaufgabe" in die Wirtschaftsinformatik eingeführt hat, gehören zu IT-Governance-Aufgaben an oberster Stelle Gestaltungsfragen im Bereich des Informationsmanagements (IM).[433] Im Wesentlichen geht es dabei um die Definition von Entscheidungs- und Kontrollprozessen des IM. Diese Aufgaben werden von KRCMAR als Meta-Gestaltungsaufgaben bezeichnet. Was bedeutet der Begriff „Meta-Gestaltungsaufgabe" sinngemäß?

---

[432] Vgl. Hagemeister, G.; Lui, B.; Kons, M./Individuelle Datenverarbeitung/2008, S. 77.
[433] Vgl. hierzu und im Folgenden Krcmar, H./Informationsmanagement/2005, S. 289.

Das Wort *meta* kommt aus dem Griechischen und bedeutet u. a. *über*, i. S. v. *über hinaus*, *oberhalb*. In der Wirtschaftsinformatik kommt diese Bezeichnung vor allem in Zusammenhang mit solchen Begriffen wie „Modell" und „Sprache" vor. Man spricht dann von einem „Metamodell" oder einer „Metasprache". Unter einem Metamodell versteht man im Allgemeinen ein Modell über Modelle.[434] Eine Metasprache steht über den Sprachen, beschreibt u.a. die Struktur einer Sprache und liefert Informationen über die Sprache selbst.[435]

KRCMAR verwendet den Begriff Meta im Zusammenhang mit den Gestaltungsaufgaben und mit der Planung des Informationsmanagements. Die Aufgabe der Metaplanung des IM besteht darin, „ein Gestaltungs- und Führungssystem für das IM zu entwickeln, einzuführen und laufend weiterzuentwickeln. Ein solches IM-Planungssystem stellt einen Bezugsrahmen dar, der es ermöglicht, die Elemente, Strukturen und Prozesse der Planung des IM zu beschreiben."[436] Die Aufgabe der Gestaltung ist die Herstellung des formalen Rahmens für alle IM-Aktivitäten.[437] Das Ziel des Managements des Gestaltungsprozesses besteht inhaltlich im Wesentlichen in der Stimmigkeit zwischen der Unternehmenskultur und den Organisationsprinzipien und -strukturen eines Unternehmens.

In den vorherigen Abschnitten war davon die Rede, dass der IDV-Bereich bis jetzt kaum als ein abgegrenzter Teil der IT-Bereiche in Unternehmen im Sinne von Management und Steuerung betrachtet wurde. Dabei sind die Bedeutung und Komplexität von IDV-Anwendungen in Unternehmen ständig gestiegen. Eine Metaplanung kann auch im Fall des IDV-Bereichs helfen, einen Überblick über die Strukturierung dieses Bereichs zu bekommen, und zwar unter dem Gesichtspunkt, das Gesamtsystem zu steuern und unter Kontrolle zu bringen. Dabei geht es auch darum, den Blick von oben (meta-) auf das ganze Unternehmen und den IDV-Bereich als Teil des Unternehmens zu richten. Da im IDV-Bereich bis jetzt kaum Organisations- und Steuerungsstrukturen vorhanden sind, gilt es die Meta-Gestaltungsaufgaben im Sinne der Herstellung eines Rahmens zu erledigen. Es geht um die Gestaltung des IDV-Bereichs aus übergeordneter Perspektive.

Im Ergebnis soll ein Konzept, ein Meta-Gestaltungskonzept, entwickelt werden, das Banken Ansatzpunkte liefert zu erkennen, welche Elemente, Strukturen und Prozesse für das IDV-Management von Bedeutung sein könnten. Dieses Meta-Gestaltungskonzept kann dann für jede einzelne Bank individuell mit Leben gefüllt werden. In seiner ursprünglichen Form gibt es den Banken außerdem eine Möglichkeit, zu reflektieren, wie sie im IDV-Bereich bis jetzt organisiert sind und wo möglicherweise Entwicklungsbedarf besteht.

---

[434] Vgl. z. B. Goeken, M.; Alter, S.; Milicevic, D.; Patas, J./Metamodelle/2009, S. 3705.
[435] Vgl. z. B. Goeken, M./Entwicklung von Data-Warehouse-Systemen/2006, S. 75.
[436] Krcmar, H./Informationsmanagement/2005, S. 289.
[437] Vgl. hierzu und im Folgenden Krcmar, H./Informationsmanagement/2005, S. 288.

5.4   Zusammenfassung zu Kapitel 5

Im aktuellen Kapitel wurden zwei Betrachtungsperspektiven auf IDV-Anwendungen in Kreditinstituten dargestellt: IDV-Anwendungen als eine potenzielle Quelle für den zusätzlichen Wertbeitrag und IDV-Anwendungen als Risikofaktor. Wie hier begründet, ist für das Erwirtschaften eines positiven Wertbeitrags der IT insgesamt und der IDV ins-besondere nicht so sehr die Technologie, sondern vielmehr ein adäquates Management von Bedeutung. Was die Risiko-Perspektive betrifft, so sind Risiken aus IDV-Anwendungen überwiegend operationellen Risiken zuzuordnen. Sowohl wegen der aufsichtsrechtlichen Bestimmungen als auch aus eigenem Interesse sind Banken verpflichtet, ein angemessenes Risikomanagement bzgl. der operationellen Risiken zu betreiben. Dass hier Handlungsbedarf besteht, wurde anhand der Experteninterviews bestätigt.

Diesen Überlegungen folgend wurde IT-Governance als ein schon existierendes theoretisches und organisatorisches Konzept präsentiert, das einen wertorientierten und risikobewussten Einsatz von IT im Unternehmen gewährleisten soll. Generell kann man bei IT-Governance zwei Arten von Aufgaben unterscheiden: analytische und gestalterische Aufgaben. Zu den analytischen Aufgaben zählen die Identifikation und Analyse von Risiken der IT sowie von gesetzlichen und aufsichtsrechtlichen Anforderungen. Die gestalterischen Aufgaben beschäftigen sich zum einen mit dem IT/Business-Alignment, zum anderen mit den Metagestaltungsaufgaben. Das IT/Business-Alignment kann sowohl zu den analytischen als auch den gestalterischen Aufgaben der IT-Governance zugeordnet werden. Es geht hier zum einen um die Identifikation der Chancen und zum anderen um die Abstimmung der Geschäftsstrategie mit der IT-Strategie.

Eine Grundidee der vorliegenden Arbeit besteht darin, das IT-Governance-Konzept auf den IDV-Bereich in Banken zu übertragen. Dabei sind sowohl analytische als auch gestalterische Aufgaben zu erledigen. Im Bereich Analyse geht es darum, die Fehleranfälligkeit, Risiken und gesetzlichen Anforderungen an IDV-Anwendungen zu analysieren (**Kapitel 6**). Zu den gestalterischen Aufgaben der IDV-Governance gehören zum einen die Meta-Gestaltungsaufgaben und zum anderen das IDV/IT/Business-Alignment. Sie werden im Rahmen des Meta-Gestaltungskonzepts betrachtet, ausgearbeitet und präsentiert (**Kapitel 7**).

6 IDV-Governance – Analytische Vorbereitung

Wie im vorherigen Kapitel dargestellt und begründet, ist für einen wertorientierten und risikobewussten IDV-Einsatz eine IDV-Governance notwendig. IDV-Governance ist organisatorisch als Teil der allgemeinen IT-Governance einer Bank zu verstehen (s. Abb. 45).

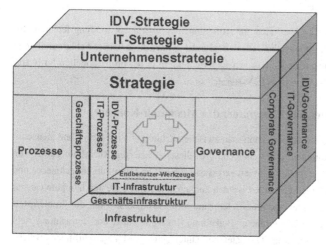

Abb. 45: Zusammenspiel von Corporate Governance, IT-Governance, IDV-Governance
Quelle: In Anlehnung an Goeken, M./IT-Governance/2009, S. 36

Ausgehend von den im vorherigen Kapitel dargestellten IT-Governance-Aufgaben werden im aktuellen Kapitel vor allem die gestalterischen Aufgaben der IDV-Governance behandelt:

- Fehleranalyse im IDV-Bereich
- Risikoanalyse im IDV-Bereich
- IDV-Compliance.

Die zusätzliche Aufgabe (Fehleranalyse) kommt dadurch zustande, dass man im IDV-Bereich grundsätzlich zwischen zwei Kategorien von Risiken unterscheiden sollte. Auf der einen Seite können Risiken im IDV-Bereich daraus resultieren, dass Anwendungen im Sinne von Softwareentwicklung fehlerhaft sind, d. h. Entwickler haben bei der Erstellung von Anwendungen Fehler gemacht (Programmierfehler). Es geht also nicht nur um die reinen Eingabefehler in den fertigen Anwendungen. Auf der anderen Seite können IDV-Anwendungen für Banken auch dann einen Risikofaktor darstellen, wenn sie völlig fehlerfrei erstellt sind. Aus diesem

Grund macht es Sinn, im Bereich IDV-Governance zwischen Fehleranalyse und Risikoanalyse zu unterscheiden. Auf diese Differenzierung ist auch bei der Erstellung des Meta-Gestaltungskonzepts zu achten. Je nachdem, ob man die Fehlerquote in dem Entwicklungsprozess reduzieren oder andere Risiken aus IDV-Anwendungen minimieren möchte, sind unterschiedliche Strukturen zu schaffen und entsprechende Maßnahmen zu entwickeln.

6.1   Fehleranalyse

IDV-Anwendungen sind im Vergleich zur professionellen Sofwareentwicklung fehleranfälliger. Im aktuellen Abschnitt wird theoretisch begründet, woher diese höhere Fehleranfälligkeit kommt und was die Unterschiede zwischen Expertenfehlern in der professionellen Softwareentwicklung und Novizenfehlern im IDV-Bereich sind.

6.1.1   Aufgabe, Mensch, Computer: das Mismatch-Konzept

Bei der Klassifizierung von Fehlern kann man zwischen Fehlern, die mit bzw. ohne menschliches Zutun zustande kommen, unterscheiden.[438] In dieser Arbeit sind vor allem Fehler von Interesse, die durch menschliche Aktionen verursacht werden und somit durch technische und organisatorische Maßnahmen verhindert werden können. Die Fehler, die durch höhere Gewalt oder aufgrund technischen Versagens auftreten, sind im Zusammenhang mit der Problemstellung der Arbeit eher von untergeordneter Bedeutung. Im Mittelpunkt der Betrachtung steht die Mensch-Computer-Interaktion. Das Ziel der Untersuchung ist herauszufinden, welche Arten von Fehlern im IDV-Bereich im Sinne der Unternehmensüberwachung eine Rolle spielen. Grob gesagt, können durch Menschen verursachte Defizite in unbewusst und bewusst herbeigeführte Fehler unterschieden werden.[439] Im Zusammenhang mit der Entwicklung und dem Einsatz von IDV-Anwendungen spielen durch menschliche Unzulänglichkeitbedingte Fehler eine große Rolle.[440] Es handelt sich dabei um Fehler, die unbewusst und nicht wissentlich aufgrund mangelnder Übung und Erfahrung, mangelnder Sorgfalt und Sachkenntnis oder mangelndem Eignungsgrad der mit einer Aufgabe betrauten Person entstehen.[441]

Bewusst herbeigeführte Fehler finden sich in der professionellen Systementwicklung wie auch bei der Endbenutzer-Entwicklung. Allerdings sind Manipulationen bei einem IDV-Entwicklungsprozess leichter herbeizuführen als bei einem professionellen Softwareentwicklungsprozess. Wenn man als Beispiel rechnungslegungsrelevante Prozesse betrachtet, fängt

---

[438] Fröhlich, M./Finanzbuchführung/1988, S. 182.
[439] Vgl. Fröhlich, M./Finanzbuchführung/1988, S. 184ff.
[440] Vgl. Fröhlich, M./Finanzbuchführung/1988, S. 184; Rölle, H./Kontroll- und Prüfsysteme/1972, S. 606.
[441] Vgl. Fröhlich, M./Finanzbuchführung/1988, S. 184; Baetge, J./Objektivierung des Jahreserfolges/ 1970, S. 66.

die Problematik bereits damit an, dass ein Mitarbeiter bei der IDV-Entwicklung möglicherweise in die Programmlogik sowohl der buchführungsspezifischen als auch datenverarbei-
tungsspezifischen Vorgänge eingreift. Im Fall der professionellen Softwareentwicklung erschweren die mehreren Phasen, die das Projekt durchläuft, sowie die Beteiligung von in der
Regel mehreren Personen am Prozess Manipulationen an der Programmlogik der jeweiligen
Software.

Bei bewusst herbei geführten Fehlern unterscheidet man zwischen Computermissbrauch und
Computerbetrug.[442] Unter Computermissbrauch wird die unbefugte Nutzung der Hardware,
der Software und der Daten zum Nachteil des Betroffenen bezeichnet. Computerbetrug setzt
voraus, dass man sich über den Missbrauch hinaus einen Vermögensvorteil zu Lasten des
Betroffenen verschaffen will.[443] Auf die bewusst herbeigeführten Fehler wird aber im Rahmen der vorliegenden Arbeit nicht näher eingegangen. Im Mittelpunkt der Betrachtung stehen
– wie bereits gesagt – unbewusste Fehler in der Mensch-Computer-Interaktion.

Wenn in früheren Abschnitten die Rede von operationellen Risiken im IDV-Bereich war, waren sowohl der Faktor Mensch als auch die Technologie und Prozesse als zentrale Ursachen
genannt. Auch wenn die Risiken im IDV-Bereich oft auf fehlerhafte Anwendungen zurückzuführen sind, so sind es im Sinne der Ursache-Wirkungsbeziehung (s. **Abb. 40**) immer noch
die Menschen, die Auslöser für Fehler sind. Generell ist die Ursachenzuweisung bei Fehlern
in den Mensch-Computer-Systemen problematisch und nicht immer möglich.[444] J. RASS-
MUSSEN führte den Begriff „mismatch" (in Deutsch „Nicht-Passen") im Zusammenhang mit
der Mensch-System-Interaktion ein.[445] M. FRESE und D. ZAPF erweiterten diesen Begriff
und untersuchten ein Dreieck „Aufgabe-Mensch-Computer" (s. **Abb. 46**).

Laut dem Konzept von FRESE und ZAPF ist eine „Schuldzuweisung" (der Mensch bzw. das
System ist fehlerhaft) nur auf einer pragmatischen Ebene möglich. Theoretisch ist es sehr
schwierig und kaum begründbar, einen Fehler einem System (z. B. einem Computer) oder
einem Menschen zuzuweisen, deswegen spricht man von einem „Nicht-Passen" und nicht von
einer Schuld.[446] Bei einem „Nicht-Passen" zwischen dem Menschen und dem System geht es
um Nutzungsprobleme (Benutzbarkeit). Bei einem „Nicht-Passen" zwischen dem Computer
und der zu erledigenden Aufgabe handelt es sich um ein Funktionsproblem (Funktionali-

---

[442] Vgl. Fröhlich, M./Finanzbuchführung/1988, S. 186f.; Gliss, H./Computerkriminalität/1985, S. 31f.

[443] Vgl. Fröhlich, M./Finanzbuchführung/1988, S. 187; Pohl, H./Computermißbrauch/1985, S. 9.

[444] Vgl. Frese, M; Peters, H./Fehlerbehandlung/1988, S. 10.

[445] Vgl. Rasmussen, J./Human error/1985; Rasmussen, J./Taxonomy/1987; Rasmussen, J./Cognitive control/1987;
Rasmussen, J./Reasons/1987.

[446] Vgl. Frese, M; Peters, H./Fehlerbehandlung/1988; Rasmussen, J./Human error/1987 sowie Prümper, J./
Fehlerbeurteilungen/1994, S. 8.

tät).[447] Der Mismatch-Gesichtspunkt betont die „Unangepasstheit" zwischen den einzelnen Komponenten. Jedes der Teilsysteme entspricht nicht allen Eigenarten des anderen Systems. So kann z. B. ein Mensch seine Handlungsregulation nicht einem Computerprogramm ähnlich programmieren.[448]

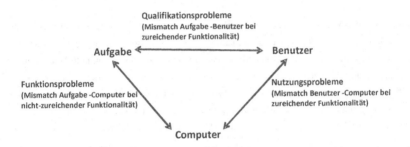

Abb. 46: Mismatch-Konzept
Quelle: In Anlehnung an Frese, M; Zapf, D./Fehlersystematik/1991, S. 17

Die Betrachtung des IDV-Phänomens legt nahe, das Konzept von FRESE und ZAPF durch eine weitere „Unangepasstheit" zu ergänzen, nämlich zwischen Aufgabe und Benutzer. In der Einführung zur vorliegenden Arbeit war die Rede vom Zusammenspiel der Aufgabengestaltung für Mitarbeiter und deren Qualifikation. Wie in **Abschnitt 3.3** gezeigt, stellt die Softwareentwicklung eine sehr anspruchsvolle Aufgabe dar. Mehrere Methoden und Vorgehensweisen wurden in den letzten Jahrzehnten in diesem Bereich entwickelt und erprobt. Trotzdem wurde die sogenannte „Software-Krise" bis heute nicht überwunden. Nun entwickeln Mitarbeiter in den Fachabteilungen anspruchsvolle Anwendungen. Es stellt sich die Frage, ob deren Qualifikation ausreicht, um sich auf dem Gebiet der Softwareentwicklung zu betätigen. Sind die in den meisten Fällen fehlenden Kenntnisse aus den Bereichen Vorgehensmodelle und Methoden der Systementwicklung ein Risikofaktor? Welche Fertigkeiten und Qualifikationen aus der professionellen Softwareentwicklung sind auch im IDV-Bereich unverzichtbar? Im IDV-Bereich tritt das Problem eines „Nicht-Passen" zwischen dem Menschen und der Aufgabe verstärkt ein.

Für die Analyse der IDV-Anwendungen sind vor allem Nutzungsprobleme und Qualifikationsprobleme von Interesse. Im Folgenden werden diese genauer untersucht und dargestellt.

---

[447] Vgl. Prümper, J./Fehlerbeurteilungen/1994, S. 8.
[448] Vgl. Zapf, D.; Brodbeck, F. C.; Prümper, J./Fehlertaxonomie/1989, S. 179.

6.1.2 Handlungsorientierte Fehlertaxonomie und Fehleranfälligkeit von IDV-Anwendungen

Die folgenden Überlegungen zu den Nutzungsproblemen gehen auf die sogenannte handlungsorientierte Fehlertaxonomie zurück.[449] Unter einer Taxonomie verstehen E. A. FLEISHMAN und M. K. QUAINTANCE eine systematische Klassifikation, in der Entitäten auf der Basis ihrer Beziehungen zueinander geordnet werden.[450] Diese Beziehungen basieren auf ableitbaren oder beobachtbaren Eigenschaften. Der Sinn einer Taxonomie besteht darin, dass sie eine Ordnung in einem Gebiet ermöglicht und einen theoretischen Rahmen bildet, um dieses Gebiet zu erforschen. Eine Taxonomie kann dann auch helfen, praktische Schlussfolgerungen für ein Forschungsgebiet zu ziehen.[451] Aus der handlungsorientierten Fehlertaxonomie werden im Rahmen dieser Arbeit praktische Folgerungen für den IDV-Bereich abgeleitet.

Der handlungsorientierten Fehlertaxonomie liegt ein Fehler-Begriff zugrunde, der auf die handlungsorientierte Fehlerforschung zurückzuführen ist.[452]

Einer der wichtigsten Vertreter der handlungsorientierten Richtung in der Fehlerforschung ist D. A. NORMAN. NORMAN unterscheidet zwei Arten von Fehlern: Fehlleistungen und Fehlhandlungen.[453] Sowohl bei einer Fehlleistung als auch bei einer Fehlhandlung spielt die Intention (also die Absicht/die Zielsetzung/das Ziel) eine entscheidende Rolle. Fehler werden bei NORMAN immer im Vergleich zur Intention der Personen betrachtet.

Fehlleistungen entstehen dann, wenn die Intention bei der Problemlösung zwar richtig ist, einige Probleme aber bei der Planausführung entstehen. *Fehlhandlungen* liegt dagegen eine falsche Intention zugrunde. Die gesamte Handlung einschließlich der Handlungsabsicht ist im Fall einer Fehlhandlung fehlerhaft.

M. FRESE und D. ZAPF präzisieren die Ausführungen von NORMAN und definieren drei Komponenten, die für einen Fehler charakteristisch sind:[454]

- Fehler treten nur bei zielorientiertem Verhalten auf;

- Ein Fehler beinhaltet das Nichterreichen eines Ziels oder Teilziels;

---

[449] Vgl. Frese, M; Peters, H./Fehlerbehandlung/1988 sowie Frese, M; Zapf, D./Fehlersystematik/1991.

[450] Vgl. Fleishman, E. A.; Quaintance, M. K./Taxonomies/1984, S. 22.

[451] Vgl. Frese, M; Zapf, D./Fehlersystematik/1991.

[452] Grundsätzlich unterscheidet man in der Psychologie zwei Forschungsrichtungen in der Fehlerfor-schung: eine motivationale und eine handlungsorientierte. Die motivationale Forschungsrichtung geht davon aus, dass Fehlleistungen der Menschen irgendwie motiviert sind und damit ein Fenster zu den versteckten Motiven ei-ner Person darstellen. Die handlungsorientierte oder kognitive Fehlerforschung geht davon aus, dass falsche Einschätzungen einer Situation, Unklarheiten in den Regulationsgrundlagen, falsche Automatisierungen, fal-sche Aktivierung von automatisierten Handlungsmustern im Prozess der Handlung zu Fehlern führen. Mehr dazu u. s. Freud, S./Psychopathologie/1941 sowie Frese, M; Peters, H./Fehlerbehandlung/1988.

[453] Vgl. Norman, D. A./Errors/1984.

[454] Vgl. Frese, M; Zapf, D./Fehlersystematik/1991, S. 14.

- Ein *Fehler* ist nur dann ein Fehler, wenn er potenziell vermeidbar gewesen wäre.

Beide Arten von Fehlern – Fehlleistungen und Fehlhandlungen – können sowohl in der professionellen Softwareentwicklung als auch im IDV-Bereich auftreten. Wie zu zeigen sein wird, dienen Vorgehensmodelle und Methoden der professionellen Softwareentwicklung dazu, bestimmte Fehlleistungen und Fehlhandlungen zu vermeiden bzw. deren Ausmaß zu reduzieren. Beispielsweise sorgt eine ausführliche Anforderungsanalyse (s. **Abschnitt 3.3.2.1**) bei der professionellen Softwareentwicklung dafür, dass die Intentionen (also Ziele) immer ausführlich untersucht und analysiert werden, bevor die eigentlich Umsetzung stattfindet.

Unabhängig davon, ob es sich um Fehlleistungen oder Fehlhandlungen handelt, gilt es stets im Auge zu behalten, dass das Problem der Fehlervermeidung beim Arbeiten mit einem Computer anders ist als die Fehlervermeidung beim Arbeiten mit Stift und Papier.[455] Viele Fehler finden hier auf Ebenen statt, die mit dem bloßen Auge nicht zu erkennen sind. Es gilt, für jede dieser Ebenen Methoden und Maßnahmen zu definieren, die die Fehlerwahrscheinlichkeit verringern können.

In der handlungsorientierten Fehlertaxonomie wird sinngemäß von einer Theorie der Handlung ausgegangen.[456] Jede menschliche Handlung kann nach dieser Theorie analytisch betrachtet in einen Prozess mit folgenden Schritten zergliedert werden[457]:

- Entwicklung von Zielen und Entscheidungen zwischen diesen Zielen

- Entwicklung von Plänen und Entscheidungen für einen oder mehrere dieser Pläne

- Ausführung der Handlung und Überprüfung dieser Ausführung

- Wahrnehmung der Rückmeldung

- Interpretation der Rückmeldung.

In jedem dieser Schritte kann es sowohl zu Fehlleistungen als auch zu Fehlhandlungen kommen. Zusätzlich zu diesen Handlungsschritten werden in der handlungsorientierten Fehlertaxonomie die Begriffe *Regulationsgrundlage* und drei *Regulationsebenen* eingeführt.[458]

Bei der Regulationsgrundlage handelt es sich um die Ebene des Wissens, der Vorstellungen und der inneren Modelle. Die Regulationsgrundlage bezieht sich nicht direkt auf die Handlung und steht quasi über dem Handlungsprozess. Sie ist für die Entwicklung von Zielen und Plänen sowie die Interpretation der Rückmeldungen des Systems als Hintergrundwissen oder

---

[455] Vgl. Ruelle, D./Mathematiker/2006, S. 135 sowie Kienbaum, J./Fehler/2003.

[456] Zur Theorie der Handlung s. beispielhaft Hacker, W./Arbeitspsychologie/1986, Hacker, W./Arbeits- und Ingenieurpsychologie/1978 sowie Frese, M; Sabini, J./Goal directed behavior/1985.

[457] Vgl. Frese, M; Peters, H./Fehlerbehandlung/1988, S. 11 sowie Frese, M.; Stewart, J.; Hannover, B./Goalorientation/1987, Norman D. A./Errors/1984.

[458] Vgl. hierzu und im Folgenden Frese, M; Peters, H./Fehlerbehandlung/1988, S. 11f.

mentales Modell zuständig.[459] Entsteht ein Fehler in der Regulationsgrundlage, dann bedeutet das, dass der Benutzer bestimmte Handlungsschemata nicht wiedergeben kann, weil ihm dazu in seiner Wissensbasis notwendige Informationen fehlen. In diesem Zusammenhang spielt das gerade erwähnte mentale Modell eine Rolle. Benutzer machen Fehler, wenn das Wissen nicht vollständig ist oder wenn die mentalen Modelle an handlungsrelevanten Punkten mit der Realität nicht im Einklang stehen. Man spricht deswegen bei den Fehlern in der Regulationsgrundlage auch von einem fehlenden Faktenwissen.[460] Der Benutzer kann die Handlungen nicht ausführen, weil ihm das notwendige Wissen fehlt.

D. ZAPF unterscheidet bei Wissensfehlern in der Regulationsgrundlage drei Fehlerarten: allgemeine Wissensfehler, Interferenzfehler und Generalisierungsfehler.[461]

Unter *allgemeinen Wissensfehlern* wird deklaratives Wissen (also Wissen um Begriffe, Funktionstasten etc.) verstanden. Charakteristisch für Wissensfehler ist, dass die Benutzer keine klare Strategie erkennen können, wie die Fehler bewältigt werden können, da das System keine Hinweise für die weitere Vorgehensweise gibt.

Beispiel 1: Ein Mitarbeiter will in Excel eine Wahrheitsprüfung durchführen, weiß aber nicht, wie die WENN-Funktion in Excel funktioniert.

Beispiel 2: Ein Mitarbeiter will überprüfen, ob die Werte einer Zelle sich in einem bestimmten festgelegten Wertebereich befinden, er kennt aber die Datenüberprüfungsfunktion nicht.

Interferenzfehler entstehen, weil die Eigenschaften von Software sehr ähnlich sind und die Unterschiede sich nicht so leicht einprägen lassen. Der Hauptunterschied zu den allgemeinen Wissensfehlern besteht darin, dass ein mehrmaliges Wiederholen und Ausprobieren meistens zu den Informationen führt, die für das Ausführen der nächsten Schritte notwendig sind.[462]

Beispiel: Im Reiter „Start" in Excel befinden sich in der Gruppe „Zahl" mehrere Funktionen zum Formatieren von Zahlen. Wenn man vergessen hat, welche Formatierung man braucht, kann man durch Ausprobieren das Problem beheben.

Generalisierungsfehler entstehen dann, wenn ein Benutzer versucht, fehlendes Wissen dadurch zu kompensieren, dass er die ihm bekannten Vorgehensweisen von anderen Anwen-

---

[459] Unter einem mentalen Modell verstehen M. FRESE und H. PETERS die Vorstellung, die sich der Benutzer vom System bildet. Dieses Modell ist dynamisch und verändert sich mit den gemachten Erfahrungen. Vgl. Frese, M; Peters, H./Fehlerbehandlung/1988, S. 11 sowie Genter, D. R; Stevens, A. L. (Hrsg.)/Mental models/1983.

[460] Vgl. Prümper, J./Fehlerbeurteilungen/1994, S. 10.

[461] Vgl. hierzu und im Folgenden Zapf, D./Taxonomie/1991, S. 37.

[462] Vgl. Zapf, D./Taxonomie/1991, S. 37.

dungen auf die unbekannte Situation überträgt.[463] Diese Übertragung ist aber nicht immer sinnvoll und möglich.

Beispiel: Ein Benutzer wendet z. B. eine Verfahrensweise aus dem Programm A im Programm B an, weil er vermutet, dass die Wirkung analog eintritt.

Bei allen diesen Fehlern in der Regulationsgrundlage handelt es sich um objektive Informationsdefizite oder Fehlinformationen. Daraus folgt, dass Fehler im Bereich der Regulationsgrundlage überwiegend Fehlhandlungen darstellen.[464] Wenn beispielsweise notwendige Informationen zum Umgang mit einem Programm fehlen bzw. Falschinformationen vorliegen, kommt es zu Fehlhandlungen. Wenn ein Mitarbeiter in der Fachabteilung eine Anwendung programmiert und keine Dokumentation dazu anlegt, führt dies zu direkten Falschinformationen für diejenigen, die diese Anwendung später möglicherweise benutzen.

Theoretisch können sowohl professionelle Entwickler als auch IDV-Entwickler von Informationsdefiziten und Fehlinformationen betroffen sein bzw. diese erzeugen, wie im gerade erwähnten Beispiel dargestellt. Allerdings ist die Gefahr von Fehlern in der Regulationsgrundlage bei nicht-professionellen Entwicklern viel größer. Wie die Ausführungen in **Kapitel 3** gezeigt haben, spielen Dokumentation und Rückmeldungen im Sinne der Qualitätskontrolle in der professionellen Softwareentwicklung eine wichtige Rolle. IDV-Entwicklungen finden oft ohne Verwendung und Anfertigung jeglicher Dokumentation statt. Das führt für spätere Benutzer zu fehlendem Faktenwissen.

Wenn man diese theoretischen Erkenntnisse auf den IDV-Bereich überträgt, ergeben sich folgende Konsequenzen: Adäquate Dokumentation der IDV-Anwendungen und gezielte Schulungen im Bereich der verwendeten Endbenutzer-Werkzeuge sind wichtig. Eine weitere mögliche Maßnahme wäre die Einrichtung einer Service-Stelle, an welche sich Mitarbeiter der Fachabteilungen wenden können, um Informationsdefizite zu beheben. In einem Meta-Gestaltungskonzept (s. **Abschnitt 7.1**) werden diese Maßnahmen ausführlicher erläutert und in das Gesamtkonzept integriert.

Wie bereits gesagt, werden dem Handlungsprozess neben der Regulationsgrundlage drei Regulationsebenen zugeordnet:

- die sensomotorische Regulationsebene
- die Ebene der flexiblen Handlungsmuster
- die intellektuelle Regulationsebene

---

[463] Vgl. Zapf, D./Taxonomie/1991, S. 37.
[464] Vgl. hierzu und im Folgenden Frese, M; Peters, H./Fehlerbehandlung/1988, S. 12.

Auf der *sensomotorischen Regulationsebene* geht es um sensorische Muster und motorische Automatismen, die das Verhalten ohne bewusste Zuwendung steuern.[465] Auf dieser Ebene werden die Handlungen ohne bewusste Aufmerksamkeit ausgeführt und nicht mit einem bewussten Feedback abgeschlossen.[466] Im Handlungsprozess ist diese Ebene nicht bei allen Schritten von Bedeutung. So sind in den Schritten *Entwicklung von Zielen* sowie *Interpretation der Rückmeldungen* kaum hundertprozentige Automatismen vorstellbar. Auf der sensomotorischen Ebene im Handlungsprozess sind besonders bei professionellen Software-Entwicklern Fehler vorstellbar, denn automatisierte Handlungen können nicht komplett ohne bewusste Zuwendung ablaufen. Sogar bei einem Spaziergang bleibt man manchmal stehen, um sich z. B. auf die Formulierung eines Gedankens zu konzentrieren.[467] Das Gehen ist also keine komplett automatisierte Handlung. Je öfter und professioneller man bestimmte Handlungen ausführt, desto mehr werden sie zur Routine. So auch in der Systementwicklung. Bei jeder Dialogeingabe und jeder Systemreaktion ist in der Regel ein Minimum an Aufmerksamkeit erforderlich. Bei allen fünf Schritten im Handlungsprozess spricht man bei Fehlern auf der sensomotorischen Ebene von Bewegungsfehlern.[468]

Die Ebene über der sensomotorischen Regulationsebene ist *die Ebene der flexiblen Handlungsmuster*.[469] Auf dieser Ebene stehen den Benutzern zwar auch Muster zur Verfügung, jedoch sind trotzdem Steuerungsparameter erforderlich, um die Muster den jeweiligen Anforderungen anzupassen. Der Benutzer kann aus dem Gedächtnis gespeicherte Handlungsmuster aufrufen, die für die jeweilige aktuelle Situation angepasst werden müssen.

Auf dieser Ebene kann man je nach dem Schritt im Handlungsprozess zwischen drei Arten von Fehlern unterscheiden:

- *Gewohnheitsfehler*: Sie treten in den ersten drei Schritten des Handlungsprozesses (Entwicklung von Zielen; Entwicklung von Plänen; Ausführung der Handlung und Überprüfung dieser Ausführung) auf.

- *Unterlassensfehler*: Sie treten in der Regel im vierten Schritt des Handlungsprozesses (Wahrnehmung der Rückmeldung des Systems) auf.

- *Erkennensfehler*: Sie treten im fünften Schritt des Handlungsprozesses (Interpretation der Rückmeldung des Systems) auf.

---

[465] Vgl. hierzu und im Folgenden Frese, M; Peters, H./Fehlerbehandlung/1988, S. 11.
[466] Vgl. Hacker, W./Arbeitspsychologie/1986; Zapf, D./Taxonomie/1991, S. 42.
[467] Vgl. hierzu und im Folgenden Frese, M; Peters, H./Fehlerbehandlung/1988, S. 11.
[468] Vgl. Frese, M; Peters, H./Fehlerbehandlung/1988, S. 10; Frese, M; Zapf, D./Fehlersystematik/1991, S. 21; Prümper, J./Fehlerbeurteilungen/1994, S. 9.
[469] Vgl. hierzu und im Folgenden Zapf, D.; Brodbeck, F. C.; Prümper, J./Fehlertaxonomie/1989, S. 182 sowie Frese, M; Peters, H./Fehlerbehandlung/1988, S. 11 sowie Zapf, D./Taxonomie/1991, S. 39.

Bei den Gewohnheitsfehlern kann man zwei Situationen unterscheiden, wie die Fehler zustande kommen.[470] Zum einen kann diese Art der Fehler auftreten, wenn der Benutzer versehentlich auf das falsche Handlungsmuster zurückgreift, das allerdings in einer anderen Situation durchaus seine Berechtigung haben könnte. Die zweite mögliche Situation ist, dass sich in einer Situation, in der der Benutzer i. d. R. routinemäßig handelt, eine Kleinigkeit geändert hat, sodass eine Überarbeitung (eine Reintellektualisierung) der Handlung notwendig gewesen wäre. Diese Überarbeitung wird aber nicht ausgeführt und das abgespeicherte Handlungsmuster wird unverändert aufgerufen.

Beispiel: Der Benutzer arbeitete standardmäßig mit MS Office Word 2003. Nun findet der Versionswechsel statt und die Abteilung bekommt die neue Version MS Office Word 2007. Der Benutzer greift beim Formatieren einer Excel-Tabelle auf die vertrauten Handlungsmuster zurück, obwohl sie sich in bestimmten Bereichen geändert haben.

Ein Unterlassensfehler kommt dann zustande, wenn ein gut beherrschbares Handlungsschema nicht ausgeführt wird, obwohl es schon oft korrekt zum Einsatz kam. Ein für die Aufgabe notwendiges Handlungsschema liegt im Prinzip bereit; jedoch wird vergessen, es auszuführen.

Beispiel: Ein Benutzer möchte die Suchfunktion in Excel nutzen. Er vergisst, die entsprechende Funktion aufzurufen und tippt das gesuchte Wort in die gerade aktivierte Zelle der Tabelle.

Man spricht von einem Erkennensfehler, wenn direkt erkennbare Rückmeldungen aus dem System übersehen oder verwechselt werden. Erkennensfehler weisen gewisse Ähnlichkeit zu den Urteilsfehlern, wie im weiteren Verlauf definiert, auf. Der Unterschied ist, dass Erkennensfehler bei gut gekonnten Handlungen auftreten.

Beispiel: Ein Benutzer möchte eine Tabelle schließen. Da er die letzten Änderungen an der Datei nicht gespeichert hat, wird er vom System gefragt, ob er die Datei speichern möchte. Der Benutzer übersieht die Rückmeldung des Systems und schließt das Dokument, ohne die Änderungen vorher zu speichern.

Auf der nächsten Ebene – *der intellektuellen Ebene* – werden die Aufgaben aus den jeweils zuvor genannten Schritten des Handlungsprozesses bewusst gesteuert.[471] Auf dieser Regulationsebene werden komplexe Handlungsmuster reguliert, für die noch keine vorgefertigten Handlungsanweisungen existieren. Die Handlungen auf dieser Regulationsebene haben für

---

[470] Vgl. hierzu und im Folgenden Zapf, D./Taxonomie/1991, S. 39f. sowie Prümper, J./Fehlerbeurteilungen/1994, S. 12f.

[471] Vgl. Prümper, J./Fehlerbeurteilungen/1994, S. 10.

den Benutzer einen gewissen Neuheitscharakter. Es geht also um eine Ebene im Handlungsprozess, auf welcher es sich um konkrete Aufgaben und ggf. um das Erlernen neuer Methoden, Sprachen etc. handelt. Unter Berücksichtigung der Handlungsschritte geht es im Einzelnen um folgende Fehlerarten auf der intellektuellen Regulationsgrundlage:

- *Zielsetzungsfehler*: Zu fehlerhaften Entscheidungen in den Zielsetzungen kommt es, wenn die Aufgaben und die Randbedingungen falsch eingeschätzt wurden.[472]

- *Denkfehler*. Diese treten vor allem in der Planungsphase des Handlungsprozesses auf. Bei Denkfehlern hat der Benutzer zwar das notwendige Wissen, setzt sich jedoch unrealistische oder sogar falsche Ziele oder trifft falsche Entscheidungen zwischen den einzelnen Unterzielen. Von einem Denkfehler ist auch dann die Rede, wenn wichtige Gesichtspunkte bei der Analyse der Situation nicht berücksichtigt werden. Charakteristisch für diese Fehlerart ist, dass Pläne sich erst im Entwicklungsstadium befinden.

- *Merk- und Vergessensfehler*. Sie treten vor allem im vierten Schritt des Handlungsprozesses (Wahrnehmung der Rückmeldung) auf. Sehr oft ist es erforderlich, dass die ausgearbeiteten Pläne/Handlungen eine Zeit lang im Gedächtnis abgespeichert werden, bevor sie tatsächlich ausgeführt werden können. Wenn dies nicht geschieht, können in späteren Handlungen Fehler auftreten.

- *Urteilsfehler*. Sie sind vor allem im letzten Schritt des Handlungsprozesses (Interpretation der Rückmeldung) vorzufinden. Es geht hier um bewusste Prozesse der Analyse, d. h. es wird bewusst beurteilt und entschieden, ob das entsprechende Ziel oder Teilziel erreicht wurde oder nicht, wobei dieses Urteil falsch ist. [473]

In **Tab. 9** sind verschiedene Fehlerarten, geordnet nach Regulationsebenen und einzelnen Schritten im Handlungsprozess, noch einmal zusammengefasst.

---

[472] Vgl. Frese, M; Peters, H./Fehlerbehandlung/1988, S. 12.
[473] Vgl. Prümper, J./Fehlerbeurteilungen/1994, S. 10.

Regulationsgrundlage	Wissensfehler				
Regulationsebenen	Schritte im Handlungsprozess				
	Zielent-scheidung	Planent-scheidung	Überprüfung der Hand-lungsaus-führungen	Wahrneh-mung der Rückmeldung	Inter pretation der Rück-meldung
Intellektuelle Regulations-ebene	Zielsetzungs-fehler	Zuordnungs-fehler	Denkfehler	Merk- und Vergessens-fehler	Urteilsfehler
Ebene der flexiblen Hand-lungsmuster	Gewohnheitsfehler			Unterlassens-fehler	Erkennens-fehler
Sensomotorische Regulationsebene	Bewegungsfehler				

Tab. 9: Handlungsorientierte Fehlertaxonomie
Quelle: In Anlehnung an Frese, M; Peters, H./Fehlerbehandlung/1988, S. 10; Frese, M; Zapf, D./Fehlersystematik/1991, S. 21; Prümper, J./Fehlerbeurteilungen/1994, S. 9.

Je nach Regulationsebene sind also verschiedene Ursachen für das Auftreten von Fehlern verantwortlich.[474] Auf der intellektuellen Ebene ist es vor allem eine begrenzte Verarbeitungskapazität. Auf der Ebene der flexiblen Handlungsmuster scheinen die Prinzipien des „frequency gambling and similarity matching"[475] für die Erklärung der Fehlerentstehung gut geeignet zu sein. Ersteres beschreibt, dass solche Prozesse, Schemata, Gedächtnisinhalte usw. bevorzugt werden, die vom Benutzer bereits oft eingesetzt wurden.[476] Der Begriff des „similarity matching" besagt, dass Benutzer dazu neigen, sehr schnell Vergleiche mit Prototypen zu ziehen, ohne dass sie ausreichend auf ihre Brauchbarkeit überprüft werden.[477] Auf der sensomotorischen Ebene handelt es sich bei den Ursachen von Fehlern vor allem um die Unangemessenheit von automatisierten Reaktionen gegenüber der Situation.

Welche praktischen Konsequenzen hat diese Differenzierung von Fehlern? Zum einen kann basierend auf dieser Taxonomie eine theoretische Begründung geliefert werden, warum und in welchen Bereichen Fehler im IDV-Bereich im Vergleich zur professionellen Entwicklung

[474] Vgl. Frese, M; Zapf, D./Fehlersystematik/1991, S. 24f.
[475] Vgl. Reason, J. T./Human error/1990.
[476] Vgl. Reason, J. T./Human error/1990; Frese, M; Zapf, D./Fehlersystematik/1991, S. 26.
[477] Vgl. Frese, M; Zapf, D./Fehlersystematik/1991, S. 26.

öfter eintreten. Zum anderen kann daraus abgeleitet werden, welche Maßnahmen möglicherweise hilfreich wären, um die Fehleranfälligkeit im IDV-Bereich zu reduzieren.

FRESE und PETERS haben in ihren Untersuchungen zur Software-Ergonomie anhand der gerade dargestellten Handlungstaxonomie die Begriffe Experten- und Novizenfehler eingeführt.[478] Sie betrachteten diese Problematik nicht aus der Sicht der Software-Entwicklung, sondern aus der Anwender-Sicht. Je höher die Regulationsebene ist, desto weniger machen Experten Fehler. Bei Novizen treten Fehler gerade in diesen höheren Regulationsebenen verstärkt auf. Bei professionellen Experten sind Fehler vor allem in unteren Regulationsebenen vorzufinden. Gerade Experten-Fehler sind oft durch mangelnde Aufmerksamkeit oder automatisches Ausführen von gewohnten Handlungen bedingt.

Wie kann die handlungsorientierte Fehlertaxonomie für die Fehlerbeurteilung im IDV-Bereich nützlich sein?

Wie bereits in **Kapitel 3** erwähnt, wird die Grenze zwischen Softwareentwicklung und Anwendung zunehmend fließender. Wie die Entwicklungen im IDV-Bereich belegen, werden Anwender zunehmend zu Entwicklern. Wenn man die Überlegungen zu Experten- und Novizenfehlern auf den Bereich der Softwareentwicklung überträgt, ergibt sich das folgende Bild: Professionelle Entwickler machen Fehler vor allem in der unteren Regulationsebene (auf der sensomotorischen Ebene) und teilweise auf der Ebene der flexiblen Handlungsmuster. Bei ihnen sind es meistens Fehler, die durch mangelnde Aufmerksamkeit oder automatisches Ausführen von gewohnten Handlungen bedingt sind. Je höher die Regulationsebene ist, desto seltener machen professionelle Entwickler Fehler. Im IDV-Bereich hingegen treten Fehler gerade in höheren Regulationsebenen verstärkt auf. Sie sind öfter durch Unwissen oder falsche Entwicklung von Zielen sowie fehlerhafte Konzepte bedingt.

In **Tab. 10** ist diese Verteilung von Fehlern der professionellen Entwickler und IDV-Entwickler noch einmal grafisch dargestellt.

---

[478] Vgl. Frese, M; Peters, H./Fehlerbehandlung/1988, S. 12f.

Regulationsgrundlage	Wissensfehler				
Regulationsebenen	Schritte im Handlungsprozess				
	Ziel-entscheidung	Plan-entscheidung	Überprüfung der Hand-lungsausfüh-rungen	Wahrneh-mung der Rückmeldung	Interpreta-tion der Rückmeldung
Intellektuelle Regula-tionsebene	IDV	IDV	IDV / PSE	IDV	IDV
Ebene der flexiblen Handlungsmuster	IDV	IDV / PSE	PSE	PSE	IDV
Sensomotorische Regulationsebene	–	PSE	PSE	PSE	–

IDV –> Fehler im IDV-Bereich

PSE –> Fehler in der professionellen Softwareentwicklung

Tab. 10: IDV-Entwicklung vs. professionelle Softwareentwicklung: Verteilung von Fehlern

Quelle: Eigene Darstellung in Anlehnung an Frese, M; Peters, H./Fehlerbehandlung/1988, S. 10; Frese, M; Zapf, D./Fehlersystematik/1991, S. 21; Prümper, J./Fehlerbeurteilungen/1994, S. 9

Das fehlende Wissen aufgrund einer unzureichenden Qualifikation führt im IDV-Bereich zu Fehlern auf den höheren Regulationsebenen. Es gilt also Maßnahmen einzuleiten, die diese Defizite in der Qualifikation von IDV-Entwicklern reduzieren. Einige mögliche Maßnahmen werden im Meta-Gestaltungskonzept für den IDV-Bereich einer Bank am Schluss dieses Kapitels präsentiert.

Wenn man von Fehlern im Hinblick auf die Software-Entwicklung spricht, ist es wichtig, Fehler von Ineffizienzen abzugrenzen. Ineffizientes Verhalten liegt vor, wenn es einen schnelleren und einfacheren Weg gibt, eine Aufgabe zu lösen. Mitarbeiter gehen bei der Bearbeitung von Aufgaben hier häufig Umwege (Workaround) und verwenden umständliche Lösungen. Man kann zwischen Ineffizienzen aufgrund von Unwissen und aufgrund der Gewohnheit unterscheiden.[479]

Ein Benutzer kann ineffizient arbeiten, wenn er keinen effizienten Lösungsweg kennt. Es geht dabei um die Ineffizienz aufgrund von Unwissen. Die Ursachen für Unwissen können vielfäl-

---

[479] Vgl. Zapf, D./Taxonomie/1991, S. 43.

tig sein: mangelnde Qualifikation, fehlende Zeit etc. Eine andere Art der Ineffizienz liegt vor, wenn ein Benutzer aus Gewohnheit die ineffizienten Lösungswege auswählt. Oft wird ein ineffizienter Lösungsweg gewählt, weil der Benutzer ihn besser beherrscht.

Wenn es um IDV-Anwendungen geht, wird der Kostenfaktor als einer der Gründe genannt, warum man auf diese Entwicklungsart in Unternehmen zurückgreift. Wie später zu zeigen sein wird, kann der Kostenfaktor sehr schnell auch zu einem Risikofaktor werden. Aufgrund der mangelnden Qualifikation im Bereich der Softwareentwicklung ist die Gefahr einer ineffizienten Arbeit höher. Man kennt nicht alle Lösungswege und braucht oft länger, um Fehler zu korrigieren. Mehr zur Korrektur von Fehlern im nächsten Abschnitt.

6.1.3 IDV-Entwicklungen vs. professionelle Softwareentwicklung: Bedeutung von Vorgehensmodellen

Nicht nur eine mangelnde Qualifikation und dadurch bedingte Fehler auf den höheren Regulationsgrundlagen im Handlungsprozess führen zu einer höheren Fehleranfälligkeit der IDV-Anwendungen. Es ist auch die Art und Weise, wie der Prozess der Entwicklung organisiert wird. In **Kapitel 3** war von verschiedenen Vorgehensmodellen die Rede. Auch wenn die professionelle Softwareentwicklung in der Literatur und Praxis viel Kritik erfährt, stellt sich die dort vorgesehene sequenzielle Vorgehensweise auch im Hinblick auf die Fehlerreduktion als sehr sinnvoll dar. Bereits in einer frühen Phase der Geschichte der Softwareentwicklung hat man schnell festgestellt, dass Anforderungen an die zu entwickelnden Systeme oft unzureichend analysiert werden, dass Entwurfsalternativen nicht erkannt oder Fehler erst nach der Systemeinführung entdeckt werden.[480] Dabei hat man außerdem anerkannt, dass die Korrektur dieser Mängel umso aufwendiger ist, je später sie erkannt werden. Dementsprechend steigt auch das Risiko umso stärker, je später die Mängel festgestellt werden. Die Studien von B. W. BOEHM aus den 1970er Jahren bestätigen diese Annahmen: „If a software requirements error is detected and corrected during the plans and requirements phase, its correction is a relatively simple matter of updating the requirements specification. If the same error is not corrected until the maintenance phase, the correction involves a much larger inventory of specifications, code, user, and maintenance manuals, and training material."[481]Eine neuere Studie von J. C. WESTLAND aus dem Jahr 2002 bestätigt die These von BOEHM.[482] Die Behebung von Fehlern, die nicht rechtzeitig behoben werden, wird mit jeder Phase teurer.

In **Abb. 47** ist deutlich zu sehen, dass der Aufwand zur Behebung von Fehlern von Phase zur Phase kontinuierlich steigt.

---

[480] Vgl. Laudon, K. C.; Laudon, J. P.; Schoder, D./Wirtschaftsinformatik/2010, S. 932.
[481] Boehm, B. W./Software Engineering/1981, S. 81.
[482] Vgl. Westland, J. C./Cost of Errors/2002.

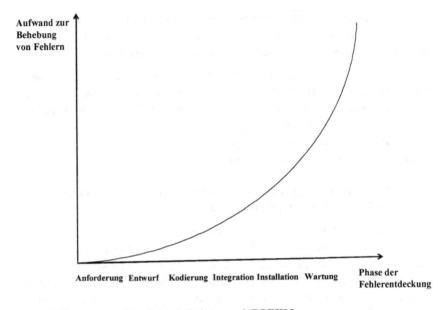

Abb. 47: Kostenverlauf der Fehlerbehebung nach BOEHM
Quelle: In Anlehnung an Boehm, B. W./Software Engineering/1981, S. 40

Formal kann man den steigenden Kostenverlauf der Fehlerbehebung durch Folgefehler erklären.[483] Fehler in den früheren Phasen verursachen Fehler und Mängel in den späteren Phasen, auch wenn die Aktivitäten dort korrekt ausgeführt werden (s. Abb. 48). Bei einer späteren Fehlerentdeckung entstehen höhere Kosten, weil nicht nur der ursprüngliche Fehler korrigiert werden soll, sondern auch alle Folgefehler.[484] Dabei wird implizit unterstellt, dass die Vermeidung der Korrekturen mit einem geringeren Aufwand als dem tatsächlich entstandenen Korrekturaufwand möglich gewesen wäre.[485]

---

[483] Vgl. Lehmbach, J./Vorgehensmodelle/2007, S. 29.
[484] Vgl. Lehmbach, J./Vorgehensmodelle/2007, S. 29.; Coldewey, J./Änderbarkeit/2001, S. 76; Davis, A. M./ Requirements/1993, S. 26.
[485] Vgl. Laudon, K. C.; Laudon, J. P.; Schoder, D./Wirtschaftsinformatik/2010, S. 932.

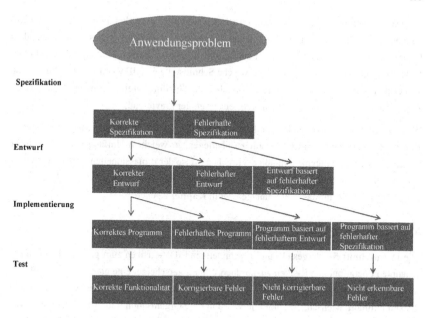

Abb. 48: Folgefehler bei phasenorientierter Softwareentwicklung
Quelle: In Anlehnung an Davis, A. M./Requirements/1993, S. 27

Fehler können in jeder Phase des Softwareentwicklungsprozesses entstehen. Wenn sie nicht rechtzeitig bemerkt werden, führen fehlerhafte Zwischenergebnisse zwangsläufig zu weiteren Fehlern.[486] Sehr oft können die Fehler nur auf der Ebene entdeckt werden, auf welcher sie tatsächlich zustande gekommen sind.

Oft liegen die Ursachen für Fehler in Spezifikationsmängeln. Diese Fehler sind nicht selten am teuersten, weil sie bis zum Ursprung durch jede Phase der Softwareentwicklung zurückverfolgt werden müssen.[487] Einen weiteren Ursachenkomplex für Fehler stellen Modularisierungen und Schnittstellen dar. Einzelne Anwendungssysteme existieren in Interaktion mit anderen. Deswegen können triviale Ereignisse in nicht-trivialen Systemen unvorhersehbare Ereignisketten auslösen. Oft können Benutzer im kritischen Zeitraum die komplexen Situationen überhaupt nicht durchschauen.

---

[486] Vgl. hierzu und im Folgenden Lehmbach, J./Vorgehensmodelle/2007, S. 29f.; Mizuno, Y./Software Quality/1983 sowie Frühauf, K.; Ludewig, J.; Sandmayr, H./Projektmanagement/2000, S. 17.
[487] Vgl. hierzu und im folgenden Schinzel, B./Komplexität/o. J., S. 4.

Im IDV-Bereich wird bei Entwicklungsprozessen auf einen geregelten und strukturierten Ablauf nach anerkannten Vorgehensmodellen fast komplett verzichtet. Dies führt dazu, dass Fehler – wie gerade erläutert – zu spät oder gar nicht erkannt werden. Eine Spirale von Folgefehlern nimmt ihren Lauf. Je nachdem, welche Schnittstelle eine IDV-Anwendung hat und ob sie beispielsweise nur abteilungsintern oder über die Abteilungsgrenzen hinweg in einer Bank zum Einsatz kommt, sind die Folgen mehr oder weniger gravierend.

Welche praktischen Konsequenzen haben diese Überlegungen für ein Meta-Gestaltungskonzept der IDV-Governance? Es gilt zu überlegen, in welchem Umfang und mit welcher Rollenverteilung die ingenieursmäßige Vorgehensweise der professionellen Softwareentwicklung auf den IDV-Bereich übertragen werden kann. Ein Lösungsvorschlag wird im Meta-Gestaltungskonzept für das IDV-Management in **Kapitel 7** gegeben.

6.2   Risikoanalyse

Wie in **Abschnitt 5.2** dargestellt und begründet, sind IDV-Risiken zum größten Teil den sogenannten operationellen Risiken zuzuordnen. Man unterscheidet eine ganze Reihe von Ursachen für operationelle Risiken. Nach MINZ werden drei interne Ursachen für operationelle Risiken definiert: Mensch, Technologie sowie interne Organisation und Prozesse. Wie in **Abschnitt 5.2** begründet, sind alle diese Ursachen für IDV-Risiken von Bedeutung. Neben Verhaltensrisiken spielen Technologie-Risiken und Prozess-Risiken im IDV-Bereich eine Rolle. Auf den folgenden Seiten werden die einzelnen Risiken beschrieben und analysiert.

Eine wichtige Bemerkung sollte im Vorfeld gemacht werden: Wenn von fehlerhaften Anwendungen die Rede ist, dann geht es in der Analyse primär um die fehlerhaft entwickelten Anwendungen. Es geht also nicht nur um die reinen Eingabefehler in den fertigen Anwendungen.

6.2.1   Datensicherheit und Datenschutz als Risikofaktoren

Das BSI weist darauf hin, dass „der Einsatz von eigenentwickelten PC-Programmen im Rahmen der individuellen Datenverarbeitung von der Einhaltung der bestehenden Vorschriften zum Datenschutz und zur Datensicherheit und dem nachfolgend beschriebenen Verfahrensablauf abhängig gemacht werden [muss], damit den gesetzlichen Bestimmungen und den Interessen der Institution Rechnung getragen wird."[488] Die Anwendungssysteme unterliegen in einem Unternehmen einem permanenten Änderungsdienst. Es ist nicht auszuschließen, dass

---

[488] BSI/PC-Anwendungsentwicklung/2010.

Funktionsstörungen bei den eigenentwickelten Anwendungen der Mitarbeiter im Rahmen der Migration aktueller Host- und PC-orientierter Programmversionen auftreten können.[489]

Wie bereits in der Einführung gesagt, schreibt das BSI vor, dass man beim Einsatz von IDV-Anwendungen darauf achten sollte, dass IDV-Anwendungen mit dem organisatorischen Umfeld einer Organisation harmonieren und dass Effektivität und Wirtschaftlichkeit des Programmeinsatzes gewährleistet sind.

Mit der Daten- bzw. Informationssicherheit wird das Ziel verfolgt, Daten bzw. Informationen in allen möglichen Formen sowie alle technischen Systeme, Strukturen und Prozesse, die für die Verarbeitung, Speicherung und Übertragung von Informationen erforderlich sind, im Hinblick auf die drei Schutzziele Vertraulichkeit, Verfügbarkeit und Integrität zu schützen.[490] Beim Datenschutz handelt es sich um die Bewahrung schutzwürdiger Belange sowohl von natürlichen als auch von juristischen Personen vor dem Missbrauch ihrer Daten.[491]

Die im Zusammenhang mit Datenschutz und -sicherheit stehenden Risiken sind zu reduzieren und potenzielle Schäden zu minimieren. Ergänzend zu den Schutzzielen Vertraulichkeit, Verfügbarkeit und Integrität können Authentizität und Verbindlichkeit genannt werden, die aber in den meisten Fällen durch die gleichen Maßnahmen wie die ersten drei gewährleistet werden können. Informationssicherheit bezieht sich auf alle Informationen, also nicht nur in IT-Systemen enthaltene, sondern z. B. auch papierbasierte Informationen. IT-Sicherheit hängt unmittelbar mit der Daten und Informationssicherheit zusammen. IT-Sicherheit gewährleistet ordnungsgemäße Arbeitsabläufe im gesamten IT-Betrieb mit dem Ziel der Verhinderung aller möglichen unbeabsichtigten und beabsichtigten Störungen.[492] IT-Sicherheit hat den Schutz der sämtlichen IT-Systeme eines Unternehmens im Blick.[493]

Bedrohungen für die IT-Sicherheit können aus unterschiedlichen Richtungen kommen. Man kann zwischen Bedrohungen unterscheiden, die von außerhalb (z. B. Naturkatastrophen oder Hacker-Angriffe) kommen, und Bedrohungen, die im Unternehmen intern potenziell vorhanden sind. Es ist allgemein anerkannt, dass eine 100%ige-Sicherheit für IT-Infrastrukturen eines Unternehmens nicht erreicht werden kann.[494] Eine unternehmensinterne Quelle für eine eingeschränkte IT-Sicherheit stellen nach dieser Kategorisierung IDV-Anwendungen dar.

Woraus ergeben sich die Risiken aus IDV-Anwendungen konkret?

---

[489] Vgl. hierzu und im Folgenden BSI/PC-Anwendungsentwicklung/2010.
[490] Vgl. hierzu und im Folgenden Kob, T./Datensicherheit/2011, S. 98 sowie Kob,T./Informationssicherheit/ 2011, S. 149.
[491] Vgl. Stahlknecht, P.; Hasenkamp, U./Einführung/2005, S. 439.
[492] Vgl. Stahlknecht, P.; Hasenkamp, U./Einführung/2005, S. 439.
[493] Vgl. Kob, T./Datensicherheit/2011, S. 99.
[494] Vgl. Schoolmann, J./Sicherheit/2011, S. 337.

IDV-Anwendungen können sowohl auf lokalen Laufwerken der Mitarbeiter als auch auf dem zentralen Netzwerk eines Unternehmens gespeichert werden. In beiden Fällen sind Risiken für den Bereich Datensicherheit zu berücksichtigen.[495] Im Fall der lokalen Speicherung der Anwendungen und somit der Daten kann es beispielsweise bei dem Ausfall eines Rechners dazu kommen, dass Daten komplett oder teilweise verloren gehen. Aber auch wenn die Daten in einem Unternehmensnetzwerk gespeichert sind, kann die Integrität der Daten dadurch gefährdet werden, dass mehrere Personen an einer Anwendung Änderungen vornehmen können. Das unkontrollierte Entstehen und Löschen von Anwendungen kann negative Auswirkungen auf die Datenqualität im Hinblick auf die Vertraulichkeit, Integrität und Verfügbarkeit haben.

IDV-Anwendungen haben oft auswertenden Charakter. Falls eine Kopie des auszuwertenden Bestands dafür angelegt und weitermodifiziert wird, kann eine absolute Aktualität der Daten nicht mehr gewährleistet werden. Weiterhin sind solche Lösungen oft schwer in die bestehende Anwendungslandschaft zu integrieren.[496] Aus diesem Grund müssen im Fall eines erlaubten Lese- und Schreibzugriffs systemimmanente Kontrollen und Plausibilitätsprüfungen in die jeweilige Anwendung integriert werden.[497]

Bevor eine professionelle IT-Anwendung in dem Betrieb aufgenommen wird, werden zahlreiche Tests durchgeführt. Bei IDV-Anwendungen sind solche Tests in den meisten Fällen nicht vorgesehen. Die Verbindlichkeit der Daten kann durch fehlerhafte Berechnungen und nicht vollständig umgesetzte Modelle gefährdet werden. Das Fehlen der notwendigen Dokumentation kann Wartung und Veränderung erschweren.[498]

Ein weiteres Risiko der IDV-Anwendungen besteht darin, dass Mitarbeiter ihre Arbeitszeit in die Entwicklung investieren. Entweder machen sie Überstunden, oder diese Arbeitszeit geht von der Zeit ab, die sie eigentlich in die für ihre Stelle vorgesehenen Aufgaben zu investieren haben. Die Entwicklung und der Einsatz von IDV-Anwendungen sind deswegen auch aus der Perspektive der organisations- und personalwirtschaftlichen Perspektive von Interesse. Dieser Aspekt wird aber im Rahmen der vorliegenden Arbeit nicht weiter vertieft.

Der regulierte IDV-Einsatz sollte aber auf jeden Fall sicherstellen, dass IDV-Anwendungen in der aktuellen Version allen Anwendern zur Verfügung stehen. IDV-Anwendungen sind als ein Unternehmensgut zu behandeln.

---

[495] Vgl. Kurz, F./Analyse/2005, S. 42.
[496] Vgl. Kurz, F./Analyse/2005, S. 43 sowie Batz, A.; Lorenz, V./Enduser Computing/1990, S. 11.
[497] Vgl. Kurz, F./Analyse/2005, S. 43.
[498] Vgl. Kurz, F./Analyse/2005, S. 44.

6.2.2 Risiko einer eingeschränkten Datenqualität

Der Begriff „Datenqualität", der in der Literatur oft synonym mit „Informationsqualität" verwendet wird, beschreibt die Eignung der Daten für die jeweilige datenverarbeitende Anwendung und damit die Eignung für die Verwendung im Rahmen der Geschäftsprozesse.[499] Daten mangelhafter Qualität zeichnen sich durch Datenfehler, Dubletten, fehlende Werte, falsche Formatierung, Widersprüche usw. aus.[500] Die Datenqualität umfasst nicht nur technische, sondern auch formale Aspekte wie beispielsweise die Übereinstimmung mit Fachvorgaben.[501]

Neben den handfesten Merkmalen der Datenqualität (fehlerfreie Daten, richtige Werte etc.) spielen auch abstrakte Merkmale eine Rolle. Hier geht es vor allem um die Verständlichkeit und Vollständigkeit der Datenmenge sowie um die Reputation der Datenquelle. Zusammenfassend lässt sich die Datenqualität als eine Menge von Qualitätsmerkmalen definieren, die in **Tab. 11** zusammengefasst sind.[502]

Merkmalsklasse	Qualitätsmerkmal
Intrinsische Datenqualität	- Glaubhaftigkeit
	- Genauigkeit
	- Objektivität
	- Reputation
Kontextuelle Datenqualität	- Mehrwert
	- Relevanz
	- Zeitnähe
	- Vollständigkeit
	- Datenmenge
Repräsentative Datenqualität	- Interpretierbarkeit
	- Verständlichkeit
	- Konsistenz der Darstellung
	- Knappheit der Darstellung
Zugriffsqualität	- Verfügbarkeit
	- Zugriffssicherheit

Tab. 11: Qualitätsmerkmale der Daten
Quelle: In Anlehnung an Wang, R. Y.; Strong, D. M./Data Quality/1996, zitiert nach Naumann, F./Datenqualität/2007, S. 29

Die Datenqualität hängt unmittelbar mit einer verlässlichen Kapitalmarktkommunikation zusammen. Eine wichtige Besonderheit von Kreditinstituten gegenüber anderen Branchen

---

[499] Vgl. Naumann, F./Datenqualität/2007, S. 27 sowie Temme, A./Datenqualität/2009, S. 535.
[500] Vgl. Naumann, F./Datenqualität/2007, S. 27.
[501] Vgl. Temme, A./Datenqualität/2009, S. 535.
[502] Vgl. Naumann, F./Datenqualität/2007, S. 28.

besteht darin, dass die von ihnen angebotenen Finanzprodukte immateriell sind und überwiegend in Form von Daten vorliegen.[503] Wie in **Kapitel 2** gezeigt, zählen Informationen zu den Produktionsfaktoren einer Bank. Die Daten für viele Produkte fließen aus zahlreichen, oft heterogenen Frontoffice-Anwendungen zusammen. Kreditinstitute zeichnen sich heutzutage durch einen sehr hohen Automatisierungsgrad von Systemfunktionalitäten und Datenintegrationsprozessen aus. Dieser soll sicherstellen, dass große Datenvolumina verarbeitet werden können. Banken verfügen über sehr komplexe Systemlandschaften von Front-Office-Anwendungen bis zu den Bilanz- und Meldesystemen. Gleichzeitig führt ein hoher Automatisierungsgrad dazu, dass technische und manuelle Einflussmöglichkeiten zum Erkennen und Kompensieren fehlerhafter Daten in der Regel nur eingeschränkt möglich sind. Die fehlerhaften Daten bleiben unentdeckt und führen unter Umständen zur Fehlsteuerung eines Kreditinstituts.

Aus diesem Grund sind die aufsichtsrechtlichen Anforderungen an die Datenqualität sowie deren korrekte und zeitnahe Darstellung stark gestiegen, und es ist damit zu rechnen, dass der Qualitätsanspruch an bestehende und neu zu erstellende Datenbestände weiter zunehmen wird. Bereits jetzt verschärft die dritte Säule von Basel II, die sogenannte Marktdisziplin, die Publizitätsanforderungen einer Bank und damit Anforderungen an die Datenqualität. Wie bereits mehrfach erwähnt, hat die Anzahl von Berichten, Zwischenberichten und Ad-hoc-Mitteilungen in den letzten Jahren im Bankensektor deutlich zugenommen.

Wenn die Meldungen abgegeben sind, werden die veröffentlichten Positionen von Börsenanalysten sofort hinterfragt und analysiert. Wiederholt falsche Angaben z. B. zur Kernkapitalquote oder zur Gesamtkennziffer nach § 10 KWG i. V. m. der Solvabilitätsverordnung (SolvV) werden nicht toleriert und führen unter Umständen zu personellen Konsequenzen bis hin in den Vorstand. Die Datenqualität spielt eine wichtige Rolle auch im Zusammenhang mit dem Globalen Limitsystem des Großkreditregimes nach den §§ 13ff. KWG i V. m. der Groß- und Millionenkreditverordnung (GroMiKV). Die Funktion dieses Systems liegt ebenfalls in der persönlichen Verantwortung des Vorstands. Die Verantwortlichen für die Datenqualität müssen sowohl über gute Fachkenntnisse aus der Solvabilitäts- und der Groß- und Millionenkreditverordnung verfügen als auch ausreichende Kenntnisse über IT-Systeme und die zugrunde liegenden Datenmodelle besitzen.

Obwohl mangelnde Datenqualität für Kreditinstitute einen erheblichen potenziellen Schaden bedeutet, ist oft kein adäquates Konzept zum Umgang mit dieser Problematik in den Banken

---

[503] Vgl. hierzu und im Folgenden Temme, A./Datenqualität/2009, S. 534.

vorzufinden.[504] Um eine nachhaltige Datenqualität sicherzustellen, sind prozessuale, organisatorische und systemtechnische Maßnahmen erforderlich.

Eine ausreichende Datenqualität ist für eine erfolgreiche Banksteuerung von großer Bedeutung. Die Finanzkrise, die in den letzten Jahren die Weltgemeinschaft erschütterte, ist auch auf schlechte Datenqualität zurückzuführen. Diese Tatsache wurde von Experten auf dem Weltfinanzgipfeltreffen in Washington im Jahre 2008 festgehalten.[505]

Warum bedeuten IDV-Anwendungen ein erhöhtes Risiko für die Datenqualität einer Bank?

Wie in **Kapitel 3** erklärt, stellen IDV-Anwendungen einen festen Bestandteil der IT-Landschaft einer Bank dar und haben einen unmittelbaren Einfluss auf die Organisation und damit auch auf die Qualität der Berichterstattung einer Bank (s. **Abb. 49**). Die Tatsache, dass der IDV-Einsatz oft gerade in rechnungslegungsrelevanten Bereichen stattfindet, verschärft die Problematik noch einmal.

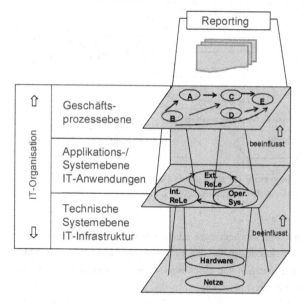

Abb. 49: Elemente eines IT-Systems und ihr Einfluss auf das Reporting
Quelle: Fröhlich, M.; Glasner, K./IT-Governance/2007, S. 70

IDV-Anwendungen zeichnen sich durch eine hohe Heterogenität und einen nicht geregelten Entwicklungsprozess aus. Das führt dazu, dass redundante Datenhaltung, abweichende Da-

---

[504] Vgl. hierzu und im Folgenden Temme, A./Datenqualität/2009, S. 535.
[505] Vgl. o. V./Datenqualität/2008.

tenmodelle, fehlerhafte Software sowie möglicherweise eine schlechte Software-Ergonomie im IDV-Bereich eher vorzufinden sind als im Bereich der professionellen Anwendungssysteme. Die gerade aufgezählten Ursachen für eine mangelnde Datenqualität gehen auf die Klassifikation zu Symptomen und Ursachen von Datenqualitätsmängeln von A. TEMME zurück. TEMME schlägt die Kategorisierung des möglichen Spektrums von Ursachen in fünf Kategorien vor.[506] Als direkte Ursachen nennt er die handelnden Personen, IT-Systeme, Prozesse/ Organisationsformen, Managementvorgaben und externe Einflüsse. Für jede der Kategorien nennt er mehrere Erscheinungen, die einen negativen Einfluss auf die Datenqualität haben können (s. **Abb. 50**).

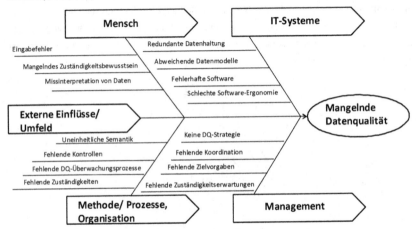

Abb. 50: Ursache-Wirkungsdiagramm für mangelnde Datenqualität
Quelle: In Anlehnung an Temme, A./Datenqualität/2009, S. 539

Neben den gerade erläuterten Mangelerscheinungen im Bereich der IT-Systeme sind weitere Ursachen im IDV-Bereich von Bedeutung. So sind Eingabefehler, mangelndes Zuständigkeitsbewusstsein sowie Missinterpretation von Daten bei IDV-Anwendungen öfter vorzufinden als in der professionellen Softwareentwicklung.

Zwei weitere Kategorien – Methoden/Prozesse/Organisation sowie Management – sind für eine mangelhafte Datenqualität im IDV-Bereich von Bedeutung. Wie mehrfach betont und erläutert, zeichnet sich der IDV-Bereich durch eine nahezu fehlende Steuerung und Regulierung aus. Fehlende Kontrollen und Zuständigkeiten, aber auch eine fehlende Koordination

---

[506] Vgl. Temme, A./Datenqualität/2009, S. 537f.

(z. B. mit der zentralen IT-Abteilung) können einen negativen Einfluss auf die Datenqualität einer Bank haben.

Um das Problem der mangelnden Datenqualität in Unternehmen insgesamt und in Banken insbesondere zu reduzieren, plädieren einige Autoren für die Einführung von Information Governance bzw. Data Governance.[507] Organisationsstrukturen und Prozesse seien also so zu organisieren, dass ein bewusster und verantwortungsvoller Umgang mit Daten und Informationen gewährleistet ist. Eine gemeinsame, verlässliche Daten- und Informationsbasis ist das Ziel. Im Rahmen dieser Arbeit werden die beiden Begriffe nicht weiter vertieft und verfolgt. Es sei nur darauf verwiesen, dass eine adäquate IDV-Governance eine wichtige Grundlage auch für eine Data- bzw. Information Governance in Unternehmen liefert.

6.2.3 Komplexitätserhöhung durch den IDV-Einsatz

Das Leben der Menschen wird in den Zeiten der Globalisierung immer dynamischer und komplexer.[508] Dynamischer und komplexer werden auch die Verhältnisse in Unternehmen. Komplexitätsproblematik im Bereich IT spielt dabei eine wesentliche Rolle. Fortschritte in Hard- und Software sowie Vielfalt und Dynamik der IT-gestützten Organisationsformen und Strukturen sorgen dafür, dass man es mittlerweile mit äußerst komplexen IT-Organisationen zu tun hat (s. **Abb. 51**).

In Unternehmen setzt man IT für die Bewältigung komplexer Probleme und Steuerung komplexer Abläufe, d. h. zur Reduktion der Komplexität ein.[509] Gleichzeitig schafft der Einsatz von IT neue Komplexitätsphänomene, die Probleme und Risiken verursachen. Komplexitätsprobleme drücken sich in Fehlerhaftigkeit von Software und in der Unkontrollierbarkeit der Wirkungen von Software aus. B. SCHINZEL weist sogar darauf hin, dass eine neue Komplexitätstheorie im Zusammenhang mit dem IT-Einsatz notwendig sein könnte. Die Zuverlässigkeit der Anwendungen wächst langsamer als die Innovationen.

---

[507] Vgl. Stark, J./Information Governance/2011, S. 33f.

[508] Vgl. Meinzer, K./Komplexe Systeme/2004, S. 1

[509] Vgl. hierzu und im folgendem Schinzel, B./Komplexität/o. J., S. 1f.

Vielfalt

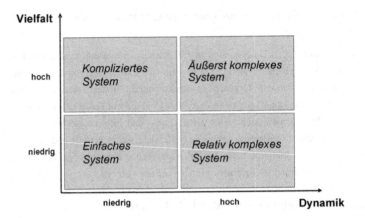

Abb. 51: Zwei Dimensionen der Komplexität
Quelle: In Anlehnung an Große Wienker, R./Komplexität/2003, S. 7

Die Komplexität in Unternehmen steigt durch komplexe IT-Landschaften, eine Flut von In-
novationen und teilweise unklare Verhältnisse und Verantwortlichkeiten zwischen der IT-
Seite und der Fachseite.[510] In **Abb. 52** sind beispielhaft einige Treiber der Innovations- und
Veränderungsgeschwindigkeit der IT und somit der Komplexität dargestellt.

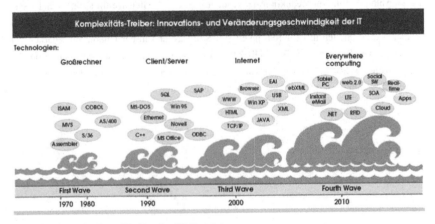

Abb. 52: Komplexitäts-Treiber im IT-Bereich
Quelle: In Anlehnung an Beetz, R. K./IT Organisation/2010, S. 5

---

[510] Vgl. hierzu und im Folgenden Beetz, R. K./IT Organisation/2010, S. 2.

Eine Vielzahl von IT-Systemen mit unterschiedlichen Systemarchitekturen und tausende von Schnittstellen tragen ebenfalls zu hoher Komplexität im IT-Bereich bei. So ist es nicht verwunderlich, dass die Beherrschbarkeit von Komplexität in IKS – wie in der Einführung bereits gesagt – eines der wichtigsten Erkenntnisziele der Wirtschaftsinformatik ist.[511]

Warum erhöht der IDV-Einsatz eine ohnehin gewaltige Komplexität in der IT-Landschaft von Banken?

SCHINZEL betont in ihrem bereits im Jahre 1996 erschienen Beitrag, dass Technikfolgen unter der Berücksichtigung der Tatsache zu erforschen seien, dass „Software nicht nur von Informatikern und ausgebildeten EDV-Spezialisten hergestellt wird, sondern vorwiegend von den Anwendern selbst."[512] Entwicklung und Einsatz von IDV-Anwendungen vergrößern die Komplexität der ohnehin schon komplexen IT-Landschaften der Unternehmen. Heterogenität der IDV-Anwendungen im Hinblick auf die eingesetzte Technik, Syntaktik und Semantik, Datenmodelle etc. sind nur einige der Gründe dafür.

Im Zusammenhang mit der Komplexitätsproblematik im IDV-Bereich ist auch die andere Seite der Medaille zu berücksichtigen: Die komplexe Umgebung in Unternehmen insgesamt und in Banken insbesondere sorgt dafür, dass die aus der Entwicklung und dem Einsatz von IDV-Anwendungen resultierenden Risiken sich potenzieren. Die Spezifikation einer IDV-Anwendung, ihre Erstellung sowie ihre spätere Einbindung in Arbeitszusammenhänge erfordern die formale Erfassung von Ausschnitten hochkomplexer sozialer Realität. Dabei unterscheidet man mehrere Ebenen.[513] Zum einen geht es um den Realitätsausschnitt, in dessen Rahmen die Problemlösung zu bewältigen ist. Die Erstellung einer IDV-Anwendung erfordert oft sehr detaillierte Kenntnisse von zahlreichen fachlichen und technischen Zusammenhängen, die selbst von Fachleuten nicht immer erfasst werden können.

Im Zusammenhang mit der Problematik der komplexen Entwicklungsumgebung sind vier wesentliche Faktoren zu nennen (s. **Abb. 53**):

- Komplexere Organisationsstrukturen und -anforderungen

- Fortschritte in der Mensch-Computer-Interaktion

- Innovationen im Bereich IT

- Regulatorische Anforderungen.

---

[511] Vgl. Heinzl, A.; König, W.; Hack, J./Erkenntnisziele/2001, S. 226.
[512] Schinzel, B./Technikfolgen/1996, S. 78.
[513] Vgl. hierzu und im Folgenden Schinzel, B./Komplexität/o. J., S. 3.

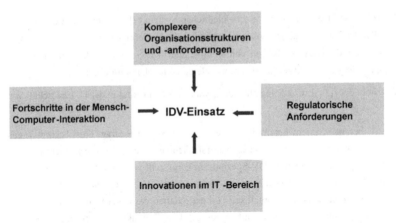

Abb. 53: IDV und Komplexitätsproblematik
Quelle: Eigene Darstellung

Die Dynamik der Hard- und Softwareentwicklung ermöglicht neue Organisationsformen und interaktive Systeme. Die Komplexität der Arbeits- und Organisationsumgebung, in die eine IDV-Anwendung eingebettet werden soll, steigt. Je nach Bedeutung einer IDV-Anwendung kann die Eingliederung der neuen Software mehr oder weniger erhebliche Wechselwirkungen in der Organisations- und Kommunikationsumgebung hervorrufen. Dies wiederum führt dazu, dass immer mehr Anwendungsbereiche erschlossen werden. Die Kontrolle in Unternehmen wird ebenfalls verstärkt an IT-Systeme abgegeben. Dadurch wird nicht nur die Komplexität der Systeme selbst erhöht, sondern auch die Anforderungen an die Umgebung, an die Interaktion zwischen Computer und Menschen, werden größer und komplexer. Wie gesagt, ist die Anzahl der regulatorischen und gesetzlichen Anforderungen im Bereich IT deutlich gestiegen. Beim Einsatz jedes einzelnen IT-Systems sind somit viel mehr Regelungen zu beachten als noch vor zehn Jahren. Insofern besteht eine besondere Herausforderung bereits darin, sich im Hinblick auf regulatorische und gesetzliche Anforderungen zunächst einmal einen Überblick zu verschaffen und zu beurteilen, ob und inwiefern diese Vorgaben im Einzelfall zwingende Voraussetzung sind. Man kann sich vorstellen, dass ein einzelner Benutzer an seinem Arbeitsplatz diese komplexe Umgebung nur schwerer erfassen kann. Die unzureichenden Kenntnisse der Entwickler über die Umgebung oder Veränderungen im Entwicklungskontext stellen – wie bereits in früheren Abschnitten erläutert – oft die Ursachen für Fehler dar. In der professionellen Anwendungsentwicklung werden diese Probleme, zumindest zum größten Teil, durch immer bessere und detaillierte Methoden und Modelle sowie durch bessere Kontroll- und Überwachungsmechanismen aufgefangen.

Welche Maßnahmen zur Bewältigung der Komplexitätsproblematik im Zusammenhang mit der Entwicklung und dem Einsatz von IDV-Anwendungen sinnvoll und möglich wären, wird in dem Meta-Gestaltungskonzept am Schluss des aktuellen Kapitels präsentiert.

6.3 IDV-Compliance

Wie in **Abschnitt 5.3.2.3** gezeigt wurde, stellt IT-Compliance eine Zielperspektive der IT-Governance dar. Beim Einsatz von IT-Anwendungen ist also darauf zu achten, dass gesetzliche und aufsichtsrechtliche Vorschriften erfüllt werden. IDV-Anwendungen sind in diesem Fall keine Ausnahme. Wie bereits erläutert, handelt es sich bei der vollständigen IT-Compliance um einen Idealzustand. Im realen Leben gilt es abzuwägen, welche Anforderungen mit Priorität zu beachten sind.

Bei der Herstellung der IDV-Compliance geht es im Kern um die Gewährleistung eines ordnungsgemäßen IT-Betriebs. Was versteht man darunter? Die Grundlagen für einen ordnungsgemäßen IT-Betrieb sind in dem Rechnungslegungsstandard (RS) des Instituts der Wirtschaftsprüfer in Deutschland e. V. (IDW): „Grundsätze ordnungsmäßiger Buchführung bei Einsatz von Informationstechnologie" (IDW RS FAIT 1) formuliert. Dieser Rechnungslegungsstandard wurde von dem Institut der Wirtschaftsprüfer in Deutschland e. V. (IDW) – genauer gesagt von dem Fachausschuss für Informationstechnologie (FAIT) des IDW – im Jahre 2002 verabschiedet.[514] In **Abschnitt 6.4.1** werden die Kern-Inhalte dieses Standards dargestellt. Ergänzend dazu werden in **Abschnitt 6.4.2** gesetzliche Anforderungen für den Einsatz der IT-gestützten Buchführung erläutert. Wie in den früheren Kapiteln dargestellt und auch durch die Experteninterviews bestätigt, werden IDV-Anwendungen oft gerade im Bereich Rechnungswesen eingesetzt. Gerade hier ist es üblich, Jahresabschlüsse von Tochtergesellschaften in selbstentwickelten Tabellen oder Datenbanken zu aggregieren und zu konsolidieren und auf diese Weise Konzernabschlüsse mithilfe von IDV-Anwendungen zu erstellen.[515] Aus diesem Grund ist beim IDV-Einsatz darauf zu achten, dass gesetzliche Anforderungen für den Einsatz der IT-gestützten Buchführung berücksichtigt werden. Bei den professionell entwickelten und eingesetzten Anwendungen kann man zumindest theoretisch davon ausgehen, dass rechnungslegungsrelevante Vorschriften bekannt sind und bei Entwicklung und Einsatz eingehalten werden. Im Fall der individuell am Arbeitsplatz entwickelten Soft-

---

[514] Zusätzlich zum IDW RS FAIT 1 wurden in den folgenden Jahren zwei weiteren Standards vom FAIT veröffentlicht, die einzelne Themen vertiefen sollten: „IDW Stellungnahme zur Rechnungslegung: Grundsätze ordnungsmäßiger Buchführung bei Einsatz von Electronic Commerce" (IDW RS FAIT 2) sowie „IDW Stellungnahme zur Rechnungslegung: Grundsätze ordnungsmäßiger Buchführung bei Einsatz elektronischer Archivierungsverfahren" (IDW RS FAIT 3).

[515] Vgl. Arendt, S.; Schäfer, A./Individuelle Datenverarbeitung/2009, S. 280.

ware kann man jedoch nicht einmal mit Sicherheit sagen, ob die zu berücksichtigenden rechtlichen Vorschriften den Mitarbeitern überhaupt vertraut sind.

6.3.1 Grundlagen für einen ordnungsgemäßen IDV-Betrieb

Nach dem IDW RS FAIT 1 setzt die Ordnungsmäßigkeit eines IT-Betriebs die Einhaltung der
folgenden drei Prinzipien voraus[516]:

- Autorisierung (Anforderungen an den Zugriffsschutz)

- Authentizität (Anforderungen an Berechtigungen und eindeutige Identifikation)

- Verbindlichkeit (Anforderung an die Herbeiführung bindender Rechtsfolgen).

Laut dem Rechnungslegungsstandard FAIT 1 umfasst ein IT-Betrieb die Bereiche Infrastruktur, Anwendungen und IT-gestützte Geschäftsprozesse. Damit gelten die in IDW RS FAIT 1
formulierten Anforderungen sowohl für die zentrale IT als auch für den IDV-Bereich eines
Unternehmens. Um die Gewährleistung der drei genannten Prinzipien zu konkretisieren, werden im Einzelnen folgende Anforderungen formuliert[517]:

- Geregelter Softwareentwicklungsprozess

- Autorisierte Anforderung zur Programmerstellung und/oder -änderung

- Trennung zwischen der Entwicklungs- und Produktionsumgebung

- Ordnungsgemäße Verwaltung der einzelnen Versionen

- Funktionstrennungen zwischen Entwickler und Anwender

- Zugriffsschutz und Protokollierungen

- Verfahrens- und Programmdokumentation

- Eingabe- und Verarbeitungskontrollen.

Viel Aufmerksamkeit wird in dem IDW RS FAIT 1 dem bereits dargestellten internen Kontrollsystem sowie einem geeigneten Sicherheitskonzept bzw. -management gewidmet. Ein
solches Sicherheitskonzept soll den gesetzlich vorgeschriebenen Grad an Informationssicherheit gewährleisten. Das zuvor erwähnte interne Kontrollsystem stellt seinerseits eine wichtige
Voraussetzung für das funktionierende Sicherheitskonzept dar, weil die bestehenden Risiken
des IT- Einsatzes damit realistisch bewertet werden.[518]

---

[516] Tz. 23 IDW RS FAIT 1.
[517] Vgl. Tz. 93ff. IDW RS FAIT 1 sowie Arendt, S.; Schäfer, A./Individuelle Datenverarbeitung/2009, S. 280f.
[518] Vgl. Kozlova, E.; Hasenkamp, U./IT-Systeme/2007, S. 994f.

Die Anforderungen, die von Fachabteilungen beim Einsatz von IDV am häufigsten verletzt werden, sind: geregelter Softwareentwicklungsprozess, Zugriffsschutz, Versionsverwaltung, Verfahrens- und Programmdokumentation sowie Implementierung von Eingabe- und Verarbeitungskontrollen.[519] Die Entwicklung und der Einsatz von IDV-Anwendungen finden oft ohne eine klare Trennung zwischen Entwicklung und Produktion und ohne Tests statt. Das Vier-Augen-Prinzip wird nur in Einzelfällen angewendet. Da es sich gerade im IDV-Bereich um die Lösungen handelt, die zügig zur Verfügung gestellt werden müssen, bleiben die Anforderungen an den Zugriffsschutz, die Programmdokumentation sowie die Verfahrenskontrollen unzureichend oder werden gar nicht berücksichtigt.

Wie in **Abschnitt 6.2.1** erwähnt, werden gerade IDV-Anwendungen oft nur lokal gespeichert. Eine Versionsverwaltung und Datensicherung finden oft gar nicht statt. Die Anforderungen an ein Sicherheitskonzept werden damit im Kern vernachlässigt. Die in dem IDW RS FAIT 1 (Tz. 62) vorgeschriebene Aufbewahrungsfrist für den Programmquellcode für einen Zeitraum von 10 Jahren wird im IDV-Bereich ebenfalls oft nicht eingehalten.

Ein ordnungsgemäßer IDV-Betrieb setzt die Einhaltung von gesetzlichen Anforderungen an die ordnungsgemäße IT-gestützte Buchführung voraus. Im Teil 3.2 des IDW RS FAIT 1 werden diese Anforderungen in Anlehnung an die bereits vorhandenen gesetzlichen Vorschriften zum Einsatz der IT in der Rechnungslegung formuliert. Diese Vorschriften setzen sich zum einen aus rechtlichen Grundlagen nach HGB und AO und zum anderen aus den „Grundsätzen ordnungsmäßiger DV-gestützter Buchführungssysteme" sowie den „Grundsätzen zum Datenzugriff und zur Prüfbarkeit digitaler Unterlagen" zusammen. Diese werden nun im folgenden Abschnitt präsentiert.

6.3.2 Rechtliche Grundlagen für IT-gestützte Rechnungslegung

6.3.2.1 Überblick über die wichtigsten Regularien

Die Basis für eine IT-gestützte Buchführung bilden das Handelsgesetzbuch (HGB) und die Abgabenordnung (AO).[520] Nach § 239 Abs. 4 HGB und § 146 Abs. 5 AO ist es zulässig, Bücher und die sonst notwendigen Aufzeichnungen auch auf den Datenträgern zu führen, soweit diese Form der Buchführung einschließlich des dabei angewandten Verfahrens den Grundsätzen ordnungsmäßiger Buchführung (GoB) entspricht. Außer handelsrechtlichen Vorschriften sind bei dem Einsatz IT-gestützter Rechnungslegungssysteme weitere Regularien zu berücksichtigen, die speziell im Hinblick auf den zunehmenden IT-Einsatz in rechnungslegungsrelevanten Prozessen entwickelt wurden. Hier sind vor allem die „Grundsätze ordnungsmäßiger

---

[519] Vgl. hierzu und im Folgenden Arendt, S.; Schäfer, A./Individuelle Datenverarbeitung/2009, S. 281.
[520] Vgl. hierzu und im Folgenden Kozlova, E.; Hasenkamp, U./IT-Systeme/2007, S. 987.

DV-gestützter Buchführungssysteme" (GoBS) sowie die „Grundsätze zum Datenzugriff und zur Prüfbarkeit digitaler Unterlagen" (GDPDU) zu nennen. Die wichtigsten Anforderungen an IT-gestützte Buchführungssysteme sind in **Tab. 12** zusammengefasst.

HGB (Handelsgesetzbuch) **AO (Abgabenordnung)**	– § 239 Abs. 4 HGB und § 146 Abs. 5 AO: Grundsätzliche Möglichkeit, Bücher und sonst erforderliche Aufzeichnungen auch auf Datenträgern zu führen.
	– Die Neufassung von §§ 146, 147 AO zum 2002-01-01: Möglichkeit des direkten Zugriffs von den Prüfern der Finanzämter auf die IT-Systeme.
BMF (Bundesministerium der Finanzen)	– BMF-Schreiben vom 1995-11-07: „Grundsätze ordnungsmäßiger DV-gestützter Buchführungssysteme" (GoBS).
	– BMF-Schreiben vom 2001-07-16: „Grundsätze zum Datenzugriff und zur Prüfbarkeit digitaler Unterlagen"(GDPDU) mit der Wirkung zum 2002-01-01.

Tab. 12: IT-gestützte Buchführungssysteme: Rechtliche Rahmenbedingungen
Quelle: In Anlehnung an Kozlova, E.; Hasenkamp, U./IT-Systeme/2007, S. 987

Auf den folgenden Seiten werden die GoBS und GDPDU ausführlicher betrachtet. Bereits an dieser Stelle sei darauf hingewiesen, dass der Buchführungspflichtige bei Einsatz der IT im Bereich Rechnungslegung für die Einhaltung der GoB verantwortlich ist. Neben den in **Tab. 12** dargestellten rechtlichen Vorschriften sind weitere gesetzliche Anforderungen, insbesondere auch steuerlicher Art, beim Einsatz der IT in der Rechnungslegung zu beachten. Sie werden hier aber nicht weiter vertieft.[521]

6.3.2.2 Grundsätze ordnungsmäßiger DV-gestützter Buchführungssysteme

Die Grundsätze ordnungsmäßiger DV-gestützter Buchführungssysteme (GoBS) wurden von der Arbeitsgemeinschaft für wirtschaftliche Verwaltung e. V. (AWV), Eschborn, konzipiert. Verabschiedet wurden sie am 1995-11-07. Unter einem DV-gestützten Buchführungssystem wird eine Buchführung verstanden, „die insgesamt oder in Teilbereichen kurzfristig oder auf

---

[521] Vgl. Kozlova, E.; Hasenkamp, U./IT-Systeme/2007, S. 986.

Dauer unter Nutzung von Hardware und Software auf DV-Datenträgern geführt wird."[522] Anzuwenden sind die GoBS auf aktuelle und zukünftige Informationssysteme, moderne Verfahren, die der Entwicklung und Pflege von Informationssystemen dienen, sowie auf die Produktdokumentation.[523] Die Buchhaltung nach den GoBS wird als integrierte Unternehmensfunktion betrachtet. Damit sind alle Verfahren, die Geschäftsprozesse mit Bezug zur Rechnungslegung verarbeiten, von den GoBS betroffen. Bei allen rechnungslegungsrelevanten Prozessen, die von IDV-Anwendungen unterstützt werden, sind deswegen die GoBS zu berücksichtigen.

Nach § 239 Abs. 2 HGB muss die Buchführung „vollständig, richtig, zeitgerecht und geordnet vorgenommen werden."[524] Um dies sicherzustellen, müssen die GoB bei einem zunehmenden Einsatz von IT um die erforderlichen Maßnahmen erweitert werden. Dies geschieht in den GoBS, die von den GoB abgeleitet werden und ihnen somit untergeordnet sind.[525] Die prinzipiellen Anforderungen an eine IT-gestützte Buchführung entsprechen denen der manuellen Buchführung: Ein DV-gestütztes Buchführungssystem gilt als ordnungsgemäß, wenn die GoB erfüllt sind. Konkrete Anweisungen zur Durchführung einer IT-gestützten Buchführung werden in den GoBS nicht vorgegeben.[526]

Inhaltlich besagen die GoBS, dass alle Aufzeichnungen „jederzeit innerhalb (einer) angemessenen Frist verfügbar und lesbar" sein sollen.[527] Weiterhin ist eine aussagefähige Verfahrensdokumentation von Nöten. Diese beschreibt den Zusammenhang zwischen einem Geschäftsvorfall und dessen Buchung bzw. Verarbeitung im System. Dadurch wird die Nachvollziehbarkeit buchführungspflichtiger Geschäftsvorfälle gewährleistet.[528] Hintergrund ist, die Beleg-, Journal- und Kontenfunktion gemäß der GoB zu sichern.[529] Dadurch wird letztendlich den Governance-Anforderungen „Transparenz und Kontrolle" entsprochen.[530]

Die Datensicherheit ist bei einer IT-gestützten Buchführung von großer Bedeutung. Die GoBS beschäftigen sich daher intensiv mit dem Schutz von Daten. Dabei ist festzustellen, dass die unternehmensspezifischen Anforderungen an die Sicherheit der Daten höher sind, als

---

[522] Tz. 1 GoBS.

[523] Vgl. Kozlova, E.; Hasenkamp, U./IT-Systeme/2007, S. 987.

[524] § 239 Abs. 2 HGB.

[525] Vgl. Tz. 1 GoBS sowie Kozlova, E.; Hasenkamp, U./IT-Systeme/2007, S. 988.

[526] Vgl. Zepf, G./Grundsätze/1996, S. 1259.

[527] Tz. 1 GoBS.

[528] Einem sachverständigen Dritten muss es möglich sein, Geschäftsvorfälle sowie deren Verarbeitung in einer gewissen Zeit eindeutig nachzuvollziehen. Vgl. Tz. 1, 2 und 6 GoBS.

[529] Die Belegfunktion ist essenziell für die Beweiskraft der Buchführung. Um die Journalfunktion zu erfüllen, müssen Geschäftsvorfälle vollständig, zeitgerecht und formal richtig erfasst und protokolliert werden. Nach der Kontenfunktion werden Geschäftsvorfälle nach Sach- und Personenkonten aufgeteilt und gespeichert. Vgl. Kozlova, E.; Hasenkamp, U./IT-Systeme/2007, S. 988 sowie Tz. 2 GoBS.

[530] Vgl. Klotz, M.; Dorn, D.-W./IT-Compliance/2008, S. 8.

es durch die GoBS vorgeschrieben wird. Nach den GoBS sind Daten – zumindest für die Dauer ihrer gesetzlichen Aufbewahrungsfrist[531] – davor zu schützen, dass sie verloren gehen und unberechtigt verändert werden. Durch geeignete Zugriffskontrollen kann innerhalb von Buchführungssystemen dafür gesorgt werden, dass Veränderungen an erfolgten Buchungen dokumentiert werden. Auf diese Weise kann der ursprüngliche Inhalt ersichtlich bleiben. Dabei ist die Wirksamkeit solcher Zugriffskontrollen zum einen davon abhängig, ob das System der Benutzeridentifizierung gut funktioniert, und zum anderen, ob Berechtigungen zuverlässig vergeben und eingerichtet werden.[532]

Der Buchführungspflichtige untersteht weiterhin der Pflicht, gespeicherte Buchungen, Arbeitsanweisungen sowie sonstige Unterlagen innerhalb der gesetzlichen Aufbewahrungsfrist jederzeit lesbar zu machen und diese mit den erforderlichen Hilfsmitteln fristgemäß auf Verlangen einem berechtigten Dritten, z. B. der Finanzbehörde oder dem Abschlussprüfer, zur Verfügung zu stellen.[533] Dies erfordert eine hohe Verfügbarkeit des zugrunde liegenden Systems.

Nach § 257 Abs. 3 HGB ist eine Aufbewahrung „auf einem Bildträger oder auf anderen Datenträgern" möglich. Voraussetzung ist neben der Erfüllung der GoB, dass empfangene Handelsbriefe sowie Buchungsbelege bei einer Wiedergabe bildlich mit dem jeweiligen Original übereinstimmen. Das bedeutet, dass alle Angaben des Originals auf dem Bild erkennbar sein müssen. Dies ist im Hinblick auf die Aussage- und Beweiskraft des Geschäftsvorfalls erforderlich.[534] Im Gegensatz dazu ist bei abgesandten Handelsbriefen, Konten und sonstigen Organisationsunterlagen lediglich eine inhaltliche Übereinstimmung erforderlich.[535] Dies bedeutet, dass nur die Angaben, die der Aussage- und Beweiskraft des Geschäftsvorfalls dienen, gemäß dem Original wiederzugeben sind.[536] Trägt z. B. die Schriftart des Originals nichts zur Aussage- und Beweiskraft bei, ist sie nicht zwingend identisch abzubilden. Auf Buchungsbelege in Papierform kann verzichtet werden, jedoch muss weiterhin der Zusammenhang zwischen dem Vorgang in der Realität und dessen Abbildung in der Buchführung nachgewiesen werden. Wird ein buchführungspflichtiger Vorgang ausgelöst, dem kein Papierbeleg zugrunde liegt, so ist die Beweis- bzw. Belegfunktion durch das jeweilige Verfahren erfüllt.[537] Um die

---

[531] Die gesetzlichen Aufbewahrungsfristen betragen sechs Jahre (Daten mit Belegfunktion) oder zehn Jahre (Daten mit Grundbuch- oder Kontenfunktion sowie Verfahrensdokumentationen). Vgl. Tz. 7 GoBS i. V. m. § 257 Abs. 1 HGB bzw. § 147 Abs. 1 AO.

[532] Vgl. Tz. 5 GoBS.

[533] Vgl. Tz. 8 GoBS i. V. m. § 257 Abs. 3 HGB.

[534] Vgl. Tz. 8 GoBS i. V. m. §257 HGB und § 147 Abs. 2 Ziffer 1 AO. Zu solchen Handelsbriefen können auch E-Mails zählen. Vgl. Klotz, M.; Dorn, D.-W./IT-Compliance/2008, S. 11.

[535] Vgl. Tz. 8 GoBS i. V. m. § 257 Abs. 3 Nr. 1 HGB und § 257 Abs. 1 HGB.

[536] Vgl. Tz. 8 GoBS.

[537] Vgl. Kozlova, E.; Hasenkamp, U./IT-Systeme/2007, S. 988 f.

Ordnungsmäßigkeit eines Buchführungssystems zu gewährleisten, ist es außerdem wichtig, dass Verfahrensdokumentationen dauerhaft verfügbar sind. Hintergrund ist, dass den Nutzern eine sachgemäße Anwendung ermöglicht wird, damit erforderliche Änderungen schnell und korrekt durchgeführt werden können.[538] Wenn es zum Verständnis des DV-Buchführungssystems erforderlich ist, ist die Beschreibung des IKS ein weiterer Teil der Verfahrensdokumentation.[539]

Wie bereits gesagt, ist der Buchführungspflichtige für die Ordnungsmäßigkeit der IT-gestützten Buchführungssysteme verantwortlich. Der Buchführungspflichtige muss sein individuelles Buchführungssystem auf Basis der allgemein gültigen Anforderungen der GoBS konzipieren, um dessen Ordnungsmäßigkeit zu gewährleisten.[540]

6.3.2.3 Grundsätze zum Datenzugriff und zur Prüfbarkeit digitaler Unterlagen

Die Grundsätze zum Datenzugriff und zur Prüfbarkeit digitaler Unterlagen (GDPdU) sind am 2002-01-01 in Kraft getreten und bei einem Einsatz von IT-gestützten Buchführungssystemen zu beachten.[541]

Die Methoden der Prüfung aufbewahrungspflichtiger Unterlagen nach § 147 Abs. 1 AO werden durch die GDPdU an moderne Buchführungstechniken angepasst. Dies ist erforderlich, da einerseits Geschäftsvorfälle zunehmend elektronisch abgewickelt werden und andererseits seit 2002 neue Regelungen bezüglich der elektronischen Abhandlung des Vorsteuerabzugs gelten. Durch die neuen Prüfungsmethoden können Außenprüfungen wirtschaftlicher und schneller durchgeführt werden.[542]

Durch die Bestimmungen der GDPdU darf das Finanzamt direkt auf alle steuerlich relevanten Daten eines Unternehmens zugreifen. Dies betrifft die Finanz-, Anlagen- und Lohnbuchhaltung.[543] Davon sind gemäß § 30 AO sämtliche Kundendaten eines Unternehmens auszuschließen, da ansonsten das Steuergeheimnis verletzt wird.[544] Sind Daten aus anderen Syste-

---

[538] Für den Prüfer ist jedoch lediglich der Nachweis einer Verfahrensdokumentation von Interesse; nicht aber deren Qualität. Vgl. Tz. 6 GoBS.

[539] Vgl. Tz. 4 GoBS.

[540] Vgl. Tz. 1 und 8 GoBS.

[541] Die GDPdU sind zurückzuführen auf §§ 146 Abs. 5, 147 Abs. 2, 5 und 6, 200 Abs. 1 AO sowie § 14 Abs. 4 UStG. Vgl. Stahlknecht, P.; Hasenkamp, U./Einführung/2005, S. 341.

[542] Vgl. Abschnitt I GDPdU.

[543] Vgl. Abschnitt I GDPdU. Die Finanzbehörde hat drei Möglichkeiten, auf Daten zuzugreifen: 1. Unmittelbarer Datenzugriff: Auswertung der elektronisch gespeicherten Daten mit der Hard- und Software des Unternehmens in Form eines Nur-Lesezugriffs. 2. Mittelbarer Datenzugriff: Zur Durchführung des Nur-Lesezugriffs muss das Unternehmen Daten nach bestimmten Vorgaben maschinell ausgewertet aushändigen. 3. Datenträgerüberlassung: Die Finanzbehörde verlangt gespeicherte Unterlagen auf einem Datenträger, um diese maschinell auszuwerten. Zur näheren Erläuterung siehe Abschnitt I Nr. 1 Bst. a-c GDPdU.

[544] Vgl. § 30 AO.

men steuerlich relevant, kann der Zugriff ausgeweitet werden. Damit kann eine Prüfungsbe-
hörde ggf. auch auf Material- und Warenwirtschaftssysteme, Kosten- und Leistungsrech-
nungssysteme, Office-Dokumente oder Mailsysteme zugreifen.[545] Aus diesem Grund ist ein
hoher Integrationsgrad des IT-Systems notwendig.

Der Steuerpflichtige ist dazu verpflichtet, die Finanzbehörde hinsichtlich ihres Rechts, auf
Daten zuzugreifen, zu unterstützen.[546] Dabei ist durch das DV-System sicherzustellen, dass
der Datenbestand nicht verändert werden kann und somit GoBS-Konformität besteht.[547] Das
bedeutet, dass Anforderungen an die Integrität, Verfügbarkeit und Vertraulichkeit des IT-
Systems bestehen, damit die Sicherheit der Daten gewahrt wird.

Inhaltlich besagen die GDPdU, dass originär digitale und steuerlich relevante Unterlagen in
der Art und Weise gespeichert werden müssen, dass sie digital bzw. maschinell auswertbar
sind. Durch eine digitale Speicherung können diese Daten in einem IT-gestützten Buchführungssystem wiederverarbeitet werden. Die GDPdU schreiben hinsichtlich originär digitaler
Daten vor, dass diese nicht mehr nur in Papierform oder auf Mikrofilm aufbewahrt werden
dürfen, sondern in ihrer ursprünglichen Form.[548]

Weiterhin ist z. B. zu beachten, dass bei einem Einsatz kryptografischer Verfahren und elektronischer Signaturen die jeweiligen Schlüssel aufbewahrt werden müssen, damit verschlüssel-
te Dokumente jederzeit überprüft werden können. Weiterhin muss den GoBS hinsichtlich
Dokumentation, IKS, Sicherungskonzept und Aufbewahrung entsprochen werden. Um die
Anforderungen aus den GDPdU erfüllen zu können, müssen sich Unternehmen vorausschau-
end auf die Prüfung vorbereiten und ggf. von Beginn an einen Wirtschaftsprüfer zu Rate ziehen, der unterstützend bei der Umsetzung berät. Werden die GDPdU nicht erfüllt, drohen dem
Unternehmen Sanktionen wie Bußgelder oder Zwangsmittel.[549]

6.4   Zusammenfassung zu Kapitel 6

Im aktuellen Kapitel wurde der analytische Teil der IDV-Governance-Aufgaben behandelt.
Im Rahmen der durchgeführten Fehler- und Risikoanalyse wurde festgestellt, dass der Einsatz
von IDV-Anwendungen im Bankensektor mit einer höheren Fehleranfälligkeit im Vergleich
zu professionellen IT-Anwendungen verbunden ist. Die mangelnde IT-Sicherheit sowie Bedenken hinsichtlich des Datenschutzes sind weitere Problemfelder des IDV-Einsatzes in der

---

[545] Bei dem Zugriff auf Mailsysteme muss der Datenschutz beachtet werden. Vgl. Heinrich, R./Beurteilung von
IT-Risiken/2006, S. 356 f.
[546] Dies bezieht sich z. B. auf die Bereitstellung der nötigen Hilfsmittel, um auf alle steuerlich relevanten
Daten zugreifen zu können. Vgl. Abschnitt I Nr. 2 GDPdU i. V. m. § 200 Abs. 1 AO.
[547] Vgl. § 146 Abs. 4 AO, Abschnitt I Nr. 2 GDPdU i. V. m. Abschnitt V GoBS.
[548] Vgl. Abschnitt II und III Nr. GDPDU sowie § 147 AO.
[549] Vgl. Böhm, M./IT-Compliance/2008, S. 18.

Softwareentwicklung. IDV-Anwendungen machen die ohnehin sehr komplexe IT-Landschaft einer Bank noch komplexer. Was das Thema IT-Compliance angeht, wurde festgestellt, dass die Anforderungen aus dem Bereich der IT-gestützten Buchführung im IDV-Bereich besonders zu beachten sind. Diese Erkenntnisse bestätigen die Notwendigkeit der Schaffung angemessener Rahmenbedingungen für den IDV-Einsatz im Bankensektor. Wie diese Rahmenbedingungen zu gestalten sind, wird im nächsten Kapitel betrachtet.

7 Der kontrollierte Einsatz von IDV-Anwendungen im Bankensektor

Im aktuellen Kapitel wird dargelegt, wie ein kontrollierter Einsatz von IDV-Anwendungen im Bankensektor gewährleistet werden kann. In den **Abschnitten** unter **7.1** wird ein Meta-Gestaltungskonzept für das IDV-Management einer Bank ausgearbeitet. In den **Abschnitt** unten **7.2** wird dargestellt, wie die aus den IDV-Anwendungen resultierenden Risiken im Rahmen der gesetzlichen Jahresabschlussprüfung zu berücksichtigen sind und welche Herausforderungen in diesem Zusammenhang bestehen.

7.1 Das IDV-Management − Ein Meta-Gestaltungskonzept

In der vorliegenden Arbeit wird ein Meta-Gestaltungskonzept entwickelt, das Banken helfen soll, die mit den IDV-Anwendungen verbundenen Risiken in Griff zu bekommen. Dieses Konzept kann Banken konkrete Ansatzpunkte liefern, welche Elemente, Strukturen und Prozesse generell für das IDV-Management von Bedeutung sind. Dieses Meta-Gestaltungskonzept ist dann für jede einzelne Bank individuell mit Leben zu füllen. Theoretisch basiert das Konzept auf dem St. Galler Management-Modell. Zunächst wird eine kurze Einführung in Grundzüge dieses Modells gegeben, wobei anzumerken ist, dass nicht alle Details des Modells an dieser Stelle von Bedeutung sind und erläutert werden können.

7.1.1 Das St. Galler Management-Modell als Anregung

Das St. Galler Management-Modell weist eine lange Geschichte auf und existiert in mehreren Versionen. In der vorliegenden Arbeit wird auf die die Fassung von K. BLEICHER zurückgegriffen, der das Institut für Betriebswirtschaft an der Universität St. Gallen von 1984 bis 1994 geleitet hat und die Forschungsarbeiten zu dem Modell maßgeblich beeinflusst hat.

BLEICHER bezeichnet das von ihm vorgestellte St. Galler Management-Modell als „Leerstellengerüst für Sinnvolles und Ganzheitliches".[550] Die Idee und Grundstruktur des Modells bestehen in einer Unterteilung der Managementaufgaben einer Organisation in eine normative, strategische und operative Ebene.

Die zentralen Ziele des St. Galler Management-Modells sind nach BLEICHER

* die Entwicklung einer dimensionalen Ordnung von Entscheidungsproblemen des Managements;

---

[550] Bleicher, K./Integriertes Management/2011, S. 86.

- die Bereitstellung eines problembezogenen Ordnungsrahmens und Vorgehensmusters, die an kontextuelle Besonderheiten des jeweiligen Unternehmens anzupassen sind.[551]

Das ganze Modell ist als Konzeptionshilfe für eigene Reflexionen und Dialoge zur Klärung von verschiedenen Standpunkten und Absichten gedacht. In dem Modell werden mehrere von einander gut abgrenzbare Teilbereiche des Managements, die sogenannten Ebenen und Aspekte, definiert.

Im Folgenden werden die drei Ebenen (die normative, strategische und operative Ebene) dargestellt. Das Management auf der *normativen Ebene* hat das Ziel, die „generellen Ziele der Unternehmung, mit Prinzipien, Normen und Spielregeln [...] die Lebens- und Entwicklungsfähigkeit der Unternehmung zu ermöglichen."[552] Auf der *strategischen Ebene* geht es um die Ausrichtung auf Aufbau, Pflege und Ausschöpfung von Erfolgspotenzialen.[553] Auf der operativen Ebene werden die auf den normativen und strategischen Ebenen gemachten Vorgaben prozessnah umgesetzt. Das Management auf der *operativen Ebene* beschäftigt sich also mit „Organisation und Lenkung der laufenden Aktivitäten des Unternehmens."[554]

Zusätzlich beinhaltet das St. Galler Management-Modell sogenannte *Aspekte*, die auf allen drei Ebenen (normativ, strategisch, operativ) eine Rolle spielen. Es handelt sich dabei um Strukturen, Aktivitäten und Verhalten. Sie haben die Aufgabe, den Management-Prozess von der normativen über die strategische bis hin zur operativen Ebene in seiner Umsetzung zu konkretisieren. Die folgende Grafik (s. **Abb. 54**) kann das komplizierte Beziehungsgeflecht der Faktoren verdeutlichen.

Erklärungsbedürftig scheinen insbesondere die sogenannten Aspekte. Der Aspekt *Aktivitäten* stellt eine Handlungsaufforderung dar: Auf der normativen Ebene wird die Unternehmenspolitik definiert, die auf der strategischen Ebene in die entsprechenden Programme umgesetzt wird. Auf der operativen Ebene findet die Konkretisierung in Form von Aufträgen statt. Ein weiterer Aspekt *Strukturen* beschreibt Konkretisierungsprozesse einer Unternehmensverfassung auf der normativen Ebene über Organisations- und Managementsysteme auf der strategischen Ebene bis zu organisatorischen Prozessen und Dispositionssystemen auf der operativen Ebene. Schließlich befasst sich der dritte Aspekt *Verhalten* mit der Konkretisierung des Managements im Hinblick auf das menschliche Verhalten. Auf der normativen Ebene wird die *Unternehmenskultur* definiert. In der strategischen Dimension findet „eine Konkretisierung des erstrebten Verhaltens im Hinblick auf die Rollen der Träger und ihres Problemverhal-

---

[551] Vgl. Bleicher, K./Integriertes Management/2011, S. 86f.
[552] Bleicher, K./Integriertes Management/2011, S. 88.
[553] Vgl. Bleicher, K./Integriertes Management/2011, S. 89.
[554] Ulrich, H./Systemorientiertes Management/2001, S. 424.

tens"[555] statt. Auf der operativen Ebene geht es letztendlich um das Leistungs- und Kooperationsverhalten aller Beteiligten im Arbeitsprozess.[556]

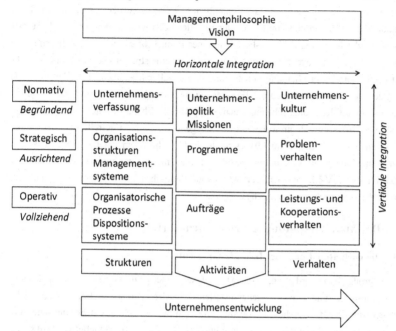

Abb. 54: Das St. Galler Management-Modell
Quelle: In Anlehnung an Bleicher, K./Integriertes Management/2011, S. 91

Das St. Galler Management-Modell bildet die theoretische Basis für den in dieser Arbeit beschriebenen Entwurf eines Meta-Gestaltungskonzepts für das IDV-Management. Warum ist dieses Modell dafür geeignet? In den Ausführungen zu seinem Modell weist BLEICHER darauf hin, dass ein ganzheitliches Denken zur Bewältigung der Komplexität in Unternehmen notwendig und neu zu entwickeln sei. „Unser Wahrnehmungsapparat für Komplexität und Veränderung (ist) an seine Grenzen gestoßen ist"[557]. Durch die Betrachtung gut abgrenzbarer Teilbereiche des Managements sei es möglich, die Komplexität in Griff zu bekommen. Die Auseinandersetzung mit der IDV-Problematik in der vorliegenden Arbeit zeigte, dass das Thema sehr facettenreich und komplex ist und dass eine strategisch durchdachte und risiko-

---

[555] Bleicher, K./Integriertes Management/2011, S. 94ff.
[556] Vgl. Bleicher, K./Integriertes Management/2011, S. 94ff.
[557] Vgl. Bleicher, K./Integriertes Management/2011, S. 64f.

bewusste Steuerung des IDV-Bereichs einer Bank ohne ein ganzheitliches Denken nicht mög-
lich ist. Wie mehrfach in der Arbeit erläutert, hat man es im IDV-Bereich mit verschiedenen
Personengruppen zu tun, die in unterschiedlicher Weise von den Chancen der IDV-
Anwendungen profitieren und von den daraus resultierenden Risiken betroffen sind. Bei der
Festlegung und Umsetzung der IDV-Politik in einer Bank geht es nach der Auffassung des
BSI um eine Grundsatzentscheidung und damit auch um eine strategische Entscheidung (**Ab-
schnitt 6.2.1**). Die Unterscheidung von Ebenen in St. Galler Management-Modell kann die
Klärung der Aufgaben im Bereich des IDV-Managements erleichtern. Es sind also Entscheidungen sowohl auf der strategischen als auch der operativen Ebene zu fällen. Was die normative Ebene betrifft, so wurde im Rahmen der vorliegenden Arbeit dargestellt, dass das Fehlen
von Normen und Regelungen im IDV-Bereich ein Grundproblem darstellt. Das St. Galler
Management-Modell stellt eine optimale Basis für die Entwicklung eines Meta-Gestaltungskonzepts für das IDV-Management dar, weil es ganzheitliches Denken voraussetzt und drei
für den IDV-Bereich relevante Bereiche abdeckt.

7.1.2 Das Meta-Gestaltungskonzept: Strukturierung

7.1.2.1 Die normative Ebene des IDV-Managements

Es ist eine große Herausforderung, in einer komplexen Unternehmensorganisation die Einhaltung von Gesetzen und Normen sicherzustellen. Auf der normativen Ebene werden die
Grundlagen für ein erfolgreiches IDV-Management vorbereitet. Hier geht es zum einen darum, eine unternehmensweite IDV-Richtlinie unter Berücksichtigung aktueller Gesetze sowie
interner und externer Normen zu entwerfen. Zum anderen geht es auf der normativen Ebene
um die Festlegung von Zielen zur Handhabung von IDV in Banken, kurz die IDV-Politik.
Schließlich sollte auf dieser Ebene eine kritische Reflexion der vorhandenen Unternehmenskultur stattfinden. In **Abb. 55** sind die Aspekte der normativen Ebene zusammengefasst dargestellt. Sie werden im Folgenden erläutert.

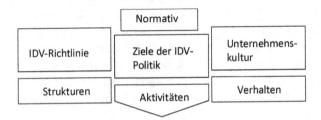

Abb. 55: Meta-Gestaltungskonzept für das IDV-Management: die normative Ebene
Quelle: In Anlehnung an die Struktur des St. Galler Management-Konzepts bei Bleicher,
K./Integriertes Management/2011, S. 91

Zur Gestaltung der IDV-Richtlinie in Banken

Das BSI schreibt vor, dass jedes Unternehmen und damit auch jede Bank erst einmal eine Grundsatzentscheidung treffen soll, ob Eigenentwicklungen erwünscht oder unerwünscht sind. Diese Entscheidung ist in den Sicherheitsrichtlinien zu dokumentieren. Wenn Eigenentwicklungen erwünscht sind, ist eine entsprechende Benutzerrichtlinie zu entwickeln, um Mindestanforderungen an Sicherheit, Dokumentation und Qualität zu garantieren. Eine solche Benutzerrichtlinie hat sicherzustellen, dass

- „die bestehenden Vorschriften zum Datenschutz und zur Datensicherheit eingehalten werden,

- die Eigenentwicklungen sorgfältig dokumentiert werden,

- für Eigenentwicklungen nur die dafür freigegebenen Software-Produkte (z. B. MS Word, MS Excel oder MS Access) verwendet werden,

- die Installation weiterer Anwendungen oder Entwicklungsumgebung ohne Genehmigung der IT-Abteilung nicht zulässig ist."[558]

Des Weiteren sind in der IDV-Richtlinie die Grundsätze ordnungsmäßiger DV-gestützter Buchführungssysteme (GoBS) sowie andere gesetzliche Bestimmungen, die in **Abschnitt 6.4.2.1** ausführlich betrachtet wurden, zu berücksichtigen. Neben den gesetzlichen Bestimmungen sind auch unternehmensinterne Normen und Richtlinien bei der Konzeption einer IDV-Richtlinie zu bedenken. Auf der normativen Ebene geht es vor allem darum, Grundsätze zu definieren, die bei der Ausarbeitung der IDV-Richtlinie (s. **Abschnitt 7.2.2.2**) zu berücksichtigen sind. So ist beim Einsatz von IDV-Anwendungen darauf zu achten, dass IDV-Anwendungen mit dem organisatorischen Umfeld einer Organisation harmonieren und dass Effektivität und Wirtschaftlichkeit des Programmeinsatzes gewährleistet sind.[559]

Bei der Gestaltung der IDV-Richtlinie in den Banken ist zu beachten, dass sie auf der einen Seite alle relevanten Anforderungen berücksichtigt und auf der anderen Seite nicht zu bürokratisch ist, um die Flexibilität dieses Softwareentwicklungsansatzes nicht komplett zu eliminieren. Die IDV-Richtlinie ist mit der Internen Revision abzustimmen.

Zu den Zielen der IDV-Politik in Banken

Die Formulierung der Ziele soll in Abstimmung mit den Unternehmenszielen und den Zielen der zentralen IT-Bereiche erfolgen. Deswegen ist ein IDV/IT/Business-Alignment erforderlich (s. **Abschnitt 5.3.2.1**), in dessen Rahmen eine Abstimmung zwischen drei Strategien (IDV-, IT- und Business-Strategie) vorgenommen werden kann. IDV/IT/Business-Alignment wird als Konzept auf der strategischen Ebene des Meta-Gestaltungskonzepts erläutert (s. **Ab-**

---

[558] BSI/PC-Anwendungsentwicklung/2010.
[559] Vgl. BSI/PC-Anwendungsentwicklung/2010.

schnitt 7.2.2.2). Auf der normativen Ebene geht es erst einmal um die Formulierung grundlegender Ziele im Hinblick auf den IDV-Einsatz in Unternehmen.

Generell kann man im Zusammenhang mit dem Einsatz von IDV-Anwendungen in Kreditinstituten von einem Spagat zwischen Gesichtspunkten der Flexibilität und der Risiko-/Schadensminimierung aus IDV-Anwendungen sprechen. Damit sind schon zwei grundsätzliche Ziele einer IDV-Strategie implizit genannt: Generierung eines Wertbeitrags bei gleichzeitiger Schadens- bzw. Risiko-Begrenzung.

Die IDV-Politik sollte außerdem so gestaltet werden, dass Erwartungen und Bedürfnisse verschiedener Personengruppen innerhalb einer Bank (zentraler IT-Bereich, Fachabteilungen, Interne Revision etc.) berücksichtigt werden.

Des Weiteren hat man bei einem effektiven und effizienten IDV-Management dafür zu sorgen, dass die IDV-Politik transparent, effektiv (also auch wirksam) und effizient gestaltet ist. Eine zentrale Aufgabe auf der normativen Ebene bildet die Entwicklung einer Unternehmenskultur, die u. a. dafür sorgt, dass der Umgang mit den Endbenutzerwerkzeugen verantwortlich gehandhabt wird.

Zur Unternehmenskultur

In einer aktuellen Studie zur Compliance-Problematik, die von PricewaterhouseCoopers und der Martin-Luther-Universität Halle-Wittenberg herausgegeben wurde, wird festgestellt, dass die Akzeptanz von Compliance-Programmen in Unternehmen in hohem Maße von der Unternehmenskultur abhängt.[560] Eine erfolgreiche Normbefolgung in den komplexen Unternehmensorganisationen setzt eine positive Unternehmenskultur voraus. Die Herstellung des gewünschten Compliance-Niveaus verläuft bei Unternehmen mit einer positiven Unternehmenskultur deutlich erfolgreicher als bei Unternehmen mit einer durchschnittlichen oder gar unterdurchschnittlichen Unternehmenskultur.[561]

Die Autoren stellen außerdem fest, dass westeuropäische und damit auch deutsche Unternehmen einen großen Nachholbedarf in Sachen Kontrolle, Prävention und Umsetzung von Compliance-Regelungen haben.[562]

In den vorherigen Kapiteln (s. vor allem **Abschnitt 5.2.3** sowie **Abschnitt 6.4.2**) wurde dargestellt und begründet, dass im Zusammenhang mit dem IDV-Einsatz eine ganze Reihe von gesetzlichen und aufsichtrechtlichen Bestimmungen zu beachten ist. Der IDV-Bereich ist also ein Bereich, wo Normbefolgung von entscheidender Bedeutung ist, wenn man Risiken und Gefahren langfristig minimieren bzw. vermeiden möchte.

---

[560] Vgl. Bussmann, K.-D. et al./Compliance/2010, S. 4, 18.
[561] Vgl. Bussmann, K.-D. et al./Compliance/2010, S. 18.
[562] Vgl. Bussmann, K.-D. et al./Compliance/2010, S. 3.

In der Forschung unterscheidet man zwischen expliziten und impliziten Dimensionen einer Unternehmenskultur (s. **Abb. 56**).[563]

Struktur(en)

Organisatorische Festlegungen

Reglemente, Vorschriften, Handbücher

örtliche und räumliche Festlegungen

Informationstechnische Festlegungen

Identität, kollektive Erwartungen, Denkmuster und Hintergrund-überzeugungen („lokale Theorien")

Werte und Normen

Einstellungen und Haltungen in der Führung und Zusammenarbeit im Inneren und gegenüber Anspruchsgruppen

Sprachregelungen und Argumentationsmuster

Kultur(en)

Abb. 56: Explizite und implizite Dimensionen einer Organisation
Quelle: In Anlehnung an Rüegg-Stürm, J./Kulturwandel/2003, S. 3

Unter der expliziten Dimension wird alles zusammengefasst, was eine materialisierte und personenunabhängige Form aufweist. Das sind z. B. Handbücher, Organigramme, Richtlinien, Vorschriften etc.[564] Die implizite Dimension umfasst dagegen alles, was nirgends festgehalten ist. Das sind historisch gewachsene Strukturen, Denkmuster, Einstellungen und Haltungen in der Führung und Zusammenarbeit, Werte und Normen etc. In der Managementlehre spricht man bei den expliziten Elementen einer Organisation oft von Strukturen und bei den implizi-ten Elementen von der Kultur einer Organisation.

Die Unternehmenskultur setzt sich aber nicht nur aus historischen Elementen zusammen, son-dern kann geformt und weiterentwickelt werden. Im Zusammenhang mit der Compliance-Problematik definiert K.-D. BUSSMAN et al. drei relevante Komponenten oder kritische Punkte einer Unternehmenskultur:

- Teamatmosphäre

- Bereitschaft zur Mitteilung von Fehlern

---

[563] Vgl. Rüegg-Stürm, J./Kulturwandel/2003, S. 2f.
[564] Vgl. hierzu und im Folgenden Rüegg-Stürm, J./Kulturwandel/2003, S. 2f.

- Einstellung gegenüber Regelverstößen.[565]

Eine positive Teamatmosphäre zeichnet sich durch Zusammenhalt und eine gegenseitige Achtung und Toleranz aus und steht in unmittelbarem Zusammenhang mit der Bereitschaft zur Mitteilung von Fehlern. Wenn informelle Sozialkontakte im Team motivierend und positiv funktionieren, steigt die Bereitschaft, Fehler offen zu legen und aus Fehlern zu lernen. Ein konstruktives und professionelles Fehlermanagement könnte langfristig die Unternehmenskultur positiv beeinflussen. Die Komponente Einstellung gegenüber Regelverstößen beschreibt die Bedeutung formaler Regeln in einem Unternehmen.[566] Unternehmen mit einer unterdurchschnittlichen Unternehmenskultur zeichnen sich durch geringe informelle soziale Kontakte, einen niedrigen Grad des Zusammenhalts und Gleichmut gegenüber Fehlverhalten aus.

Was bedeuten diese Erkenntnisse zur Unternehmenskultur im Hinblick auf den Einsatz von IDV-Anwendungen im Bankensektor? Die IDV-Handhabung in Unternehmen weist viele implizite Elemente auf. Es gibt kaum explizite Konzepte in der Theorie und Praxis, die für das Management der IDV-Anwendungen gedacht sind. Wie bereits mehrfach in der Arbeit ausgeführt, entwickelt sich die Welt der IT und damit das Feld der Möglichkeiten innerhalb der IDV sehr dynamisch. Einstellungen und Haltungen innerhalb einer Organisation (z. B. das Verhältnis zwischen IT-Abteilung und Fachabteilungen) sowie Sprachregelungen und Argumentationsmuster (z. B. die Kommunikation der Anforderungen an eine Software) sind in den meisten modernen Unternehmen historisch gewachsen. Die Kommunikation zwischen der IT-Seite und der Fachseite wird von beiden Parteien oft als „Stressfaktor" erlebt.[567] Mitarbeiter von Fachabteilungen greifen auf IDV-Anwendungen zurück, auch weil sie Kontakte mit der IT-Seite vermeiden möchten.[568] Diese Tatsachen illustrieren den Zustand der Kultur der Kommunikation zwischen der IT- und Fachseite. Neben den drei erwähnten Komponenten für die Unternehmenskultur ist also für den IDV-Bereich die Komponente „Zusammenarbeit der IT- und Fachseite" als kritischer Punkt zu nennen. Nur wenn die Verantwortlichkeiten hier klar definiert sind und Kommunikation und Zusammenarbeit auf klaren Regeln beruhen, kann man langfristig davon ausgehen, dass die Kooperation der beiden Bereiche „stressfrei" verläuft.

Die zum Anfang dieses Abschnitts erwähnte Studie zeigt, dass die Unternehmenskultur einen unmittelbaren Einfluss auf die Compliance eines Unternehmens hat. Je komplexer die Vorgänge und Zusammenhänge in Unternehmen werden, desto größer wird die Bedeutung des

---

[565] Vgl. hierzu und im Folgenden Bussmann, K.-D. et al./Compliance/2010, S. 37f.
[566] Vgl. hierzu und im Folgenden Bussmann, K.-D. et al./Compliance/2010, S. 38.
[567] Vgl. Schinzel, B./Technikfolgen- und Technikgeneseforschung/1996, S. 90.
[568] Vgl. Heiser, J./Developing/2006, S. 6.

Faktors Unternehmenskultur. Im Hinblick auf IDV-Anwendungen bedeutet es, dass die Förderung einer positiven Unternehmenskultur einen großen Teil des Erfolgs für eine effiziente und effektive IDV-Politik ausmacht. Eine Teamatmosphäre sowohl auf der Fachseite als auch auf der IT-Seite ist durch die entsprechenden Schulungen und Maßnahmen zu fördern. Ein adäquates Fehlermanagement kann dafür sorgen, dass Mitarbeiter aus Fehlern lernen können und keine großen Hemmungen haben, Fehler ggf. zuzugeben. Der Stellenwert der relevanten gesetzlichen Anforderungen und bankinternen Richtlinien in der Unternehmenskultur sollte klar kommuniziert werden, damit langfristig kein Gleichmut gegenüber Regelverstößen entsteht. Grundsätzlich ist festzuhalten, dass es auf eine gute Balance zwischen Vertrauen und Kontrolle ankommt. Durch das Vertrauen kann der Innovations- und Kreativitätswille der Mitarbeiter gefördert werden.

7.1.2.2 Die strategische Ebene des IDV-Managements

Auf der strategischen Ebene werden die Gestaltungsvorgaben des IDV-Managements konkretisiert. Hier geht es um die Definition der IDV-Kategorien, um die Bestimmung der IDV-Strategie in Abstimmung sowohl mit der IT- als auch mit der Business-Strategie und schließlich um mögliche Gestaltungselemente im Bereich „Verhalten". **Abb. 57** gibt einen Überblick über die Gestaltung der strategischen Ebene.

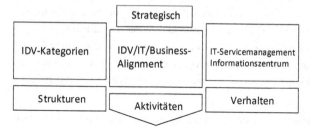

Abb. 57: Meta-Gestaltungskonzept für das IDV-Management: die strategische Ebene
Quelle: In Anlehnung an die Struktur des St. Galler Management-Konzepts bei Bleicher, K./Integriertes Management/2011, S. 91

Zu den IDV-Kategorien

IDV-Anwendungen zeichnen sich durch verschiedene Ausprägungen aus und sind dementsprechend zu kategorisieren. Die Experteninterviews mit Bank A haben ergeben, dass diese Bank eine Kategorisierung heute schon vorschlägt und auch realisiert. Zur Kategorisierung werden hier zwei Ausprägungen herangezogen: Auswirkungen auf die Finanzberichterstattung und die Fehlereintrittswahrscheinlichkeit. Insgesamt unterscheidet man in Bank A drei Kategorien von IDV-Anwendungen:

- Kategorie I: IDV-Anwendungen, die keine oder geringere Auswirkung auf die Finanzberichterstattung haben und/oder geringe Fehlereintrittswahrscheinlichkeit aufweisen;

- Kategorie II: IDV-Anwendungen, die eine mittlere Auswirkung auf die Finanzberichterstattung haben und/oder eine mittlere Fehlereintrittswahrscheinlichkeit aufweisen;

- Kategorie III: IDV-Anwendungen, die eine hohe Auswirkung auf die Finanzberichterstattung haben und/oder eine hohe Fehlereintrittswahrscheinlichkeit aufweisen.

In diese Kategorien werden die bereits in der Bank vorhandenen IDV-Anwendungen unterteilt. Jede neue Anwendung wird mithilfe eines Formulars von Anfang an der entsprechenden Kategorie zugeordnet.

Diese Art der Kategorisierung ist nur eine Möglichkeit. Jede Bank sollte passend zu der eigenen Organisationsstruktur und geschäftlichen Ausrichtung Kategorien definieren. Da es sich in diesem Kapitel um die Vorstellung eines Metamodells handelt, werden die möglichen Kategorien nicht im Detail erarbeitet. Es ist aber notwendig, die bei einer Kategorisierung zu berücksichtigenden Faktoren herauszustellen.

Bei der Kategorisierung von IDV-Anwendungen geht es immer um die Frage, wie kritisch eine Anwendung in einer oder anderer Hinsicht ist. Neben der Auswirkung auf die Finanzberichterstattung wäre die Bedeutung einer Anwendung im Hinblick auf den Datenschutz und die IT-Sicherheit zu bewerten. Je nachdem, ob eine IDV-Anwendung nur für unternehmensinterne Zwecke benutzt wird oder nicht, und je nach Anzahl und Charakter der zu berücksichtigenden Schnittstellen kann der Einsatz einer IDV-Anwendung mit mehr oder weniger kritisch zu sehenden Risiken verbunden werden. Die Einschätzung der Wirkung nach außen ist ein wichtiges Kategorisierungskriterium. So könnte eine weitere mögliche Kategorisierung wie folgt aussehen:

- Kategorie I: IDV-Anwendungen, die ausschließlich intern benutzt werden (z. B. Tools für die Erfassungen von Zeiten und Tätigkeiten);

- Kategorie II: IDV-Anwendungen, die zwar selbst kein Daten-Output nach außen (z. B. für Reporting) produzieren, aber dafür verwendet werden, um beispielsweise eine Plausibilitätsprüfung von Daten mit Außenwirkung durchzuführen (z. B. Anwendungen zur Fehleranalyse von Stammdaten);

- Kategorie III: IDV-Anwendungen mit Außenwirkung (z. B. Reporting-Tools).

Ein weiteres wichtiges Kriterium zur Kategorisierung ist die Komplexität einer Anwendung. Am Beispiel von Excel-Anwendungen könnte man als Kriterium die Anzahl der Zellen oder der Rechenschritte heranziehen. Je umfangreicher und komplexer eine Anwendung ist, desto wahrscheinlicher kann sie bestandsgefährdende Risiken für eine Bank enthalten.

Wenn die Kategorien feststehen, gilt es für jede der definierten Kategorien Mindestanforderungen festzulegen. Diese betreffen sowohl den Umfang der Dokumentation für die jeweilige IDV-Anwendung als auch die Anforderungen an den Entwicklungsprozess (z. B. Funktionstrennung zwischen Entwicklung, Test und Freigabe) sowie Anforderungen hinsichtlich der Datensicherheit, Datenintegrität und der Zugriffskontrollen.

Zum IDV/IT/Business-Alignment

Der Einsatz von IDV-Anwendungen impliziert für Unternehmen, wie bereits gesagt, nicht nur Risiken, sondern auch eine Reihe von Chancen. Diese Chancen sind im Rahmen der Gesamtstrategie einer Bank zu analysieren und in Abstimmung mit der Business-Strategie und der IT-Strategie zu managen. Neben dem IT/Business-Alignment ist also ein IDV/IT-Alignment und auch ein IDV/Business-Alignment erforderlich. Eine solche Abstimmung ist eine notwendige Voraussetzung für das Treffen einer von dem BSI geforderten Grundsatzentscheidung, ob Eigenentwicklungen erwünscht oder unerwünscht sind. Eine Abstimmung der drei Strategien (Geschäftsstrategie, IT-Strategie, IDV-Strategie) ist also notwendig (s. **Abb. 58**).

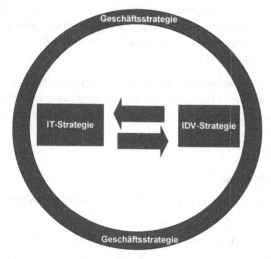

Abb. 58: IDV/IT/Business-Alignment
Quelle: Eigene Darstellung

Welche Rahmenbedingungen sind bei einer solchen Abstimmung zu berücksichtigen? Die in **Kapitel 2** dargestellten Entwicklungen im Bankensektor haben gezeigt, dass das unternehmerische Überleben einer Bank heute wie noch nie zuvor von der Fähigkeit der IT abhängt, geschäftskritische Informationen auf effektive und effiziente Art und Weise zur Verfügung zu stellen und deren Auswertung zu unterstützen.[569] In diesem Prozess spielen IDV-Anwendungen eine wichtige Rolle, denn dieser Softwareentwicklungsansatz gibt den Banken die Möglichkeit, mit einem überschaubaren Aufwand und zeitlich flexibel über innovative Lösungen zu verfügen.

Agierend unter anspruchsvollen Rahmenbedingungen werden Banken bei der Auswahl einer Strategie sowohl im IT- als auch im IDV-Bereich von drei wichtigen Gesichtspunkten beeinflusst: Budgettragfähigkeit, Beherrschbarkeit und Marktunterstützung.[570] Budgetfähigkeit steht für Angemessenheit der IT-Unterstützung sowie für Leistungsfähigkeit. Bei Beherrschbarkeit geht es um die übergreifende IT-Sicherheit sowie um Performance und Stabilität einer Bank im laufenden Betrieb. Marktunterstützung steht für eine adäquate IT-Unterstützung der Fachbereiche sowie für eine schnelle Bereitstellung der Lösungen.

Diese drei Kernfaktoren sind bei der Abstimmung von drei Strategien – IDV-, IT- und Business-Strategie – von Bedeutung. Solange eine Bank lediglich die ersten beiden Kernerfolgsfaktoren (Budgettragfähigkeit und Beherrschbarkeit) im Blick behalten möchte, kann eine Ausrichtung auf eine starke zentrale IT-Verantwortung sinnvoll sein. Eine solche Strategie führt zu einer strengen Ressourcenlimitierung, umfangreichen Planungs- und Budgetierungsprozessen, zentraler Steuerung von Projekten sowie zu einem Architekturmodell, das auf Harmonisierung und Komplexitätsreduktion zielt.

Sobald aber der Erfolgsfaktor „Marktunterstützung" durch IT ins Spiel kommt, kann diese Strategie den Erfolg nicht mehr garantieren. Die Forderung nach der Unterstützung von neuen Geschäftsmodellen und -strategien führt zu einer Reihe von zusätzlichen Anforderungen an die IT[571]:

- Produktinnovationen mit IT

- Schnelligkeit und Qualität als Kernerfolgsfaktoren

- Größtmögliche Gestaltungsfreiheit und Handlungsfähigkeit bzgl. der künftigen Unterstützung

- Re-Dimensionierung der Lösungen sowie ein entsprechend erhöhter Bedarf an IT- und Organisations-Unterstützung

- Stärkere dezentrale Ergebnisverantwortung und somit ein veränderter Steuerungsansatz mit ergebnisverantwortlichen Geschäftsbereichen – auch für IT-Themen.

---

[569] Vgl. Keupner, F; Schomann, M.; Grimm, R./Strategisches IT-Management/2008, S. VII.
[570] Vgl. hierzu und im Folgenden Schick, A./Neuausrichtung/2008, S. 146.
[571] Vgl. hierzu und im Folgenden Schick, A./Neuausrichtung/2008, S. 147f.

Je mehr die Positionierung sich in Richtung „Marktunterstützung" verschiebt, desto höher ist die Spannung zu den beiden anderen Dimensionen. Die Forderung nach Beherrschbarkeit steht nicht selten im Widerspruch zur Forderung nach Flexibilität der IT und Dezentralisierung. Der Kostendruck verhindert unter Umständen die nötigen innovativen Entwicklungen. Um den aufgezeigten Anforderungen nach mehr Flexibilität und Innovationskraft der IT gerecht zu werden, ist es notwendig, Freiräume für eine schnelle und flexible Entwicklung neuer IT-Lösungen und somit für den „IT-Change" zu schaffen. Im Einzelnen bedeutet das:

- Wesentliche Ressourcenausweitung für „Change the Bank" (CTB), d. h. die deutliche Weiterentwicklung der IT für das Finanzinstitut, bei gleichzeitiger

- Reduzierung von Aufwand für „Run the Bank" (RTB), d. h. für die Betreuung und den stabilen Betrieb der eingesetzten Anwendungen und technischen Infrastrukturen.

In **Abb. 59** ist gezeigt, dass das Verhältnis von CTB zu RTB in Zukunft neu zu definieren ist. Dieses neue Verhältnis wird dadurch gekennzeichnet sein, dass ein ausgeglichener Korridor von 50-60 % für RTB erreicht werden soll. Momentan haben viele Kreditinstitute das betriebslastige Verhältnis von 80-90 % für RTB.[572]

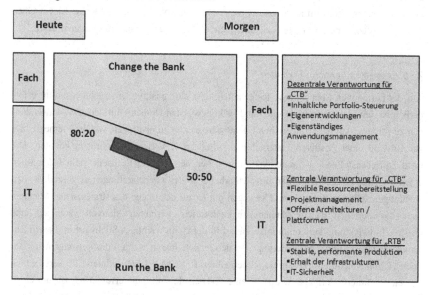

Abb. 59: „Run the Bank" vs. „Change the Bank"
Quelle: Schick, A./Neuausrichtung/2008, S. 148

---

[572] Vgl. Schick, A./Neuausrichtung/2008, S. 148.

Je mehr sich eine Bank also in Richtung „Marktunterstützung" orientiert, desto größer wird die Bedeutung der IDV-Anwendungen und damit der IDV-Strategie. Denn die neuen Anforderungen an die IT im Bereich der Flexibilität und Innovationskraft können ohne offene und flexible Zusammenarbeit von Fachabteilungen und IT-Abteilung nicht erfüllt werden. Eine neue Zuordnung von Verantwortung für die IT wird notwendig sein. In Zukunft wird es immer mehr erforderlich sein, dass Fachabteilungen ein eigenständiges Anwendungsmanagement betreiben, die Verantwortung für die Planung und Umsetzung der mittelfristigen IT-Entwicklungslinie selbst übernehmen sowie das IT-Portfolio inhaltlich mitsteuern und mitgestalten. In der zentralen Verantwortung werden künftig vor allem die Bereitstellung der technischen Infrastruktur und Architekturen sowie die IT-Sicherheit bleiben. Aber neben diesen traditionellen Aufgaben werden die Aufgaben der zentralen IT deutlich mehr in Richtung der flexiblen Ressourcenbereitstellung, des professionellen Projektmanagements sowie der Bereitstellung von offenen Architekturen und Plattformen erweitert. Diese Veränderungen im Verständnis der IT-Rolle bedeuten einen umfangreichen Umstrukturierungsprozess in den Aufgaben und Verantwortlichkeiten der IT-Abteilung auf der einen und Fachabteilungen auf der anderen Seite. Es geht dabei nicht um einzelne Maßnahmen, sondern um umfangreiche Umgestaltungen, die beim grundsätzlichen Verständnis von Auftrag und Rolle der einzelnen Akteure ansetzen und im Ergebnis zu einer Neudefinition der IT-Funktion führen müssen.[573]

Zu Elementen im Bereich „Verhalten"

Auf der normativen Ebene wurde festgehalten, dass eine positive Unternehmenskultur erforderlich ist, um einen wertorientierten und risikobewussten Umgang mit den IDV-Anwendungen zu fördern. Auf der strategischen Ebene wäre es nun zu überlegen, welche Elemente hier zur Bildung einer positiven Unternehmenskultur im IDV-Bereich beitragen könnten. Die nicht zufriedenstellende Kommunikation zwischen der IT- und Fachseite stellt bekanntlich einen der Hauptgründe dafür dar, dass Mitarbeiter in den Fachabteilungen es vorziehen, Anwendungen selbst zu entwickeln. Deswegen gilt es auf der Ebene des strategischen Managements zu überlegen, welche Maßnahmen im Bereich „Verhalten" sinnvoll wären, um eine positive Entwicklung der Kommunikation zu fördern. Ein wichtiges Stichwort in diesem Zusammenhang ist „Serviceorientierung". In den letzten Jahren werden die Leistungen im Bereich IT zunehmend als „IT-Services" betrachtet. P. T. KÖHLER definiert „IT-Service" als „... eine definierte Aufgabe, wie z. B. eine IT-Dienstleistung, die erforderlich ist, um einen bestimmten Geschäftsprozess durchzuführen oder am Leben erhalten zu können."[574] IT-Services zeichnen sich wesentlich durch eine starke Einbindung des Kunden in den Prozess

---

[573] Vgl. Schick, A./Neuausrichtung/2008, S. 149.
[574] Köhler, P. T./ITIL/2007, S. 30.

der Leistungserbringung aus.[575] Kundenorientierung und Kundenzufriedenheit werden in den Vordergrund gestellt. Eine Entwicklung von IT-Organisationen weg vom Lieferanten für Hardware- und Softwaresysteme hin zum lösungs- und wertschöpfungsorientierten IT-Dienstleister sowie der Wandel der Informationsverarbeitung von einem technikorientierten Funktionsbereich zu einem kundenorientierten Dienstleistungsanbieter ist zu beobachten.[576] Von den IT-Organisationen wird erwartet, dass sie ihre Dienstleistungen bedarfsgerecht sowie zeit-, qualitäts- und kostenoptimal für ihre Kunden zur Verfügung stellen. Dabei werden unter Kunden nicht nur externe sondern auch interne Kunden, also auch Mitarbeiter eines Unternehmens verstanden. Die Voraussetzung dafür ist, dass die IT-Organisationen ihre Ziele, Strategien und Maßnahmen zur Bereitstellung von IT-Services genau planen und auf der strategischen Ebene festlegen.[577] Dafür ist ein IT-Servicemanagement erforderlich. Darunter wird die Gesamtheit der Prinzipien und Verfahren zur Erstellung und Erbringung von IT-Services für Kunden der IT-Organisationen verstanden. Eine kontinuierliche Überwachung und Steuerung der IT-Services im Sinne der Kundenanforderungen steht dabei im Vordergrund.[578]

Wie kann der Gedanke „Serviceorientierung" für den IDV-Bereich nützlich sein?

Ein IT-Servicemanagement kann langfristig die Notwendigkeit von IDV-Anwendungen und damit den „Wildwuchs" reduzieren kann. Wenn Mitarbeiter der Fachabteilungen ihre Anforderungen auf gut organisierten Wegen klar kommunizieren können und die gewünschten Lösungen in der notwendigen Zeit zur Verfügung bekommen, verringert sich die Bedeutung von zwei wichtigen Vorteilen der IDV: Schnelligkeit und Flexibilität. Das bedeutet natürlich nicht, dass die Notwendigkeit von IDV-Anwendungen komplett entfällt. Solche Vorteile wie Unabhängigkeit und Einfachheit der individuellen Anwendungen kann auch ein IT-Servicemanagments nicht ersetzen. Es wird also auch hier Fälle geben, wo Mitarbeiter der Fachabteilungen Eigenentwicklungen vorziehen. Insgesamt kann man aber damit rechnen,

---

[575] Vgl. Kopperger, D.;Kunsmann, J.; Weisbecker, A./IT-Servicemanagement/2006, S.117 sowie Schomann, M.; Röder, S./Entwicklung/2008, S. 325.

[576] Vgl. Böhmann, T.; Krcmar, H./IT-Servicemanagement/2004, S. 7; Schomann, M.; Röder, S. /Entwicklung/ 2008, S. 325.

[577] Vgl. Schomann, M.; Röder, S./Entwicklung/2008, S. 325.

[578] Vgl. Kopperger, D.;Kunsmann, J.; Weisbecker, A./IT-Servicemanagement/2006, S.117; Köhler, P. T./ ITIL/ 2007, S. 8; Schomann, M.; Röder, S./Entwicklung/2008, S. 326. Als De-facto-Standard hat sich IT Infrastructure Library (ITIL) für das IT-Service-Management etabliert. ITIL stellt eine systematische Einführung in die Förderung der Qualität von IT-Services dar. Die erste Version von ITIL wurde in den 1980er-Jahren als Best-Practice-Ansatz in Großbritannien von der CCTA (Central Computer and Telecommunications Agency, heute Office of Government Commerce, OGC) eingeführt. Die Initiative für die Entwicklung kam von der britischen Regierung. Die schlechte Servicequalität, die der öffentlichen Verwaltung von externen Dienstleistern und internen IT-Abteilungen angeboten wurde, wurde zum Auslöser. Die Idee war, durch eine standardisierte Vorgehensweise bei der Bereitstellung von IT-Services die Qualität im Hinblick auf Effektivität und Effizienz zu erhöhen. ITIL entstand als Best-Practice-Ansatz. An der Entwicklung von ITIL arbeiteten Experten aus großen Firmen und Rechenzentren. Mit ITIL sollte ein offener Standard entwickelt werden, mit dem IT-Services gesteuert werden können. Seit 2007 existiert ITIL in der dritten Version: ITIL® v3; s. auch http://www.ogc.gov. uk/.

dass die Bereitschaft, Anwendungsentwicklungen an die zentrale IT zu delegieren, steigen wird.

Ein gut organisiertes und durchdachtes IT-Servicemanagement kann sich auch auf einem anderen Weg positiv auf die Risikosituation im IDV-Bereich auswirken: Mitarbeiter würden eine adäquate Unterstützung bei Eigenentwicklungen bekommen. Diese könnte in Form von entsprechenden Beratungsservices (z. B. zu fachlichen Fragen im Bereich Programmierung und Softwareentwicklung) bis hin zu Dienstleistungen in Form der Übernahme von Tests und Kontrollen erfolgen. Es wäre auch denkbar, dass IDV-Anwendungen nach der Entwicklung in den Verantwortungsbereich der zentralen IT übernommen werden. In diesem Fall trägt die zentrale IT nach einem festgelegten Übernahmeprozess die Verantwortung für die Archivierung, Dokumentation und Kontrolle der in ihre Obhut übergebenen Anwendungen.

Eine weitere strategische Entscheidung wäre die Einrichtung von IT-Informationszentren. Wie in **Abschnitt 3.4.2** gesagt, waren Informationszentren in Unternehmen in der Anfangsära der Individuellen Datenverarbeitung von großer Bedeutung. Mit der Zeit ging diese Bedeutung zurück. Nicht zuletzt hängt das damit zusammen, dass die allgemeinen IT-Kenntnisse der Mitarbeiter durch einen intensiven und allgegenwärtigen Einsatz des PC so gut geworden waren, dass der Bedarf von Informationszentren nicht mehr gegeben war, zumindest nicht in der ursprünglich gedachten Form. Die in der vorliegenden Arbeit beschriebenen gegenwärtigen Probleme im IDV-Bereich zeigen aber, dass Informationszentren in einer modifizierten Form durchaus wieder sinnvoll sein könnten, wenn es um die Unterstützung von Benutzern bei den Eigenentwicklungen geht. Im Rahmen solcher Informationszentren würden für Mitarbeiter spezielle Schulungen angeboten werden. Neben Weiterbildung für konkrete Endbenutzerwerkzeuge (MS Excel, MS Access etc.) wäre Schulung in Methoden der Softwareentwicklung denkbar. Im Rahmen von IT-Informationszentren könnten Mitarbeiter ihre Erfahrungen austauschen und das vorhandene Wissen weitergeben.

7.1.2.3 Die operative Ebene des IDV-Managements

Nachdem die normative Ebene und die strategische Ebene des IDV-Managements erläutert wurden, gilt es nun aufzuzeigen, welche Elemente auf der operativen Ebene eine konkrete Umsetzung von formulierten Vorgaben und verfassten Zielen unterstützen könnten. Dem Meta-Gestaltungskonzept zufolge findet im Bereich „Strukturen" die Konkretisierung der Vorgaben aus der IDV-Richtlinie in Form von Formularen statt. Darüber hinaus ist die Einrichtung eines gemeinsamen Laufwerks für alle IDV-Anwendungen sinnvoll. Das IDV-Monitoring sorgt im Bereich „Aktivitäten" für die Umsetzung der Ziele und die laufende Anpassung und Kontrolle für das IDV/IT/Business-Alignment. Schließlich geht es auf der Verhaltensebene um die Entwicklung eines Rollenkonzepts, das Klarheit hinsichtlich der Zuständigkeiten und Verantwortlichkeiten im IDV-Bereich schaffen soll. **Abb. 60** fasst die Elemente der operativen Ebene zusammen.

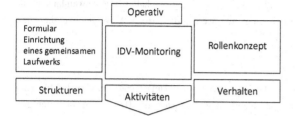

Abb. 60: Meta-Gestaltungskonzept für das IDV-Management: die operative Ebene

Quelle: In Anlehnung an die Struktur des St. Galler Management-Konzepts bei Bleicher, K./Integriertes Management/2011, S. 91

Zum Formular und zum gemeinsamen Laufwerk

Es ist sinnvoll, für alle in einer Bank eingesetzten IDV-Anwendungen ein Formular als einen obligatorischen Bestandteil jeder Anwendung einzuführen. In diesem Formular sollten alle wesentlichen Informationen zur jeweiligen Anwendung erfasst werden. Inhaltlich sollte man sich bei der Erstellung eines solchen Formulars an den Anforderungen der IDV-Richtlinie sowie an den definierten IDV-Kategorien orientieren. Neben allgemeinen Angaben (Name des verantwortlichen Mitarbeiters, Bezeichnung der Anwendung, Datum etc.) gehören Informationen über die spezielle Zweckbestimmung der Anwendung (Datenerhebung, -verarbeitung oder -nutzung) sowie die Aufzählung und Beschreibung von betroffenen organisatorischen Einheiten zu den festen Bestandteilen des Formulars. Es ist also festzuhalten, wo und für welchen Zweck die jeweilige Anwendung eingesetzt wird. Bei der Erstellung eines solchen Formulars sind Anforderungen an den Datenschutz und die Datensicherheit zu beachten. So sind beispielsweise Angaben zu Fristen für die Löschung der Daten oder auch Beschreibungen der getroffenen Sicherheitsmaßnahmen (Zugangs- und Zugriffskontrollen, Eingabekontrolle, etc.) in der Regel erforderlich. Es ist außerdem darauf zu achten, dass eine ausführliche Dokumentation der bei der Anwendungserstellung benutzten Hard- und Software in dem Formular enthalten ist.

Eine weitere wichtige Voraussetzung für die Umsetzung von Vorhaben der normativen und strategischen Ebenen ist die Einrichtung eines gemeinsamen Laufwerks mit dem Ziel, alle IDV-Anwendungen dort zu speichern. Auf diesem Laufwerk sind neben den Anwendungen selbst auch die dazu gehörigen Formulare, Fachkonzepte, Anwendungsbeschreibungen etc. abzulegen. Was die Konfiguration des Laufwerks betrifft, so hängt sie zum einen von den zuvor definierten Kategorien der IDV-Anwendungen und zum anderen von der organisatorischen Struktur der Bank ab. Sie hat zudem Anforderungen der auf der normativen Ebene definierten IDV-Richtlinie abzubilden. Sinnvoll erscheint die Unterteilung des Laufwerks in drei Umgebungen. In der ersten Umgebung sollten alle Anwendungen abgelegt werden, die sich in der Entwicklung befinden. Die zweite Umgebung beinhaltet IDV-Anwendungen, die in der Testphase sind. In der dritten Umgebung werden die fertigen Anwendungen, die bereit im Betrieb sind, abgelegt.

Zum IDV-Monitoring

Das Ziel des IDV-Monitorings ist die Überwachung der Umsetzung von IDV-Politik. Hier geht es zum einen um eine laufende Überprüfung der Ziele der IDV-Politik und eine ggf. notwendige Anpassung der IDV-Politik an die zentrale IT-Politik und Unternehmenspolitik. Des Weiteren gehört eine laufende Kontrolle der Anforderungen im IDV-Bereich zu den zentralen Aufgaben des IDV-Monitorings. Die Landschaft der gesetzlichen Regularien im Bereich IT ist groß (s. **Abschnitt 5.3.2.3**) und ständig kommen neue Anforderungen dazu. Innerhalb des IDV-Monitorings sollte außerdem im Sinne des internen Kontrollsystems die Prozesswirksamkeit und Einhaltung der Vorschriften im IDV-Bereich überwacht werden.

Zum Rollenkonzept

In **Abschnitt 3.4.1** war die Rede von verschiedenen Rollen innerhalb des Prozesses der Softwareentwicklung. Für den IDV-Bereich ist es charakteristisch, dass die Rollen (Analyse, Programmierung und Anwendung) in einer Hand, in der des Anwenders, liegen. Nun zeigen die Erkenntnisse der vorliegenden Arbeit, dass mitunter eine solche Rollenzentrierung aus Risikogesichtspunkten kritisch sein kann und dass eine Funktionstrennung im Entwicklungsprozess notwendig ist, zumindest was bestimmte IDV-Anwendungskategorien (s. **Abschnitt 7.1.2.2**) betrifft. Je nach Kategorie der IDV-Anwendungen sind bestimmte Rollen von einem weiteren Mitarbeiter der Fachabteilung (beispielsweise für die Gewährleistung des Vier-Augen-Prinzips) oder auch von einer Person aus der zentralen IT (beispielsweise für Tests) zu übernehmen.

Je nachdem, welchen Stellenwert der IDV-Bereich in einer Bank hat und welche Kategorien der IDV-Anwendungen (s. **Abschnitt 7.1.2.2**) festgelegt wurden, macht es Sinn, die drei Rollen (Analyse, Programmierung und Anwendung) in weitere detaillierte Funktionen zu unterteilen.

7.1.2.4 Die Integrationsidee im Meta-Gestaltungskonzept für das IDV-Management

In den vorherigen Abschnitten wurden drei Ebenen des Meta-Gestaltungskonzepts für das IDV-Management mit den dazugehörigen Aufgabenbereichen dargestellt. **Abb. 61** fasst diese einzelnen Ebenen grafisch zusammen.

Wie auch bei dem St. Galler Management-Konzept spielt der Gedanke der Integration in dem hier entworfenen Meta-Gestaltungskonzept für das IDV-Management eine wichtige Rolle. Die Integration findet sowohl horizontal als auch vertikal statt.

Zur horizontalen Integration

Auf der *normativen Ebene* soll die Entwicklung der IDV-Richtlinie in Abstimmung mit den Zielen der IDV-Politik und mit den Herausforderungen und Bestrebungen im Bereich der Unternehmenskultur stattfinden. Die Ziele der IDV-Politik können wiederum nicht ohne Rücksicht auf die Unternehmenskultur und auf die Anforderungen (internen und externen) an den IDV-Einsatz verfolgt werden. Bei der Festlegung der IDV-Kategorien auf der *strategischen Ebene* sind Erkenntnisse und Herausforderungen aus dem IDV/IT/Business-Alignment zu berücksichtigen. Je nach dem Stellenwert der IDV-Politik in einer Bank fallen Bestrebungen im Bereich des IT-Servicemanagments und der Informationszentren unterschiedlich intensiv aus. Entscheidet man, dass IDV-Anwendungen eine strategisch wichtige Ressource für eine Bank darstellen, wird man sich bemühen, die Unterstützung der Mitarbeiter innerhalb des IT-Servicemanagements und der Informationszentren auszubauen. Die Entwicklung eines IDV-Formulars und das Anlegen eines IDV-Laufwerks sollen auf der *operativen Ebene* unter Berücksichtigung des Rollenkonzepts und der Anforderungen an das IDV-Monitoring erfolgen.

Zur vertikalen Integration

Bei der vertikalen Integration geht es um die Abstimmung innerhalb der einzelnen Handlungsbereiche (Strukturen, Aktivitäten, Verhalten). Wie auch im Fall der horizontalen Integration findet die Abstimmung in beide Richtungen statt. Am Beispiel des Bereichs *Strukturen* würde das bedeuten, dass IDV-Kategorien unter Berücksichtigung der Anforderungen der IDV-Richtlinie festzulegen sind. Gleichzeitig sind in der IDV-Richtlinie die definierten Kategorien und die damit verbundenen differenzierten Mindestanforderungen zu beachten. Bei der Gestaltung des Formulars und der Konfiguration des Laufwerks sind ebenfalls die Anforderungen der IDV-Richtlinie sowie die IDV-Kategorien zu berücksichtigen. Im Bereich *Aktivitäten* sind die auf der normativen Ebene formulierten Ziele der IDV-Politik beim IDV/IT/Business-Alignment im Auge zu behalten. Der Monitoring-Prozess im IDV-Bereich ist ebenfalls unter Beachtung der Ziele und der Erkenntnisse aus dem IDV/IT/Business-Alignment durchzuführen. Beurteilungen und Feststellungen aus dem Prozess des IDV-Monitorings werden im Idealfall zeitnah auf der normativen und strategischen Ebene bei der Festlegung der Ziele und bei der Gestaltung des IDV/IT/Business-Alignments berücksichtigt. Im Bereich *Verhalten* geht es schließlich darum, eine adäquate Handhabung der IDV-Anwendungen in einer Bank sicherzustellen.

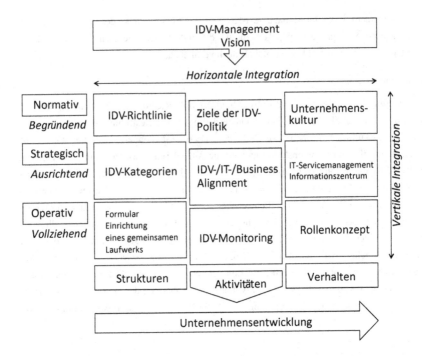

Abb. 61: Meta-Gestaltungskonzept für das IDV-Management
Quelle: In Anlehnung an die Struktur des St. Galler Management-Konzepts bei Bleicher, K./Integriertes Management/2011, S. 91

Die identifizierten kritischen Punkte der Unternehmenskultur (s. **Abschnitt 7.1.2.1**) sind zu analysieren und bei der Ausgestaltung der Komponenten auf der strategischen Ebene zu beachten. Die Gestaltung des Rollenkonzepts hängt unter anderem davon ab, wie die Zusammenarbeit zwischen der IT- und Fachseite organisiert wird und welche Unterstützung Fachabteilungen durch entsprechende Einrichtungen (z. B. IT-Servicemanagement oder ein Informationszentrum) erfahren.

Nur wenn man alle Komponenten des Meta-Gestaltungskonzepts für das IDV-Management integriert versteht, kann man langfristig positive Entwicklungen im IDV- Bereich – im Sinne der Förderung von Chancen und der Reduzierung von Risiken – und damit auch im Unternehmen insgesamt erwarten.

7.2 IDV-Einsatz im Bankensektor – Eine Herausforderung für die Wirtschaftsprüfung?

Das entwickelte und dargestellte Meta-Gestaltungskonzept für das IDV-Management soll den Banken helfen, ihren IDV-Bereich zu kontrollieren und zu steuern. Das Ziel dabei ist, die aus IDV-Anwendungen resultierenden Risiken zu minimieren, ohne die Chancen dieser Anwendungsart komplett zu eliminieren. Ein verantwortungsvoller Umgang mit dem IDV-Bereich wird im Sinne von Corporate Governance angestrebt. Der Corporate-Governance-Ansatz setzt voraus, dass Interessen aller relevanten Interessengruppen eines Unternehmens berücksichtigt und geschützt werden müssen. Darunter fallen auch die Interessen der Öffentlichkeit. In **Abschnitt 7.2.1** wird diskutiert, welche Risiken IDV-Anwendungen unter Umständen für die Öffentlichkeit haben können und ob es gegenüber der Öffentlichkeit zu verantworten ist, diese im Bankensektor unkontrolliert einzusetzen. Anschließend wird in **Abschnitt 7.2.2** aufgezeigt, wie diese Risiken in der gesetzlichen IT-Systemprüfung berücksichtigt werden können.

7.2.1 IDV-Einsatz im Bankensektor – Ein Risiko für die Öffentlichkeit?

Wie weitreichend können Konsequenzen aus fehlerhaften oder nicht-ordnungsmäßigen IDV-Anwendungen sein? Bedeuten diese Anwendungen möglicherweise Risiken und Gefahren weit über die Unternehmensgrenzen hinaus?

Im Zeitalter der elektronischen Medien werden Informationen sehr schnell verbreitet und weitergeleitet. Bereits einfache Tippfehler und Versäumnisse können schnell weitreichende Konsequenzen haben. In dem Beitrag „Alles nur ein Tippfehler?" vom 2010-05-07 konnte man Folgendes lesen: „Für den beispiellosen Absturz des Dow-Jones-Indexes im Zusammenhang mit der Griechenland-Krise könnte es einen ganz banalen Hintergrund geben: Möglicherweise vertippte sich bloß ein Händler. Es war möglicherweise nur ein Tippfehler und nicht vor allem die Krise in Griechenland, die am Donnerstag zu einem der turbulentesten Tage in der Geschichte der Wall Street geführt hat."[579] Im Beitrag wird weiter erläutert, dass der Händler sich höchstwahrscheinlich vertippt und Aktien im Wert von 16 Milliarden statt 16 Millionen verkauft hat.[580] In der englischen Sprache macht ein einziger Buchstabe den Unterschied aus: Billion (Milliarden) statt Million (Millionen). Durch diesen Fehler wurden vermutlich automatische Verkäufe ausgelöst, die schließlich zum Kurssturz führten.

Dieser Fall ist kein Beispiel für einen Fehler im IDV-Bereich im Sinne der vorliegenden Arbeit. Er zeigt aber anschaulich, wie schnell solche „Allerweltsfehler" weitreichende Konsequenzen über die Unternehmensgrenzen hinaus haben können. So auch Fehler im IDV-

---

[579] o. V./Alles nur ein Tippfehler?/2010.
[580] Vgl. hierzu und im Folgenden o. V./Alles nur ein Tippfehler?/2010.

Bereich. Eine IDV-Anwendung, die beispielsweise zur Erstellung eines Konzernabschlusses verwendet wird und fehlerhaft ist, kann u. U. zu gravierend fehlerhaften Bilanzausweisen führen. Wie in früheren Abschnitten erläutert, werden IDV-Anwendungen gerade in den Bereichen Controlling und Reporting eingesetzt. Die Ergebnisse aus diesen Anwendungen werden also sowohl für die Unternehmenssteuerung als auch für die Publizität benutzt. Bleiben Verarbeitungsfehler in einer IDV-Anwendung zur Erstellung von bankenaufsichtlichen Meldungen mangels Verarbeitungskontrollen unbemerkt, gehen falsche Meldungen an Aufsichtsbehörden.[581] Je nachdem, wie gravierend Fehler sind, können solche falschen Meldungen und fehlerhaften Bilanzausweise zu Reputationsverlusten, negativen Schlagzeilen in der Presse, Verlusten durch Rücknahmen von Handelsgeschäften und unter Umständen sogar zur Existenzgefährdung der Bank führen. Es sind weitere Negativszenarien durch fehlerhafte IDV-Anwendungen leicht vorstellbar. Eine fehlerbehaftete IDV-Anwendung im Wertpapiergeschäft kann schnell zu nicht korrekt quotierten Wertpapieren führen. Besonders bedrohlich sind IDV-Anwendungen auch deshalb, weil sie oft im Bereich der Führungsinformationssysteme zum Einsatz kommen. Sind Anwendungen fehlerhaft, basieren Management-Entscheidungen zwangsläufig auf fehlerhaften Informationen.

Bei der aktuellen Diskussion über die Finanzmarktkrise und insbesondere über Urteile von Rating-Agenturen stellt sich die Frage, welche IT-Anwendungen hier zum Einsatz kommen. Sind es womöglich auch IDV-Anwendungen? Falls ja, werden sie ausreichend getestet? Wird z. B. das Vier-Augen-Prinzip geachtet? Diese Fragen können in der vorliegenden Arbeit nicht thematisiert werden. Sie stellen aber eine interessante Diskussionsbasis dar und eine Herausforderung für künftige Untersuchungen auch im IDV-Bereich.

Einleitend zum aktuellen Abschnitt wurde die Frage gestellt, wie verantwortungsvoll es ist, einen nicht oder nicht ausreichend kontrollierten IDV-Einsatz im Bankensektor zuzulassen. Betrachtet man aktuelle Beiträge zur Finanzmarktkrise, wie z. B. ein Aufsatz von P. BARTMANN über „Die Verantwortung der Wirtschaftsinformatik für die Finanzmarktkrise", liegt die Vermutung nahe, dass der unkontrollierte Einsatz von IDV-Anwendungen im Bankensektor auch über Unternehmensgrenzen hinaus „unverantwortlich" sein könnte.[582]

In seinem Beitrag beleuchtet BARTMANN die Bedeutung der IT-Unterstützung bei der Verwendung und Erstellung von finanzmathematischen Modellen. Er diskutiert die Frage nach der Rolle solcher Modelle und Entscheidungsunterstützungssysteme (EUS) für die Entstehung und den Verlauf der Finanzmarktkrise. Seine Überlegungen hinsichtlich der Verantwortung und eventueller Versäumnisse der Wirtschaftsinformatik gehen vor allem auf die Frage zurück, ob und in welchem Umfang die (Teil-)Automatisierung der strategischen Entscheidun-

---

[581] Vgl. hierzu und im Folgenden Arendt, S.; Abbou, M./Individuelle Datenverarbeitung/2009, S. 281.

[582] Vgl. Bartmann, P./Finanzmarktkrise/2009.

gen die Gefahr mit sich bringt, dass die Urteilskraft und die Erfahrungen der Führungskräfte auf solchem Weg der Entscheidungsfindung nicht ausreichend zur Geltung kommen.[583] Die Gefahren liegen in den Modellen der Entscheidungsfindung selbst und deren Integration in die EUS. BARTMANN weist darauf hin, dass IT-gestützte Entscheidungsmodelle nur unter vereinfachenden Annahmen arbeiten und daher nur einen Teil der realen Komplexität abbilden. Wenn auch nur eine Annahme nicht erfüllt ist, könne auch die Interpretation von Modellaussagen nicht mehr uneingeschränkt fehlerfrei und zulässig sein. Dazu komme, dass Führungskräfte ihre Entscheidungen oftmals mit einem eingeschränkten Verständnis für die eingesetzten Modelle treffen. Derartige Bedenken und Überlegungen geben BARTMANN Anlass, die Frage nach einer Mitverantwortung der Wirtschaftsinformatik für die Finanzmarktkrise zu stellen.

In seinem Beitrag wirft BARTMANN dann die Frage auf, inwieweit die Wirtschaftsinformatik für solche Versäumnisse verantwortlich sei, die er bejaht. Er begründet seine These mit der Tatsache, dass Wirtschaftsinformatiker für die Konzeption der auf den finanzmathematischen Modellen basierenden EUS zuständig sind. Er verweist auf die Forderung der Wissenschaftlichen Kommission Wirtschaftsinformatik (WKWI), „bei der Auswahl der anzuwendenden Methoden/Werkzeuge nicht nur Fragen der technischen Effizienz, sondern auch die ökonomische und soziale Einsetzbarkeit"[584] zu beachten. Bei der Konzeption, Entwicklung und Nutzung von EUS sei zu berücksichtigen, dass Entscheidungsmodelle und die darauf basierenden EUS für das Entstehen und Platzen von Marktblasen verantwortlich sein könnten.[585]

Die in dieser Arbeit dargelegten Erkenntnisse im Hinblick auf die Komplexität und Unkontrollierbarkeit von IDV-Anwendungen führten zur Ergänzung der Überlegungen von BARTMANN. Wie verantwortungsvoll gegenüber der Öffentlichkeit ist es, einen umfangreichen und unkontrollierten Einsatz von IDV-Anwendungen in Unternehmen insgesamt und in Banken insbesondere zuzulassen? Fehlerhafte Ergebnisse haben einen negativen Einfluss auf die Datenqualität. Zur Problematik der Teilautomatisierung und der vereinfachenden Annahmen kommt also die Problematik der mangelhaften Datenqualität. Strategische Entscheidungen des Managements basieren nun unter Umständen nicht nur auf realitätsfremden Modellen, sondern auch auf falschen Zahlen. Diese Zusammenhänge verstärken also die Notwendigkeit der Einrichtung von Kontroll- und Überwachungsmechanismen im IDV-Bereich. Aktuelle Untersuchungen belegen, dass die betriebswirtschaftlichen Kosten und Erträge in das unternehmerische Kalkül bei der Einrichtung von Überwachungsmaßnahmen und Sicherheitsvorkehrungen im IT-Bereich einer Bank einfließen.[586] Die volkswirtschaftlichen Kosten und Erträge,

---

[583] Vgl. hierzu und im Folgenden Bartmann, P./Finanzmarktkrise/2009, S. 149.

[584] o. V./Profil/1994, S. 81.

[585] Vgl. Bartmann, P./Finanzmarktkrise/2009, S. 151.

[586] Vgl. hierzu und im Folgenden Blattner, N./IT im Finanzsektor/2005, S. 3f.

die im Falle einer Krise anfallen, bleiben dagegen oft unberücksichtigt. Eine Bank bemüht sich zwar um die individuelle Sicherheit und Einschränkung der Risiken, die Stabilität des Gesamtsystems bleibt aber oft nicht ausreichend bedacht. Auch im IDV-Bereich hat eine Bank nicht nur auf die individuellen Chancen und Sicherheiten, sondern auch auf die Stabilität des Gesamtsystems zu achten. Die im vorherigen Abschnitt erläuterten Probleme, Komplexität und Unkontrollierbarkeit des IDV-Bereichs betreffend, können unter Umständen die Gesamtstabilität im Bankensektor gefährden. In **Tab.** 13 sind beispielhaft einige Auswirkungen für die einzelnen Gruppen zusammengefasst, die auftreten können, wenn ein uneingeschränkter Jahresabschluss in wichtigen Teilen fehlerhaft ist.

Gruppe	Auswirkungen
Bank-Management	- Falsche Zahlen aus dem Jahresabschluss dienen als Basis für Budgets, Cash-Flow-Berechnungen usw. - Falsche Zahlen werden für die strategischen Entscheidungen verwendet. - Der gesellschaftspolitischen Verantwortung des Managements wird nicht Rechnung getragen.
Aktionäre	- Entscheidungen für die Investitionen und Dividenden werden von den falschen Zahlen maßgeblich beeinflusst. - Unter Umständen können falsche Zahlen zum Wechsel des Kreises der Aktionäre und damit zu völlig neuen Rahmenbedingungen führen.
Medien und Politik	- Falsche Berichterstattung in den Medien. - Image-Verschlechterung eines Unternehmens und unter Umständen sogar ganzer Branchen oder Staaten.
...	...

Tab. 13: Beispiele für Auswirkungen eines falschen Jahresabschlusses
Quelle: Eigene Darstellung in Anlehnung an Krommes, W./Jahresabschluss-prüfung/2005, S. 14

In den nächsten Abschnitten werden die aktuellen Anforderungen an die IT-Systemprüfungen kurz dargestellt. Es wird aufgezeigt, ob und in welchem Umfang IDV-Anwendungen bereits heute einen Teil der gesetzlichen IT-Systemprüfung ausmachen. Weiterhin gilt es darzustellen, welche künftigen Herausforderungen sich für IT-Systemprüfungen im Zusammenhang mit den Erkenntnissen der vorliegenden Arbeit ergeben.

7.2.2   IDV-Anwendungen und die Jahresabschlussprüfung

Wie in der Einführung zur vorliegenden Arbeit bereits erwähnt, ist die IT in den letzten Jahren immer mehr zum Gegenstand der gesetzlichen Abschlussprüfung geworden. Der Grund dafür liegt in der Tatsache, dass die rechnungslegungsrelevanten Prozesse heutzutage in Unternehmen kaum noch ohne IT- und IDV-Unterstützung organisiert werden. In den vorherigen

Abschnitten wurde dargestellt und begründet, dass IDV-Anwendungen unter Umständen zu erheblichen Risiken in den rechnungslegungsrelevanten Daten und damit im Jahresabschluss einer Bank führen können. Inwieweit werden diese Risiken aktuell durch die Wirtschaftsprüfer beachtet? Im aktuellen Abschnitt wird zunächst eine kurze Einführung zur IT als Gegenstand der Jahresabschlussprüfung gegeben. Anschließend wird die IT-Systemprüfung nach dem IDW PS 330 „Abschlussprüfung bei Einsatz der Informationstechnologie" dargestellt. Dabei soll untersucht werden, ob und inwieweit der IDV-Einsatz im Rahmen der IT-Systemprüfung berücksichtigt wird. Im Anschluss daran werden – wie bereits gesagt – Überlegungen hinsichtlich der künftigen Herausforderungen und Entwicklungen im Bereich der IT-Systemprüfungen präsentiert.

7.2.2.1 IT als Gegenstand der Jahresabschlussprüfung

Die Aufgaben der Jahresabschlussprüfung im Sinne des deutschen Handelsrechts besteht in der Beurteilung der Rechnungslegung der prüfungspflichtigen Unternehmen. „Durch die Abschlussprüfung soll die Verlässlichkeit der in Jahresabschluss und Lagebericht enthaltenen Informationen bestätigt und insoweit deren Glaubwürdigkeit erhöht werden."[587] Gemäß § 316 Abs. 1 HGB gehören mittelgroße und große Kapitalgesellschaften zum Kreis prüfungspflichtiger Unternehmen.[588] Unabhängig von der Rechtsform besteht eine Publizitätspflicht gemäß § 6 PublG i. V. m. § 1 PublG von Unternehmen ab einer bestimmten Größe. Unabhängig von ihrer Größe sind Kreditinstitute gemäß § 340k i. V. m. § 316 Abs. 1 Satz 1 HGB und Versicherungsunternehmen gemäß § 340k i. V. m. § 316 Abs. 1 Satz 1 prüfungspflichtig.

Gemäß § 316 Abs. 1 Satz 1 und 317 Abs. 1 Satz 1 HGB gehören zum Gegenstand der Jahresabschlussprüfung der Jahresabschluss selbst (einschließlich der Buchführung) sowie der Lagebericht. Abschlussprüfer müssen beurteilen, ob Buchführung und Jahresabschluss den gesetzlichen Anforderungen und den Bestimmungen des Gesellschaftsvertrages oder der Satzung entsprechen. Der Lagebericht soll daraufhin geprüft werden, ob er mit dem Jahresabschluss im Einklang steht und keine falsche Vorstellung von der Lage des Unternehmens gibt.[589] In erster Linie geht es also um die vom Unternehmen zu speichernden und offenzulegenden Daten.[590]

---

[587] Tz. 8 IDV PS 200.

[588] Kleine Kapitalgesellschaften sind explizit von der Prüfungspflicht ausgeschlossen. Vgl. Schruff, L./Struktur/2001, S. 77f.

[589] Vgl. ausführlich dazu die Kommentierungen von Baetge, J.; Fischer, Th. R./Pflicht zur Prüfung/1990, S. 1857-1869 (§316) sowie Baetge, J.; Fischer, Th. R./Gegenstand und Umfang/1990, S. 1871-1908 (§317).

[590] Vgl. Göbel, S./Prüfung/1990, S. 5.

Ursprünglich wurde die Prüfungspflicht wegen „Misstrauen(s) des Gesetzgebers in die Rechnungslegung der großen Gesellschaften"[591] eingeführt. Jahrzehnte später scheint sich das Misstrauen noch verstärkt zu haben, denn der Gegenstand der gesetzlichen Jahresabschlussprüfung wurde nicht zuletzt wegen der wachsenden Bedeutung der IT deutlich erweitert.

Durch den Einsatz von IT werden Geschäfte in Unternehmen komplexer und vielfältiger. Wie im vorherigen Kapitel dargelegt, trägt der IDV-Einsatz noch mehr zu dieser Komplexität bei. Für Abschlussprüfer bedeutet diese Entwicklung, dass es zunehmend schwerer wird, ein Urteil darüber abzugeben, ob ein den tatsächlichen Verhältnissen entsprechendes Bild der Vermögens-, Finanz- und Ertragslage tatsächlich vermittelt wird.[592] Der Grund dafür liegt in der Tatsache, dass die Zunahme von Komplexität im Unternehmensgeschehen erhebliche inhärente Risiken bedeutet. „Mit dem inhärenten Risiko wird die Anfälligkeit eines Prüffeldes für das Auftreten von Fehlern bezeichnet, die für sich oder zusammen mit Fehlern in anderen Prüffeldern wesentlich sind ohne Berücksichtigung des IKS."[593] Inhärente Risiken stellen eine Bedrohung für den Jahresabschluss dar. Die Komplexität von Geschäftsvorfällen und von Kalkulationen wirkt negativ auf inhärente Risiken ein.[594] Der Einsatz von IT-Anwendungen insgesamt und von IDV-Anwendungen insbesondere erhöht diese Komplexität. Wie wird diese Grundproblematik im Rahmen der gesetzlichen Abschlussprüfung berücksichtigt? Das Stichwort „Komplexität" wurde im Rahmen des Bilanzrechtsreformgesetzes in den stark geänderten § 289 HGB (Lagebericht) aufgenommen. In der neuen Fassung des § 289 Abs. 2 HGB heißt es, dass ein Lagebericht „eine ausgewogene und umfassende, dem Umfang und der Komplexität des Geschäftstätigkeit entsprechende Analyse des Geschäftsverlaufs und der Lage der Gesellschaft zu enthalten" hat. Das bedeutet, dass ein Abschlussprüfer im Rahmen einer Prüfung auch die Komplexität zu berücksichtigen hat, die durch den Einsatz von IT und damit auch durch den IDV-Einsatz verursacht wird.

Seit 2002 stellt die IT-Systemprüfung einen obligatorischen Bestandteil einer Jahresabschlussprüfung dar. Der Umfang und die Vorgehensweise der IT-Systemprüfung werden im Prüfungsstandard IDW PS 330 „Abschlussprüfung bei Einsatz der Informationstechnologie" beschrieben. Dieser Standard wird im nächsten Abschnitt kurz dargestellt. Bezogen auf den Gegenstand der vorliegenden Arbeit geht es schwerpunktmäßig darum, herauszufinden, ob und in welcher Form die aus IDV-Anwendungen resultierenden Risiken im Rahmen einer solchen Prüfung berücksichtigt werden.

---

[591] Leffson, U./Wirtschaftsprüfung/1988, S. 326.
[592] Vgl. Krommes, W./Jahresabschlussprüfung/2005, S. 16.
[593] Tz. 6 IDW PS 261 „Feststellung und Beurteilung von Fehlerrisiken und die Reaktionen des Abschlussprüfers auf die beurteilten Fehlerrisiken".
[594] Vgl. Krommes, W./Jahresabschlussprüfung/2005, S. 23.

7.2.2.2 Berücksichtigung von IDV-Risiken im Rahmen der IT-Systemprüfung

Unter einer Systemprüfung versteht man „eine indirekte Prüfung, da nicht der eigentliche Geschäftsvorfall auf dessen ordnungsmäßige Verarbeitung untersucht wird, sondern ein Ersatzobjekt, das mit dem eigentlichen Prüfungsobjekt in einem engen funktionalen oder kausalen Zusammenhang steht."[595] Bei einer Systemprüfung handelt es sich um eine verfahrensorientierte und nicht um eine aussageorientierte Prüfung. Das bedeutet, dass nicht die ordnungsmäßige Verarbeitung einzelner Geschäftsvorfälle näher untersucht wird, „sondern der Verarbeitungs- und Kontrollprozess für eine Vielzahl gleichartiger oder verwandter Geschäftsvorfälle"[596] unter die Lupe genommen wird. Bei Systemprüfungen unterscheidet man zwischen Prüfung des Internen Kontrollsystems (IKS), des Risikofrüherkennungssystems für Aktiengesellschaften gem. § 91 (2) AktG und der IT-Systemprüfung. Das IDW hat die Vorgehensweisen für die einzelnen dieser Prüfungen in den entsprechenden Prüfungsstandards erläutert.

Im IDW PS 330 „Abschlussprüfung bei Einsatz von Informationstechnologie" wird die Aufgabe des Wirtschaftsprüfers im Rahmen der IT-Systemprüfung erläutert. Diese besteht in der Prüfung, inwieweit die im Unternehmen eingesetzten IT-Systeme die rechungslegungsrelevanten Vorschriften berücksichtigen und inwieweit die gesetzlichen Anforderungen im Hinblick auf die Rechnungslegung eingehalten werden. Es geht also vor allem um die Ordnungsmäßigkeit der in rechnungslegungsrelevanten Prozessen eingesetzten IT-Systeme.

In **Abb. 62** ist das Konzept einer IT-Systemprüfung grafisch dargestellt. Demnach setzt sich der Prüfungsgegenstand der IT-Systemprüfungen zum einen aus dem IT-Kontrollsystem und zum anderen aus dem IT-System eines Unternehmens, soweit dieses System rechnungslegungsrelevant ist, zusammen. Ein IT-Kontrollsystem stellt einen Bestandteil des Internen Kontrollsystems (s. **Abschnitt 5.2.3.3**) dar. Im Rahmen einer IT-Systemprüfung wird also zum einen „ein Ersatzobjekt" (IT-Kontrollsystem) und zum anderen, sofern es notwendig ist, das IT-System selbst geprüft.

Der Schwerpunkt liegt dabei deutlich auf dem ersten Teil: „Die IT-Systemprüfung stellt damit einen Teilausschnitt aus der Prüfung des internen Kontrollsystems dar und wird nach den allgemeinen Grundsätzen für die Prüfung von internen Kontrollsystemen geplant und durchgeführt."[597] Im Rahmen der Prüfung soll festgestellt werden, ob die Ordnungsmäßigkeit der Rechnungslegung (Vollständigkeit, Richtigkeit, Zeitgerechtigkeit, Ordnung, Nachvollziehbarkeit, Unveränderlichkeit) gewährleistet ist. Für die Gewährleistung der Ordnungsmäßigkeit ist die Herstellung der Sicherheit der Rechnungslegung (Authentizität, Autorisierung, Vertraulichkeit, Verbindlichkeit, Integrität, Verfügbarkeit) eine zwingende Voraussetzung. Ein

---

[595] Vgl. Pfitzer, N.; Schmidt, G./Systemprüfung/2002, S. 2337.
[596] Vgl. Pfitzer, N.; Schmidt, G./Systemprüfung/2002, S. 2336.
[597] Tz. 9 IDW PS 330.

IT-System besteht laut dem IDW PS 330 aus den IT-gestützten Geschäftsprozessen, den IT-Anwendungen und der IT-Infrastruktur.

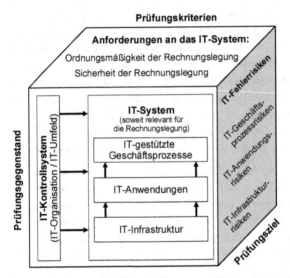

Abb. 62: IT-Systemprüfung
Quelle: In Anlehnung an IDW PS 330

Das Prüfungsziel einer IT-Systemprüfung besteht in der Beurteilung der IT-Fehlerrisiken. Als IT-Fehlerrisiken werden „die mit der konkreten Ausgestaltung des IT-Systems einhergehenden Risiken für wesentliche Fehler in der Rechungslegung"[598] bezeichnet. IT-Fehlerrisiken setzen sich aus den IT-Kontrollrisiken und inhärenten IT-Risiken zusammen. IT-Kontrollrisiken bezeichnen die Wahrscheinlichkeit, dass das vom Unternehmen eingerichtete IT-Kontrollsystem nicht in der Lage ist, die inhärenten IT-Risiken zu erkennen und zu korrigieren. IT-Kontrollrisiken können vom Prüfer nicht beeinflusst werden. Inhärente IT-Risiken liegen dann vor, wenn der IT-Einsatz Fehler bedingt, die Auswirkungen auf die Ordnungsmäßigkeit der Rechnungslegung haben.[599]

Bei der Beurteilung der IT-Fehlerrisiken werden drei Kategorien von IT-Fehlerrisiken unterschieden: IT-Geschäftsprozessrisiken, IT-Anwendungsrisiken und IT-Infrastrurrisiken. Im

---

[598] Tz. 16 IDW PS 330.
[599] Tz. 17 IDW PS 330.

Zusammenhang mit dem Gegenstand der vorliegenden Arbeit sind vor allem IT-Anwendungsrisiken vom Interesse. Diese Risiken entstehen aus

- fehlerhaften Funktionen in IT-Anwendungen,

- fehlenden und/oder nicht aktuellen Verfahrensregelungen und –beschreibungen,

- unzureichend ausgeprägten Eingabe-, Verarbeitungs- und Ausgabekontrollen der Daten,

- unzureichend ausgeprägten Maßnahmen zur Herstellung der Sicherheit (z. B. unzureichende Zugriffsberechtigungskonzepte und Datensicherungs- und Wiederanlaufsverfahren).[600]

Für die Beurteilung von IT-Fehlerrisiken werden im IDW PS 330 sechs Risikofelder definiert: IT-Umfeld, IT-Organisation, IT-Geschäftsprozesse, IT-Anwendungen, IT-Infrastruktur, Daten/Informationen (s. **Tab. 14**). Nicht alle Risikofelder werden im Rechnungslegungsstandard ausreichend ausführlich erläutert. Das Risikofeld Daten/Informationen wird beispielsweise nur genannt, aber nicht näher dargestellt. Die vier anderen Risikofelder werden stichwortartig präsentiert. Es wird geprüft, ob ein Unternehmen über eine verbindlich niedergelegte IT-Strategie verfügt. Bei der IT-Organisation geht es um die Organigramme, Verantwortlichkeiten, Regelungen und Verfahren im IT-Bereich. Im Bereich der IT-Geschäftsprozesse sind im Zusammenhang mit dem IDW PS 330 vor allem die Unternehmensabläufe von Interesse, die rechnungslegungsrelevant sind.

Risikofeld	Abhängigkeit	Änderung	Know-how/ Ressourcen	Geschäftliche Ausrichtung
IT-Umfeld	Dominanz der IT-Bereiche	Barrieren, Festhalten	Bewusstsein, Verständnis	Strategie, Konzeption
IT-Organisation	Betrieb, Verfügbarkeit	Projekt-management	Aufgabenabwicklung	Richtlinien, Kompetenzen
IT-Geschäftsprozesse	Automatisierung, Komplexität	Anwender-akzeptanz	Anwender-unterstützung	Aufgaben-abwicklung
IT-Anwendungen	Ausfälle, Geschäftsbetrieb	Funktionalität, Fehler	Entwicklung, Betreuung	Markt-, Benutzer-anforderungen
IT-Infrastruktur	Outsourcing, Provider	Technologie, Sicherheitslücken	Strukturen, Betreuung	Inhomogenität, Sicherheit
Daten/Informationen	Umlauf, Inhalt, Aktualität	Migration, Archivierung	Auswertungen, Analysen	Entscheidungs-relevanz

Tab. 14: Risikoindikatoren gemäß IDW PS 330
Quelle: In Anlehnung an IDW PS 330

Wie in **Tab. 14** gezeigt, werden den einzelnen Risikofeldern vier Risikoindikatoren zugeordnet: Abhängigkeit, Änderungen, Know-How und Ressourcen sowie geschäftliche Ausrich-

---

[600] Tz. 20 IDW PS 330.

tung. Der Risikoindikator „Abhängigkeit" beschreibt die ständig wachsende Komplexität der IT-Landschaften in Unternehmen und die damit verbundene vielseitige Abhängigkeit. Ausfälle in den IT-Anwendungen können beispielsweise zahlreiche Geschäftsabläufe gefährden, die von diesen Anwendungen abhängig sind. Wesentliche Risiken werden oft durch Änderungen (Risikoindikator „Änderung") verursacht.[601] Werden beispielsweise Benutzeranforderungen bei der Einführung einer Software nicht ausreichend berücksichtigt, kann es zur Störungen in der Funktionalität oder zu fehlerhaften Abläufen kommen. Bei dem Risikoindikator „Knowhow und Ressourcen" geht es zum einen um den im Rahmen der vorliegenden Arbeit mehrmals erwähnten Faktor „Mensch" und zum anderen um fehlende oder unzureichende Ressourcen im IT- und Anwenderbereich. Der Risikoindikator „Geschäftliche Ausrichtung" beschreibt mögliche Unstimmigkeiten in der Ausrichtung der IT auf die Geschäftsstrategie und die Prozessanforderungen des Unternehmens.

Wie wird eine IT-Systemprüfung organisiert und durchgeführt? In den meisten Fällen erfolgt eine solche Prüfung in drei Stufen: *Aufnahme des IT-Systems, Aufbauprüfung* und *Funktionsprüfung* (s. **Abb. 63**).[602]

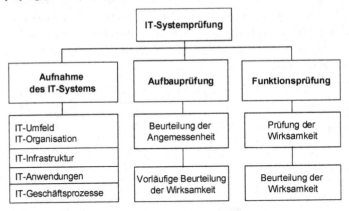

Abb. 63: Vorgehensweise der IT-Systemprüfung
Quelle: In Anlehnung an IDW PS 330

In der Phase der *Aufnahme des IT-Systems*, d. h. der Bestandsaufnahme der IT-Landschaft in einem Unternehmen werden die für die Rechnungslegung wichtigen IT-Systemelemente anhand von Organigrammen, Ablauf- und Prozessbeschreibungen, Prozessrichtlinien sowie von

---

[601] Vgl. hierzu und im Folgenden Tz. 18 IDW PS 330.
[602] Vgl. hierzu und im Folgenden Tz. 29 ff. IDW PS 330 sowie Hasenkamp, U.; Kozlova, E./IT-Systemprüfungen/2009.

Inventarlisten zur Hard- und Software aufgeführt. Bei der *Aufbauprüfung* geht es um die Analyse von Prozessschritten, in welche IT-Anwendungen integriert sind. In dieser Phase geht es darum, herauszufinden, welche rechnungslegungsrelevanten Daten aus den IT-gestützten Geschäftsprozessen in die Rechnungslegung weitergeleitet wurden. In dieser wird erstmalig geprüft, welche Prozesskontrollen im System vorhanden sind und wie angemessen und wirksam sie sind. Im Fall des positiven Urteils in der Phase der Aufbauprüfung wird bei der *Funktionsprüfung* festgestellt, ob die vorhandenen Systeme einschließlich der Kontrollen wirksam sind und tatsächlich funktionieren.

IDV-Anwendungen gehören zur Anwendungslandschaft jedes Unternehmens und sind damit grundsätzlich ein obligatorischer Bestandteil jeder IT-Systemprüfung. Gesondert werden die individuelle Datenverarbeitung und IDV-Anwendungen im IDW PS 330 als Begrifflichkeiten nicht erwähnt und dementsprechend auch nicht behandelt. Ob die aus den IDV-Anwendungen resultierenden Risiken im Rahmen einer IT-Systemprüfung entdeckt und berücksichtigt werden oder nicht, hängt zum einen davon ab, inwieweit die IDV-Anwendungen in einer Bank dokumentiert und kontrolliert werden, und zum anderen von der Frage, wie intensiv sich ein Prüfer der Aufbauprüfung widmet. Für eine erfolgreiche IT-Systemprüfung im IDV-Bereich ist eine Art Inventurliste, also eine Auflistung aller relevanten IDV-Anwendungen, eine unabdingbare Voraussetzung. Wie die vorherigen Darstellungen zeigen und die durchgeführten Interviews belegen, ist eine solche Inventurliste eher ein Wunschdenken. Das heißt, man kann damit rechnen, dass IDV-Anwendungen in vielen Fällen „offiziell" in die IT-Anwendungslandschaft überhaupt nicht aufgenommen werden. Es gibt für die meisten IDV-Anwendungen keine Bezeichnungen, Kurzbeschreibungen des Aufgabengebiets und dokumentierte Angaben zu den verwendeten Programmiersprachen oder zur Datenhaltung. Diese Angaben sind nach dem Tz. 50 IDW PS 330 erforderlich, um die IT-Anwendungen im Rahmen der IT-Systemaufnahme erheben zu können. Im Rahmen von Aufbauprüfungen sind solche Prüfungshandlungen wie Durchsicht von Unterlagen, Interviews und Befragungen sowie Beobachtungen von Aktivitäten und Arbeitsabläufen typisch.[603] Wenn es im Bereich IDV-Anwendungen an Unterlagen und Dokumentation fehlt, kommt es für die Qualität der Aufbauprüfung im IDV-Bereich sehr stark auf die Brauchbarkeit der Interviews und Befragungen sowie auf die Professionalität bei der Beobachtung von Aktivitäten und Arbeitsabläufen an.

Das inhärente Risiko, also das innewohnende (immanente) Risiko von IDV-Anwendungen ist höher als das Risiko von professionellen Anwendungen. Die Anfälligkeit von IDV-Anwendungen für wesentliche Fehler und fehlerhafte Transaktionen ist höher als die Anfälligkeit der professionellen Anwendungen. Diese Erkenntnis ergibt sich bei der Betrachtung von vier Risikoindikatoren (s. **Tab. 14**), die vom IDW PS 330 für die Beurteilung des inhärenten Risikos

---

[603] Tz. 34 IDW PS 330 sowie Gaulke, M./IT-Prüfungen/2005, S. 373.

eines Prüfungsfeldes empfohlen werden.[604]In früheren Abschnitten der vorliegenden Arbeit wurde gezeigt, dass IDV-Anwendungen, auch wenn sie nur von wenigen Mitarbeiter einer Abteilung benutzt werden, nicht losgelöst von der gesamten IT-Anwendungslandschaft einer Bank betrachtet werden können. Die Komplexität und Vernetzung der IT-Systeme, die in den meisten Fällen ganze Prozessketten unterstützen, führen zu der Notwendigkeit, dass einzelne Komponenten einer solchen IT-Kette verlässlich und fehlerfrei funktionieren. Wenn eine fehlerbehaftete IDV-Anwendung in der Mitte einer solchen Prozesskette zum Einsatz kommt, betrifft ein solcher Fehler gleich wesentlich mehr als nur drei Mitarbeiter. Das Risiko einer solchen Abhängigkeit kann also unter Umständen sehr hoch sein. Der Risikoindikator „Änderungen" ist im Fall der IDV-Anwendungen ebenfalls kritisch zu betrachten. Eingabe- und Bearbeitungsfehler sind gerade im IDV-Bereich sehr häufig, wie in früheren Abschnitten dargelegt. Was den Risikoindikator „Know-how/Ressourcen" betrifft, so ist der hier im Mittelpunkt stehenden Faktor „Mensch" gerade im IDV-Bereich kritisch zu beurteilen. Der IDV-Bereich ist im Vergleich zur professionellen Softwareentwicklung für eine fehlerhafte Anwendungsentwicklung/-betreuung eher prädestiniert. Der letzte zu betrachtende Risikoindikator „Geschäftliche Ausrichtung" kann im IDV-Bereich ebenfalls unter Umständen sehr negativ ausfallen. Wie in der vorliegenden Arbeit gezeigt, werden gerade im IDV-Bereich die rechtlichen Anforderungen aufgrund des Unwissens der Entwickler nicht berücksichtigt.

IDV-Anwendungen sind also zurzeit mit höheren inhärenten Risiken verbunden. Im nächsten Abschnitt wird diskutiert und dargestellt, welche Herausforderungen und Konsequenzen sich aus diesem Sachverhalt für die Gestaltung und Durchführung von IT-Systemprüfungen ergeben.

7.2.2.3 IT/IDV-Systemprüfungen – Herausforderungen und künftige Entwicklungen

Wie in **Abschnitt 7.2.2.1** dargestellt, wurde in den letzten Jahren der Prüfungsgegenstand im Rahmen einer Jahresabschlussprüfung deutlich erweitert. Wegen der Komplexität des Geschehens in Unternehmen ist es nicht mehr möglich, sich im Rahmen einer Jahresabschlussprüfung ausschließlich auf die Jahresabschlussrisiken zu begrenzen, sondern es kommt darauf an, das Funktionieren des Unternehmens als Ganzes in den Blick zu nehmen. Um IT-Systeme und ihre Auswirkungen auf den Jahresabschluss zu beurteilen, wurde im Jahre 2002 eine IT-Systemprüfung eingeführt, die allerdings unter der Beachtung des Grundsatzes der Wirtschaftlichkeit durchzuführen sein sollte. Ein Abschlussprüfer muss sich bei der Prüfung auf die wesentlichen risikobehafteten Positionen konzentrieren. Der risikoorientierte Prüfungsansatz hilft dem Abschlussprüfern die Komplexität des immer wachsenden Prüfungsgegenstandes des Jahresabschlusses in den Griff zu bekommen und Erkenntnisse darüber zu erhalten, in

---

[604] Tz. 18 IDW PS 330.

welchem Ausmaß und mit welcher Intensität er sich über die übrigen Unternehmensrisiken informieren muss.

Dem risikoorientierten Prüfungsansatz liegt der Gedanke zugrunde, dass die Prüfung selbst fehlerhaft sein könnte und dass Art, Umfang und zeitliche Abstimmung der Prüfungshandlungen von einer Einschätzung des Prüfungsrisikos, d. h. der Wahrscheinlichkeit der Abgabe eines fehlerhaften Prüfungsurteils, abhängig sind. Mithilfe dieses Prüfungsansatzes will man die Prüfung genau auf die prüfungsrelevanten Risiken ausrichten.

Ein Prüfungsrisiko (AR) setzt sich laut dem risikoorientierten Prüfungsansatz aus einem Fehlerrisiko (ISR) und einem Entdeckungsrisiko (DR) zusammen, die wiederum in weitere Risiken unterteilt werden können (s. **Abb. 64**).

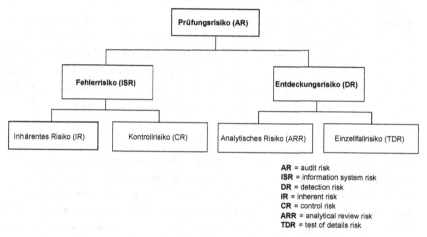

Abb. 64: Das Prüfungsrisiko
Quelle: in Anlehnung an Thiergard, J./Risikoorientierter Prüfungsansatz/2007, S. 1188.

Das Prüfungsrisiko ergibt sich durch das Multiplizieren von einzelnen Risiken:

$AR = IR*CR*ARR*TDR$.[605]

Der Begriff „Inhärentes Risiko" wurde bereits im vorherigen Abschnitt erläutert. Unter einem Kontrollrisiko, versteht man das Risiko des Versagens von internen Kontrollen. Wenn die internen Kontrollen in einem Risikofeld nicht vorhanden oder nicht wirksam sind, steigt das Kontrollrisiko eines Prüffeldes. Durch das Multiplizieren der beiden Risiken (inhärentes Risi-

---

[605] Vgl. Thiergard, J./Risikoorientierter Prüfungsansatz/2007, S. 1188.

ko und Kontrollrisiko) ergibt sich das Fehlerrisiko. In dem vorherigen Abschnitt wurde gezeigt, welche Faktoren (Risikoindikatoren) die Höhe des inhärenten Risikos eines Prüffeldes beeinflussen. IDV-Anwendungen als ein Teilabschnitt des Prüffeldes „IT-Anwendungen" sind risikoanfällig. Die Ursachen dafür wurden im Rahmen der vorliegenden Arbeit ausgiebig erläutert. Um das Fehlerrisiko im IDV-Bereich einzuschätzen, muss der Prüfer also die Kontroll- und Steuerungsmechanismen im IDV-Bereich analysieren. Falls in einer Bank so gut wie keine Steuerungsmechanismen im Hinblick auf die Entwicklung und den Einsatz von IDV-Anwendungen vorhanden sind, bedeutet das ein hohes Kontrollrisiko. Basierend auf den Ausführungen der vorliegenden Arbeit und auf den Ergebnissen der Experteninterviews kann man also davon ausgehen, dass das Fehlerrisiko im Prüffeld „IDV-Anwendungen" überdurchschnittlich hoch sein dürfte.

Im Rahmen des risikoorientierten Prüfungsansatzes stellen das inhärente Risiko und das Kontrollrisiko die Risiken dar, die vom Prüfer nicht beeinflusst werden können. Der Prüfer kann aber sehr wohl die beiden anderen Risiken − analytisches Risiko und Einzelfallrisiko − beeinflussen, indem er die Prüfungshandlungen entsprechend gestaltet und durchführt. Durch das Multiplizieren dieser beiden Risiken ergibt sich das so genannte Entdeckungsrisiko (DR), das durch das Umwandeln der Formel für das Prüfungsrisiko bestimmt werden kann:

DR = AR / IR*CR.

Das Entdeckungsrisiko beschreibt das Risiko, dass der Prüfer sowohl mithilfe der analytischen Handlungen als auch durch Einzelprüfungen die wesentlichen Fehler und Unstimmigkeiten nicht entdeckt. Deshalb ist es umso notwendiger, dass ein Abschlussprüfer sich vor den eigentlichen Prüfungshandlungen ein Bild über die Risikosituation in einem Prüffeld (z. B. im IDV-Bereich) machen und die entsprechenden Risiken (inhärentes Risiko und Kontrollrisiko) für dieses Prüffeld möglichst genau bestimmen kann. Das akzeptable Prüfungsrisiko wird von dem Prüfer noch vor der eigentlichen Prüfung festgelegt, üblicherweise liegt es bei 5 %.[606] Wenn die drei Größen bestimmt sind, kann das Entdeckungsrisiko berechnet werden, das den Umfang der Prüfungshandlungen beeinflusst.

Wenn das Fehlerrisiko bei IDV-Anwendungen hoch eingeschätzt wird, bedeutet das in der Konsequenz, dass der Prüfer umfangreichere analytische Prüfungshandlungen vornehmen und zur Abdeckung des verbleibenden Risikos Einzelfallprüfungen durchführen muss.

Die risikoorientierte Prüfungsstrategie scheint daher die einzig richtige Strategie im Rahmen der IT-Systemprüfungen zu sein. Da es nahezu unmöglich ist, alles im Detail zu prüfen, gilt es die Risikoanfälligkeit einzelner Prüffelder möglichst präzise zu analysieren. In der Einfüh-

---

[606] Vgl. z. B. Thiergard, J./Risikoorientierter Prüfungsansatz/2007, S. 1188.

rung zur vorliegenden Arbeit war die Rede davon, dass es zwar sehr viel Literatur zur IT-Risiken insgesamt gibt, die unzureichende Untersuchung von Ursachen und Wirkungen von konkreten Risiken aber dazu führt, dass Maßnahmen zu ihrer Behebung ihre Wirkung oft verfehlen und anstatt eines ökonomisch effektiven und effizienten Risikomanagements ein „Angstmanagement" betrieben wird. Auch im Bereich der IT-Systemprüfungen, kommt es sehr darauf an, die Prüffelder im IT-Bereich im Vorhinein richtig zu bestimmen und so präzise wie möglich zu analysieren.

Die dargestellten Herausforderungen im Bereich der IT-Systemprüfung zeigen, dass Abschlussprüfer momentan vor zahlreichen neuen Aufgaben stehen. Man kann von einem Wandel im Berufsbild des Wirtschaftsprüfers sprechen.. In den vorherigen Abschnitten wurde gezeigt, dass eine reine Jahresabschlussprüfung (Financial Auditing) nicht mehr ausreicht, um ein Urteil darüber abzugeben, ob ein den tatsächlichen Verhältnissen entsprechendes Bild der Vermögens-, Finanz- und Ertragslage vermittelt wird. Eine Erweiterung des Prüfungsgegenstandes um die Prüfung des Risikomanagementsystems sowie des Überwachungssystems (Operational Auditing) reicht aktuell auch nicht mehr aus. Es ist notwendig, die Abschlussprüfung so zu gestalten, dass bei der Prüfung erkannt werden kann, ob die Zuverlässigkeit der Grundlagen für Management-Entscheidungen gegeben ist (s. auch die Diskussion über die Mitverantwortung der Wirtschaftsinformatik für die Finanzmarktkrise in **Abschnitt 7.2.1**). Daher ist eine Prüfung im Sinne einer umfassenden Management-Prüfung (Management-Auditing) notwendig, um die Verlässlichkeit der Entscheidungsgrundlagen bestätigen zu können. In **Tab. 15** sind die drei Sachperspektiven der Prüfung mit den dazu gehörenden Aufgaben zusammengefasst.

Art der Prüfung	Aufgaben
Financial Auditing	**Ordnungsmäßigkeit** - Einhaltung der unternehmensinternen Vorgaben - Beachtung der Grundsätze ordnungsmäßiger Buchführung (GoB) - Einhaltung der aufsichtsrechtlichen Bestimmungen und gesetzlichen Regelungen **Zuverlässigkeit** - Analyse des Zusammenwirkens der einzelnen Bestandteile
Operational Auditing	**Wirksamkeit und Wirtschaftlichkeit** - Prüfung der Umsetzung der Geschäftspolitik auf den einzelnen Ebenen des Unternehmens - Prüfung des Risikomanagement-Systems, einschließlich IKS und damit auch der IT-Systemprüfung - Prüfung des Überwachungssystems

Management Auditing	**Zuverlässigkeit der Entscheidungsgrundlagen** - Konformität der zugrundeliegenden Algorithmen mit den unternehmensinternen bzw. entscheidungsbezogenen Richtlinien, Einhaltung von Verpflichtungen (z. B. gegenüber dem Aufsichtsrat). - Verfahrensorientierte Prüfung sämtlicher Führungselemente und -prozesse sowie ergebnisorientierte Prüfung der Entscheide und Aktivitäten.

Tab. 15: Von Financial Auditing zu Management Auditing
Quelle: In Anlehnung an Krey, S./Konzeption/2001, S. 31

Bei der Jahresabschlussprüfung ist also ein Wandel von einer reinen Jahresabschlussprüfung zu einer umfassenden Management-Prüfung zu intendieren.

In der vorliegenden Arbeit wurde gezeigt, dass die Entwicklung und der Einsatz von IDV-Anwendungen ein erhöhtes Risiko für die Zuverlässigkeit der Entscheidungsgrundlagen im Bankensektor bedeuten. Im Rahmen einer Management-Prüfung wäre es also auf jeden Fall notwendig, mit besonderer Sorgfalt das IDV-Management einer Bank zu prüfen, um die Sicherheit der Daten in den IDV-Anwendungen sowie die Zuverlässigkeit der Berechnungen beurteilen zu können. In Anlehnung an das Meta-Gestaltungskonzept des IDV-Managements, das in **Abschnitt 7.1** dieses Kapitels dargestellt wurde, wäre auch die IT-Systemprüfung im IDV-Bereich ausgerichtet auf drei Bereiche auszurichten: der normativen, strategischen und operativen Ebene. Was bedeutet das für die konkrete Handhabung?

Die in der IT-Systemprüfung laut dem IDW PS 330 vorgesehene Prüfung eines „Ersatzobjektes" birgt in sich die Gefahr, dass die Prüfung lediglich auf der normativen Ebene stattfindet. Am Beispiel der IDV-Anwendungen würde das heißen, dass man im Zweifelsfall prüft, ob eine IDV-Richtlinie und die mit ihr in Zusammenhang stehenden Umsetzungsverordnungen vorhanden sind; ob die Richtlinie in einer Bank aber tatsächlich „gelebt" wird oder nicht, bleibt unberücksichtigt. Ein Prüfer müsste also auch im strategischen und operativen Bereich zusätzlich entsprechende analytische Prüfungshandlungen und auch Einzelprüfungen veranlassen, die ein den tatsächlichen Verhältnissen adäquates Bild liefern, wie die IDV-Problematik in der Bank real gehandhabt wird. Das Meta-Gestaltungskonzept zum IDV-Management kann also auch für Wirtschaftsprüfer eine wichtige Orientierungshilfe auf dem Weg zur umfassenden IDV-Management-Prüfung darstellen.

7.3 Zusammenfassung zu Kapitel 7

Im aktuellen Kapitel wurde dargestellt, wie ein kontrollierter Einsatz von IDV-Anwendungen im Bankensektor aussehen könnte. Wegen erheblicher aus dem IDV-Einsatz resultierender Risiken sind Maßnahmen sowohl seitens der Banken als auch seitens der Institution Wirtschaftsprüfung notwendig. Das IDV-Management kann nicht allein durch das Vorhandensein einer IDV-Richtlinie auf dem Papier sichergestellt werden. Vielmehr ist es erforderlich, in jedem Unternehmen ein integriertes Managementkonzept zu entwickeln, das eine adäquate Steuerung des IDV-Bereichs auf allen Ebenen (normativ, strategisch, operativ) garantiert.

Wie jedes Modell dieser Art ist auch das vorgestellte Meta-Gestaltungskonzept mit möglichen Limitationen verbunden. Ein zentrales Problem stellt, wie bereits zuvor deutlich wurde, die Akzeptanz und Mitarbeit der Nutzer dar, deren Bewusstsein für die Risiken von IDV-Anwendungen geschärft werden muss und denen die Vorteile einer angeleiteten und strukturierten Vorgehensweise zur Entwicklung von Softwareanwendungen deutliche gemacht werden muss. Gleichermaßen bedeutet ein solches Konzept für Banken sowohl einen höheren bürokratischen als auch einen großen Kostenaufwand. Hier müssen Risiken und Nutzen einer Einführung eines solchen Konzepts zwar abgewogen werden, dennoch haben die obigen Ausführungen deutlich gemacht, dass für jede Bank ein IDV-Management zukünftig unabdingbar sein wird.

Im Bereich der Wirtschaftsprüfung ist heute bereits eine Entwicklung in Richtung eines umfassenden Management Auditing festzustellen. Die in der vorliegenden Arbeit gewonnenen Erkenntnisse zum IDV-Management führen zur Fragestellung, wie man IT-Systemprüfungen effektiver gestalten und damit in der Praxis der Unternehmen die obligatorische Wirtschaftsprüfung optimieren könnte.

8 Zusammenfassung und Ausblick

8.1 Zusammenfassung

In der Einführung zur vorliegenden Arbeit wurde angemerkt, dass das Thema *Individuelle Datenverarbeitung* auf den ersten Blick manchen Wissenschaftlern trivial erscheint. Die Erkenntnisse und Ergebnisse der vorliegenden Arbeit bestätigen das Gegenteil: Das Thema ist facettenreich, aktuell und erfolgskritisch für Unternehmen insgesamt und für Kreditinstitute insbesondere.

Da jedes einzelne Kapitel mit einem Zwischenfazit abgeschlossen wurde, kann hier auf eine detaillierte Zusammenfassung von Einzelergebnissen verzichtet werden. Einige wesentliche Punkte sind festzuhalten.

Trotz der Tendenz zur Standardisierung im Bereich Software werden Banken in absehbarer Zukunft auf IDV-Entwicklungen nicht verzichten können oder wollen. Gründe dafür liegen vor allem in den praktischen Vorteilen, die diese Art der Softwareentwicklung bietet. Oft können die benötigten Anwendungen von der professionellen IT-Seite gar nicht so schnell zur Verfügung gestellt werden, wie sie in den Fachbereichen gebraucht werden. Die Kommunikation zwischen der IT- und Fachseite funktioniert nicht immer reibungslos, auch wenn eine Tendenz zur Serviceorientierung im IT-Bereich zu beobachten ist, usw. Aber diese nützliche Technik ist mit hohen Risiken verbunden, die sowohl im Interesse der Kreditinstitute als auch wegen der hohen gesellschaftlichen Bedeutung des Bankensektors sehr ernst zu nehmen sind. In der Arbeit wurde festgestellt, dass IDV-Risiken im Wesentlichen den operationellen Risiken zuzuordnen sind, die nach den Basel-II-Verordnungen neben den Markt- und Kreditrisiken zu den drei wichtigsten Risikokategorien gehören und bei der Eigenkapitalunterlegung zu beachten sind. Auch das BIS erkennt zunehmend die Gefahren, die sich im Zusammenhang mit dem IDV-Einsatz in der Softwareentwicklung ergeben. Das heißt, dass sich die Kreditinstitute in Deutschland in wachsendem Maße gezwungen sehen, sich den Herausforderungen bezüglich des Managements von IDV-Anwendungen zu stellen.

Für ein erfolgreiches IDV-Management einer Bank ist es zuerst erforderlich, ein einheitliches Verständnis des IDV-Gebrauchs und der damit verbundenen inhärenten Risiken zu schaffen. Grundvoraussetzung jedes Gelingens ist die Entwicklung einer positiven Unternehmenskultur, die sicherstellt, dass der Umgang mit den Endbenutzerwerkzeugen verantwortlich gehandhabt wird. Nur wenn das IDV-Management auf allen drei Ebenen des St. Galler Management-Modells (normative, strategische, operative Ebene) ausgearbeitet und realisiert wird, kann man davon ausgehen, dass die aus den IDV-Anwendungen resultierenden Risiken langfristig reduziert werden. Eine nur auf dem Papier existierende IDV-Richtlinie reicht nicht aus und wird im Zweifelsfall gar nicht oder nur punktuell eingehalten.

Die Erkenntnisse über die Risikosituation im IDV-Bereich führten zu der Notwendigkeit zu prüfen, ob diese Risiken auch für die Öffentlichkeit, also auch über die Grenzen einzelner Banken hinaus von Bedeutung sein könnten. Da die mithilfe von IDV-Anwendungen generierten Daten auch nach außen kommuniziert werden und oft als Entscheidungsgrundlage für das jeweilige Bank-Management verwendet werden, war diese Frage eindeutig mit *Ja* zu beantworten. Risiken aus den IDV-Anwendungen können – bei zunehmender Schnelligkeit der Abläufe automatisierter Prozesse und Ausschaltung individueller Kontrolle der Personen – weit über die Grenzen einzelner Banken hinaus Gefahren bedeuten. Ausgehend von dieser Erkenntnis wurde vorgeschlagen, die aus IDV-Anwendungen resultierenden Risiken auf jeden Fall im Rahmen einer *IDV-Systemprüfung* zu berücksichtigen. Im Sinne eines *risikoorientierten Prüfungsansatzes*, dessen Idee unter anderem darin besteht, das Unternehmen als Ganzes zu sehen und besonders risikobehaftete Bereiche für die Prüfung herauszustellen, sind IDV-Anwendungen ein nicht zu unterschätzendes Prüfungsfeld.

Es ist also festzuhalten, dass es notwendig ist, sowohl das Management der Banken als auch die Institution der Wirtschaftsprüfung auf die IDV-Problematik aufmerksam zu machen. Darin besteht auch eine wesentliche Intention dieser Arbeit. Die Problematik wurde hier aber keinesfalls abschließend behandelt und nicht in alle praktischen Konkretionen ausgearbeitet. Angesichts der Erwartung, dass die Bedeutung von IDV-Anwendungen in Unternehmen insgesamt und im Bankensektor insbesondere groß bleiben wird, sollte das Thema sowohl in der Forschung als auch in der Praxis weiterhin auf der Tagesordnung bleiben. Im nächsten Abschnitt möchte ich auf einige besondere Herausforderungen sowie Entwicklungstendenzen in diesem Zusammenhang hinweisen.

8.2 Ausblick

Was *die theoretische Forschung* betrifft, so sind Herausforderungen im Zusammenhang mit dem IDV-Phänomen sowohl für die Wirtschaftsinformatik als auch für die Wirtschaftsprüfung und die Arbeits- und Organisationspsychologie zu nennen.

Im Bereich der *Wirtschaftsinformatik* wären Untersuchungen wünschenswert, die sich mit der Methodik der Identifikation und Bewertung von IDV-Risiken befassen. Wie in der vorliegenden Arbeit beschrieben, sind operationelle Risiken grundsätzlich bei der Unterlegung des Eigenkapitals nach Basel II zu berücksichtigen. Dafür ist u. a. eine verlässliche Quantifizierung dieser Risiken erforderlich, wofür aber zurzeit die entsprechenden Methoden für den IDV-Bereich fehlen. Weitere sinnvolle Vertiefungsthemen im Bereich der IDV-Forschung wären Arbeiten zu einer möglichen Übertragung von Methoden aus der professionellen Softwareentwicklung auf den IDV-Bereich. Wichtig wäre generell, das Thema einer prinzipiellen Verantwortung der Wirtschaftsinformatik im marktwirtschaftlichen Kontext weiter zu verfolgen.

Die Erkenntnisse zu IDV-Risiken bringen naturgemäß neue Perspektiven für Forschungen zu einer effektiven und effizienten *Wirtschaftsprüfung*. Vertiefungsarbeiten im Bereich der IT-Systemprüfung sind erforderlich, u. a. hinsichtlich der Aufgabenstellung in den einzelnen Prüffeldern.

In der *Arbeits- und Organisationspsychologie* wären Fragen des Zusammenspiels von Aufgabengestaltung für Mitarbeiter und deren Qualifikation im IDV-Bereich weiter zu untersuchen. Sind die Mitarbeiter in den Fachabteilungen mit den zu erledigenden Aufgaben möglicherweise überfordert? Brauchen sie u. U. spezielle Schulungen und Qualifikationen? Das Zusammenspiel Mensch-Computer-Aufgabe ist auch aus der Perspektive der andauernd wachsenden Komplexität der Arbeitsprozesse zu betrachten.

Was die Herausforderungen im Bereich *der empirischen Forschung* betrifft, so kann man feststellen, dass bis heute kaum empirische Untersuchungen zu real existierenden Problemen und Verlustfällen im IDV-Bereich durchgeführt wurden. Von Interesse wären daher Arbeiten zu folgenden Themen:

- Verlustfälle im Zusammenhang mit dem IDV-Einsatz in Unternehmen

- Mentale Einstellungen von Mitarbeitern der Fachabteilungen und der IT-Bereiche zum IDV-Phänomen: Konfliktpotenziale?

- IDV-Einsatz in Unternehmen: branchenspezifische Besonderheiten

Das Thema Individuelle Datenverarbeitung ist, wie gesagt, spannend und facettenreich. Und es ist zu hoffen, dass es in Zukunft bei wachsender strategischer Bedeutung der IT in Forschung und Praxis die Aufmerksamkeit erhält, die es verdient, und eine gründliche Bearbeitung erfährt.

Anhang

Anhang A: Leitfaden I für einen Experten aus einer Fachabteilung

Allgemeiner Teil

1) Was sind für Sie IDV-Anwendungen?

2) Welche Erfahrungen haben Sie während Ihrer Tätigkeit bei der Bank mit IDV-Anwendungen gemacht?

3) Welche Rolle spielen IDV-Anwendungen in Ihrer Bank?

Bereichsspezifischer Teil

1) Welche Gründe gibt es für den Einsatz von IDV-Anwendungen in Ihrem Bereich?

2) Gibt es ein klar definiertes Prozedere in diesem Bereich? Inwieweit wird der Entwicklungsprozess dokumentiert?

3) Welche Vorgehensweisen, Normen, Standards und Qualitätssicherungsmaßnahmen werden bei der Entwicklung von IDV-Anwendungen angewendet?

4) Welche Rolle spielt die Eigeninitiative der Mitarbeiter?

5) Welche Endbenutzer-Werkzeuge sind im IDV-Bereich von besonderer Bedeutung? Wie würden Sie die Rolle von Excel-Spreadsheets in Ihrer Bank einschätzen?

6) Ist der Einsatz von IDV-Anwendungen mit Risiken verbunden? Wenn ja, um welche Risiken handelt es sich dabei?

7) Sind Ihre Mitarbeiter über gesetzliche und regulatorische Anforderungen informiert (z. B. für die rechnungslegungsrelevanten Anwendungen)?

8) Wie verläuft die Kommunikation zwischen der IT- und Fachseite? Sehen Sie hier ein Verbesserungspotenzial?

9) Ist es für Sie vorstellbar, auf IDV-Lösungen in Ihrem Bereich komplett zu verzichten? Wenn ja, welche Voraussetzungen sollten dafür erfüllt werden?

10) Wie schätzen Sie die Kosten-/Nutzen-Relation bei IDV-Anwendungen ein?

Anhang B: Leitfaden II für einen Experten aus dem Bereich der professionellen IT

Allgemeiner Teil

1) Was sind für Sie IDV-Anwendungen?

2) Welche Erfahrungen haben Sie während Ihrer Tätigkeit bei der Bank mit IDV-Anwendungen gemacht?

3) Welche Rolle spielen IDV-Anwendungen in Ihrer Bank?

Bereichsspezifischer Teil

1) Gibt es Ihrer Meinung nach Probleme, die sich durch die Koexistenz professioneller IT-Anwendungen und IDV-Anwendungen ergeben? Wenn ja, welche?

2) Ist der Einsatz von IDV-Anwendungen auf der Fachseite immer begründet?

3) Ist der Einsatz von IDV-Anwendungen mit Risiken verbunden? Wenn ja, um welche Risiken handelt es sich dabei?

4) Sind Vorgehensweisen, Normen, Standards und Qualitätssicherungsmaßnahmen aus der professionellen Softwareentwicklung im IDV-Bereich brauchbar?

5) Wie verläuft die Kommunikation zwischen der IT- und Fachseite? Sehen Sie hier ein Verbesserungspotenzial?

6) Wie schätzen Sie die Kosten-/Nutzen-Relation bei IDV-Anwendungen ein?

Anhang C: Leitfaden III für einen Experten aus dem Bereich IT-Management

Allgemeiner Teil

1) Was sind für Sie IDV-Anwendungen?

2) Welche Erfahrungen haben Sie während Ihrer Tätigkeit bei der Bank mit IDV-Anwendungen gemacht?

3) Welche Rolle spielen IDV-Anwendungen in Ihrer Bank?

Bereichsspezifischer Teil

1) Welchen Stellenwert hat das Thema IDV-Anwendungen in Ihrer Bank?

2) Wie schätzen Sie das strategische Potenzial der IDV-Anwendungen ein? Wie schätzen Sie die Abhängigkeit Ihrer Geschäftsprozesse von IDV-Anwendungen ein?

3) Gibt es eine klar definierte IDV-Strategie? Wenn ja, wie wird sie konkret umgesetzt?

4) Für welche Bereiche in Ihrer Bank spielen IDV-Anwendungen eine besondere Rolle? Welche Bereiche in Ihrem Unternehmen sind möglicherweise von aus IDV resultierenden Risiken besonders betroffen?

5) Ist der Einsatz von IDV-Anwendungen mit Risiken verbunden? Wenn ja. um welche Risiken handelt es sich dabei?

6) Wie gehen Sie mit dem Risiko von fehlerhaften Berechungen um?

7) Gibt es Schadensfälle bezogen auf IDV?

8) Gibt es klare organisatorische Verantwortlichkeiten im Hinblick auf die Kontrolle und Überwachung von IDV-Anwendungen?

9) Wie verläuft die Kommunikation zwischen der IT- und Fachseite? Sehen Sie hier ein Verbesserungspotenzial?

Literaturverzeichnis

Abraham, R.; Burnett, M.; Erwig, M./Spreadsheet Programming/2009

   Abraham, Robin; Burnett, Margaret; Erwig, Martin: Spreadsheet Programming. In: *Wah, Benjamin J.* (*Hrsg.*): Encyclopedia of Computer Science and Engineering 2009, S. 2804-2810. http://eusesconsortium.org/pubs/publications.php, Abruf am 2010-12-01.

Abts, D., Mülder, W./Grundkurs Wirtschaftsinformatik/2002

   Abts, Dietmar; Mülder, Wilhelm: Grundkurs Wirtschaftsinformatik. Eine kompakte und praxisorientierte Einführung. 4. Aufl., Vieweg, Braunschweig 2002.

Arendt, S.; Abbou, M./Individuelle Datenverarbeitung/2009

   Arendt, Stefan; Abbou, Mourad: Individuelle Datenverarbeitung. Beherrschbare Risiken im Fachbereich. In: Interne Revision (2009) 6, S. 280-284.

Arendt, S.; Schäfer, A./Individuelle Datenverarbeitung/2009

   Arendt, Stefan; Schäfer, Achim: Individuelle Datenverarbeitung. Chancen nutzen, Risiken erkennen. PricewaterhouseCoopers 2009. http://www.pwc.de/fileserver/RepositoryItem/Flyer-Individuelle-Datenverarbeitung-19-11-09_1.pdf?itemId=37399249, Abruf am 2010-10-05.

Arnold, K.; Matuschek, I./Bankgeschäft/2006

   Arnold, Katrin; Matuschek, Ingo: Das Bankgeschäft im Wandel. Sozioökonomischer Wandel und institutionelle Ausdifferenzierung. In: *Habscheid, Stephan; Holly, Werner; Kleemann, Frank; Matuschek, Ingo; Voß, G. Günter (Hrsg.):* Über Geld spricht man... Kommunikationsarbeit und medienvermittelte Arbeitskommunikation im Bankgeschäft. VS Verlag für Sozialwissenschaften, Wiesbaden 2006, S. 43-61.

Augenstein, F; Martin, C./Compliance/2005

   Augenstein, Friedrich; Martin, Christoph: Enterprise Compliance Management – reagiert oder agiert der CIO? In: IM Information Management & Consulting 2005 (4), S. 13-19.

Baaken, T.; Launen, M./Software-Marketing/1993

   Baaken, Thomas; Launen, Michael: Software-Marketing. Vahlen, München 1993.

Baetge, J./Objektivierung des Jahreserfolges/1970

   Baetge, Jörg: Möglichkeiten der Objektivierung des Jahreserfolges. In: *Leffson, Ulrich (Hrsg.):* Schriftreihe des Instituts für Revisionswesen der Westfälischen Wilhelms-Universität, Düsseldorf 1970.

Baetge, J.; Fischer, Th. R./Pflicht zur Prüfung/1990

   Baetge, Jörg; Fischer, Thomas R.: Pflicht zur Prüfung. In: *Küting, Karl-Heinz; Weber, Claus-Peter* (Hrsg.): Handbuch der Rechnungslegung. 3. Aufl., Stuttgart 1990, S. 1857-1869.

Baetge, J.; Fischer, Th. R./Gegenstand und Umfang/1990

   Baetge, Jörg; Fischer, Thomas R.: Gegenstand und Umfang der Prüfung. In: *Küting, Karl-Heinz; Weber, Claus-Peter* (Hrsg.): Handbuch der Rechnungslegung. 3. Aufl., Stuttgart 1990, S. 1871-1908.

BaFin/Rundschreiben/2009

   Bundesanstalt für Finanzdienstleistungsaufsicht: Rundschreiben 15/2009(BA) vom 2009-08-14 – Mindestanforderungen an das Risikomanagement. http://www.bundesbank.de/download/bankenaufsicht/pdf/marisk/090814_rs.pdf, Abruf am 2010-11-07.

BaFin/Erläuterungen/2009

   Bundesanstalt für Finanzdienstleistungsaufsicht: Anlage 1: Erläuterungen zu den MaRisk in der Fassung vom 2009-08-14. http://www.bundesbank.de/download/bankenaufsicht/pdf/marisk/090814_anl1.pdf, Abruf am 2010-11-01.

Balzert, H./Software-Management/1998

   Balzert, Helmut: Lehrbuch der Software-Technik – Software-Management, Software-Qualitätssicherung, Unternehmensmodellierung. Spektrum Akademischer Verlag, Heidelberg et al. 1998.

Bartels, D./Bankrisikomanagement/2008

   Bartels, Dietmar: Bankrisikomanagement im Fokus einer risikoorientierte agierenden Internen Revision. In: *Everling, Oliver; Theodore, Samuel (Hrsg.)*: Bankrisikomanagement. Gabler, Wiesbaden 2008.

Bartmann, P./Finanzmarktkrise/2009

   Bartmann, Peter: Die Verantwortung der Wirtschaftsinformatik für die Finanzmarktkrise. In: Informatik-Spektrum 32 (2009) 2, S. 146-152.

Basler Ausschuss für Bankenaufsicht/Operational Risk/2001

   Basler Ausschuss für Bankenaufsicht: Consultative Document. Operational Risk. 2001-05-31. http://www.bis.org/publ/bcbsca07.pdf, Abruf am 2010-02-23.

Basler Ausschuss für Bankenaufsicht/Konsultationspapier/2003

   Basler Ausschuss für Bankenaufsicht: Konsultationspapier – Die neue Basler Eigenkapitalvereinbarung (Übersetzung der Deutschen Bank). http://www.bis.org/bsbs/cp3fullde.pdf, Abruf am 2010-02-15.

Batz, A.; Lorenz, V./Enduser Computing/1990

   Batz, Andreas; Lorenz, Volkhard: Enduser Computing mit DB2/SQL. Hamburg 1990.

Bauchknecht, K.; Zender, C. A./Informatikeinsatz/1997

   Bauchknecht, Kurt; Zender, Carl A.: Grundlagen für den Informatikeinsatz. Stuttgart 1997.

Becker, J.; Schütte, R./Handelsinformationssysteme/1996

   Becker, Jörg; Schütte, Reinhard: Handelsinformationssysteme. Landsberg/Lech 1996.

Becker, J./Prozess/2010

   Becker, Jörg: Prozess der gestaltungsorientierten Wirtschaftsinformatik. In: *Österle, Helmut; Winter, Robert; Brenner, Walter (Hrsg.)*: Gestaltungsorientierte Wirtschaftsinformatik. Ein Plädoyer für Rigor und Relevanz. book-on-demand by infowerk ag 2010, S. 13-18.

Beeck, H.; Kaiser, T./Operational Risk/2000

   Beeck, Helmut; Kaiser, Thomas: Quantifizierung von Operational Risk mit Value-at-Risk. In: *Johanning, Lutz; Rudolf, Bernd (Hrsg.)*: Handbuch Risikomanagement Band 1 – Risikomanagement für Markt-, Kredit- und operative Risiken. Uhlenbruch, Bad Soden 2000, S. 633-653.

Beetz, R. K./IT Organisation/2010

   Beetz, Richard K.: IT Organisation und Machtverteilung zwischen Fachbereich/IT und die Auswirkungen auf IT-Komplexität in Unternehmen. Diskussion der Methodik. 2010-03-08. http://www.iwi.uni-hannover.de/cms/images/stories/tagungen/Doko10/100308_dokoson_it-organisation_und_it-komplexitaet_reader_v05_submitted.pdf, Abruf am 2010-12-05.

Behnke, C.; Meuser, M./Qualitative Methoden/1999

   Behnke, Cornelia; Meuser, Michael: Geschlechterforschung und qualitative Methoden. VS Verlag, Opladen 1999.

Benker, H./Excel/2007

   Benker, Hans: Wirtschaftsmathematik – Problemlösungen mit Excel. Grundlagen, Vorgehensweisen, Aufgaben, Beispiele. Vieweg, Opladen 1999.

Bewig, P. L./How do you know/2005

   Bewig, Philipp L.: How do you know your spreadsheet is right? Principles, Techniques and Practice of Spreadsheet Style. July 2005. http://www.eusprig.org/hdykysir.pdf, Abruf am 2010-05-04.

Binder, J.-H./Rechtliche Grundlagen/2008

   Binder, Jens-Hinrich: Rechtliche Grundlagen des Risikomanagements in Banken und Finanzdienstleistungsunternehmen. In: *Romeike, Frank (Hrsg.)*: Grundlagen des Risikomanagements. Erich Schmidt Verlag, Berlin. S. 135-172.

Blattner, N./IT im Finanzsektor/2005

   Blattner, Niklaus: IT im Finanzsektor. Aspekte der Regulierung und Überwachung. 8. Berner Tagung für Informationssicherheit.
   http://www.snb.ch/de/mmr/speeches/id/ref_20051129_nbl/source/ref_20051129_nbl.de.pdf, Abruf am 2010-04-30.

Bleicher, K./Integriertes Management/2011

Bleicher, Kurt: Das Konzept Integriertes Management: Visionen – Missionen – Programme. 8. Aufl., Campus, Frankfurt 2011.

Boehm, B. W./Software Engineering/1981

Boehm, Barry W.: Software Engineering Economics. Prentice-Hall, Englewood Cliffs, N. J., 1981.

Böhm, M./IT-Compliance/2008

Böhm, Markus: IT-Compliance als Triebkraft von Leistungssteigerung und Wertbeitrag der IT. In: HMD-Praxis der Wirtschaftsinformatik 263 (2008), S. 15-29.

Böhmann, T.; Krcmar, H./IT-Servicemanagement/2004

Böhmann, Tilo; Krcmar, Helmut: Grundlagen und Entwicklungstrends im IT-Servicemanagement. In HMD – Praxis der Wirtschaftsinformatik 237 (2004), S. 7-21.

Bonn, H. P.; Mosch, T./Basel II/2003

Bonn, Heinz Paul; Mosch, Thomas: Basel II – neue Anforderungen an das Berichtswesen im Mittelstand. In: HMD – Praxis der Wirtschaftsinformatik 2003 (233), S. 21-31.

Booch, G./Developing/2001

Booch, Grady: Developing the future. In: Communications of the ACM 44 (2001) 3, S. 118-121.

Brooks Jr., F. P./Computer Architecture/1965

Brooks Jr., Frederick P.: The future of computer architecture. In: Information Processing 1965, Proceedings of IFIP Congress'65, Band 2. Washington, London 1965, S. 87-91.

Broy, M.; Rombach, D./Software Engineering/2002

Broy, Manfred; Rombach, Dieter: Software Engineering – Wurzeln, Stand und Perspektiven. In: Informatik-Spektrum 25 (2002) 6, S. 438-451.

Brühl, K./Corporate Governance/2009

Brühl, Kai: Corporate Governance, Strategie und Unternehmenserfolg. Gabler, Wiesbaden 2009.

BSI/Software-Entwicklung/2009

Bundesamt für Sicherheit in der Informationstechnik: Software-Entwicklung durch Endbenutzer. https://www.bsi.bund.de/ContentBSI/grundschutz/kataloge/m/m02/m02379.html, Abruf am 2010-12-03.

BSI/PC-Anwendungsentwicklung/2010

Bundesamt für Sicherheit in der Informationstechnik: PC-Anwendungsentwicklung durch den Endbenutzer. https://www.bsi.bund.de/SharedDocs/Downloads/DE/BSI/Grundschutz/Hilfsmittel/Extern/28_pc_pdf.pdf?__blob=publicationFile, Abruf am 2010-12-03.

Buchta, D.; Eul, M.; Schulte-Croonenberg, H./Strategisches/2004

Buchta, Dirk; Eul, Marcus; Schulte-Croonenberg, Helmut: Strategisches IT-Management. Gabler, Wiesbaden 2004.

Buhr, R./Betriebsrisiken/2000

Buhr, R.: Messung von Betriebsrisiken – Ein methodischer Ansatz. In: Die Bank 3 (2000), S. 202-206.

Bumm, S./Individuelle Datenverarbeitung/1985

Bumm, Stefan: Endbenutzer-Service (ES). Individuelle Datenverarbeitung im BS2000. In: Das Rechenzentrum (1985) 3, S. 141-145.

Bussmann, K.-D. et al./Compliance/2010

Bussmann, Kai-D. et al.: Compliance und Unternehmenskultur. Zur aktuellen Situation in deutschen Großunternehmen. Hrsg. von PricewaterhouseCoopers und der Martin-Luther-Universität Halle-Wittenberg. Kohlhammer und Wallishauser Verlag, Hechingen, Februar 2010. http://www.pwc.de/de/risiko-management/assets/studie_Compliance-und-Unternehmenskultur.pdf, Abruf am 2011-02-25.

Carr, N./IT doesn't matter/2003

Carr, Nichlas: IT doesn't matter. In: Harvard Business Review. (2003) 5, S. 41-49.

Carr, N./Does IT matter?/2004

    Carr, Nichlas: Does IT matter? Information technology and the corrosion of competitive advantage. Harvard Business Press 2004.

Ceske, R.; Hernandez, J.; Sanchez, L./Event Risk/2000

    Ceske, Robert; Hernandez, Jose; Sanchez, Luis: Quantifying event risk: the next Generation. In: The Journal of Risk Finance. The Convergence of Financial Products and Insurance. 1 (2000) 3, S. 1-13.

Coldewey, J./Änderbarkeit/2001

    Coldewey, Jens: Beständig ist nur der Wandel – Agile Entwicklung und Änderbarkeit. In: OB-JEKTSpektrum 7 (2001) 6, S. 77-82.

Dahl, R.; Donay, C. H. et al./Interne Revision/1998

    Dahl, Rolf; Donay, Claus; Klopfer J.; Lang, R.; Schmidt-Gleim, P.; Schmitz, D.; Soldner, K.; Soll, R.: Interne Revision 2001 in der Versicherungswirtschaft. In: Versicherungswirtschaft 2 (1998), S. 94-99.

Davis, A. M./Requirements/1993

    Davis, Alan M.: Requirements Engineering – Objects, Functions, and States. 2 . Aufl., Prentice-Hall, Englewood Cliffs, N. J.,1993.

De Haes, S.; Van Grembergen, W./IT-Governance/2004

    De Haes, Steven; Van Grembergen, Wim: IT Governance and Its Mechanisms. In: Information Systems Control Journal, 1 (2004).

Denert, E./Software-Engineering/1991

    Denert, Ernst: Software-Engineering – Methodische Projektabwicklung. Springer, Berlin 1991.

Dertouzos, M. L./Zukunft des Informationszeitalters/1999

    Dertouzos, Michael L.: What will be. Die Zukunft des Informationszeitalters. Wien, New York 1999.

Dettmer, M.; Gathmann, F.; Wittrock, Ph./Leyen-Ministerium/2010

    Dettmer, Markus; Gathmann, Florian; Wittrock, Philipp: Leyen-Ministerium räumt Zahlenpanne ein. Spiegel-Online vom 2010-09-29. http://www.spiegel.de/politik/deutschland/0,1518,720256,00.html, Abruf am 2010-09-29.

Deutsche Bundesbank/Basel II/2011

    Deutsche Bundesbank: Basel II – Die neue Baseler Eigenkapitalvereinbarung. http://www.bundesbank.de/bankenaufsicht/bankenaufsicht_basel.php, Abruf am 2011-02-04.

Diehl, H.-J./Standardanwendungssoftware/2000

    Diehl, Hans-Jürgen: Marketing für betriebswirtschaftliche Standardanwendungssoftware: Bewältigung von Unsicherheit und Spezifität im Systemgeschäft. Gabler, Wiesbaden 2000.

Enachescu, D./Spreadsheets and OLAP/2005

    Enachescu, Daniela: Spreadsheets and OLAP. In: Economy Informatics, 1-4 (2005), S. 40-44.

Fasse, F.-W./Risk-Management/1995

    Fasse, Friedrich-W.: Risk-Management im strategischen internationalen Marketing. Hamburg 1995.

Fleishman, E. A.; Quaintance, M. K./Taxonomies/1984

    Fleishman, Edwin A.; Quaintance, Marilyn K.: Taxonomies of human performance. Academic Press, Orlando 1984.

Flesch, J. R./Zerlegung der Wertschöpfungskette/2008

    Flesch, Johann Rudolf: Die Zerlegung der Wertschöpfungskette als Treiber für den Umbau der Banken-branche. In: *Spath, Dieter; Bauer, Wilhelm; Engstler, Martin (Hrsg.)*: Innovationen und Konzepte für die Bank der Zukunft. Gabler, Wiesbaden 2008, S. 199-207.

Flick, U./Qualitative Forschung/1999

    Flick, Uwe: Qualitative Forschung. Theorie, Methoden, Anwendung in Psychologie und Sozialwissen-schaften. Rowohlt, Reinbek 1999.

Frei, P. K./IT-Kontrollen/2008

    Frei, Patrick K.: IT-Kontrollen in der Finanzberichterstattung. Schulthess, Basel, Genf 2008.

Frese, M; Peters, H./Fehlerbehandlung/1988

> *Frese, Michael; Peters, Helmut:* Zur Fehlerbehandlung in der Software-Ergonomie: Theoretische und praktische Überlegungen. In: Zeitschrift für Arbeitswissenschaft 42 (1988), S. 9-17.

Frese, M.; Stewart, J.; Hannover, B./Goal-orientation/1987

> *Frese, Michael; Stewart, Judith; Hannover, Bettina:* Goal-orientation and planfulness: Action styles as personality concepts. In: Journal of Personality and Social Psychology 52 (1987), S. 1182-1194.

Frese, M; Zapf, D./Fehlersystematik/1991

> *Frese, Michael; Zapf, Dieter:* Fehlersystematik und Fehlerentstehung: Eine theoretische Einführung. In: *Frese, Michael; Zapf, Dieter (Hrsg.):* Fehler bei der Arbeit mit dem Computer – Ergebnisse von Beobachtungen und Befragungen im Bürobereich. Huber, Bern 1991, S. 14-31.

Frese, T./Basel III/2010

> *Frese, Thorsten:* Auswirkungen von Basel III auf die IT-Systeme. http://www.bankmagazin.de/Top-Themen/389/127/Auswirkungen-von-Basel-III-auf-die-IT-Systeme.html, Abruf am 2010-12-06.

Frey, S./Dreamteam Mensch-Computer/2006

> *Frey, Siegfried:* Dreamteam Mensch-Computer – Wer bestimmt die Spielregeln? In: *Eberspächer, Jörg; von Reden, W. (Hrsg.):* Umhegt oder abhängig? Der Mensch in einer digitalen Umgebung. Springer, Heidelberg 2006, S. 179-205.

Freud, S./Psychopathologie/1941

> *Freud, Sigmund:* Zur Psychopathologie des Alltagslebens. Imago, London 1941.

Friebertshäuser, B./Interviewtechniken/1997

> *Friebertshäuser, Barbara:* Interviewtechniken – ein Überblick. In: *Friebertshäuser, Barbara; Prengel, Annedore (Hrsg.):* Handbuch qualitative Methoden in der Erziehungswissenschaft. Juventa, München 1997, S. 371-395.

Fröhlich, M./Finanzbuchführung/1988

> *Fröhlich, Martin:* Finanzbuchführung mit Personal Computern. IDW-Verlag, Düsseldorf 1988.

Fröhlich, M.; Glasner, K./IT-Governance/2007

> *Fröhlich, Martin; Glasner, Kurt:* IT-Governance. Leitfaden für eine praxisgerechte Implementierung. Gabler, PriceWaterhouseCoopers, Wiesbaden 2007.

Frühauf, K.; Ludewig, J.; Sandmayr, H./Projektmanagement/2000

> *Frühauf, Karol; Ludewig, Jochen; Sandmayr, Helmut:* Software-Projektmanagement und Qualitätssicherung. VDF, Zürich 2000.

Funken, C./Informatik1996

> *Funken, Christiane:* Zum Begriff des „Verstehens" in der Informatik. In: *Schinzel, Britta (Hrsg.):* Schnittstellen. Zum Verhältnis von Informatik und Gesellschaft. Vieweg, Braunschweig 1996, S. 97-118.

Gates, B./Business/1999

> *Gates, Bill:* Business @ the speed of thought. Using a digital nervous system. Warner, New York 1999.

Gaulke, M./IT-Prüfungen/2005

> *Gaulke, Markus:* IT-Prüfungen im Rahmen der Jahresabschlussprüfung. In: *Becker, Axel; Wolf, Martin (Hrsg.):* Prüfungen in Kreditinstituten und Finanzdienstleistungsunternehmen. Bank-Verlag, Köln 2005, S. 367 – 393.

Genter, D. R; Stevens, A. L. (Hrsg.)/Mental models/1983

> *Genter, Dedre R.; Stevens, Albert L. (Hrsg.):* Mental models. Erlbaum, Hillsdale 1983.

Gerum, E./Das deutsche Corporate Governance-System/2007

> *Gerum, Elmar:* Das deutsche Corporate Governance-System: Eine empirische Untersuchung. Schäffer-Poeschel, Stuttgart 2007.

Göbel, S. /Prüfung/1990

> *Göebl, Stefan:* Prüfung von EDV-Programmsystem im Rahmen der Jahresabschlussprüfung. IDW-Verlag, Düsseldorf 1990.

Goeken, M./Entwicklung von Data-Warehouse-Systemen/2006

   Goeken, Matthias: Entwicklung von Data-Warehouse-Systemen. Anforderungsmanagement, Modellierung, Implementierung. DUV-Verlag, Wiesbaden 2006.

Goeken, M.; Alter, S.; Milicevic, D.; Patas, J./Metamodelle/2009

   Goeken, Matthias; Alter, Stefanie; Milicevic, Danijel; Patas, Janusch: Metamodelle von Referenzmodellen am Beispiel ITIL – Vorgehen, Nutzen, Anwendung. GI Jahrestagung 2009, S. 3701-3714.

Goeken, M.; Kozlova, E.; Johannsen, W./IT-Governance/2007

   Goeken, Matthias; Kozlova, Elizaveta; Johannsen, Wolfgang: IT-Governance. In: WISU Das Wirtschaftsstudium 12 (2007). S. 1581-1587.

Goeken, M./IT-Governance/2009

   Goeken, Matthias: IT-Governance und Steuerung der Unternehmens-IT – Treber, Methoden und neue Technologie. http://www.ca.com/files/presentations/ie09_itg01_208008.pdf, Abruf am 2010-12-05.

Groll, G. J./The Importance and Criticality of Spreadsheets/2005

   Groll, Grenville J.: The Importance and Criticality of Spreadsheets in the City of London. http://www.spreadsheetrisks.com/SpreadsheetsLondon.pdf, Abruf am 2011-01-05.

Große Wienker, R./Komplexität/2003, S. 7

   Große Wienker, Reinhardt: Innovationsgrenze – Komplexität überwinden. GPS GmbH. http://www.aifb.uni-karlsruhe.de/AIK/veranstaltungen/aik12/presentations/GrosseWienker-InnovationsgrenzeKomplexitaetUeberwinden.pdf, Abruf am 2011-01-04.

Grossman, T. A.; Mehrotra, V.; Özluk, Ö./Spreadsheet information systems/2005

   Grossman, Thomas A.; Mehrotra, Vijay; Özluk, Özgür: Spreadsheet information systems are essential to business. Working paper, University of San Francisco, USA 2005.

Grossman, T. A./Integrating Spreadsheet Engineering/2006

   Grossman, Thomas A.: Integrating Spreadsheet Engineering in a Management Science Course: A Hierarchical Approach. In: Informs Transaction on Education, 7 (2006) 1, S. 18-36.

Grossman, T. A.; Mehrotra, V.; Özlük, O./Lessons/2007

   Grossman, Thomas A.; Mehrotra, Vijay; Özluk, Özgür: Lessons From Mission-Critical Spreadsheets. In: Communications of the Association for Information Systems, 20 (2007) 1, S. 1008-1042.

Gumm P. H.; Sommer, M./Informatik/2008

   Gumm, Peter H.; Sommer, Manfred: Einführung in die Informatik. 8. Aufl., Oldenbourg 2008.

Gutenberg, E./Produktion/1979

   Gutenberg, Erich: Die Produktion (Band 1). 24. Aufl., Springer, Berlin 1979.

Haacke, M./Mindestanforderungen/1996

   Haacke, Manfred: Mindestanforderungen: Über- oder Herausforderungen für Revision? In: BBI 5 (1996), S. 224-227.

Haag, T./Case Studies/1994

   Haag, Toralf: Case Studies. In: DBW, 2 (1994), S. 271-272.

Häberle, S. G./Risiko/1979

   Häberle, Siegfried G.: Risiko als zielbezogenes Phänomen – Eine Untersuchung über die Kriterien für eine systematische Erfassung der betrieblichen Risikokomplexes unter besonderer Berücksichtigung des Risikos von Bankbetrieben. Tübingen 1979.

Hacker, W./Arbeitspsychologie/1986

   Hacker, Winfried: Arbeitspsychologie – Psychische Regulation von Arbeitstätigkeiten. Schriften zur Arbeitspsychologie, Band 41. Huber, Bern 1986.

Hacker, W./Arbeits- und Ingenieurpsychologie/1978

   Hacker, Winfried: Allgemeine Arbeits- und Ingenieurpsychologie. Huber, Bern 1978.

Hagemeister, G.; Lui, B.; Kons, M./Individuelle Datenverarbeitung/2008

   Hagemeister, Gero; Lui, Berthold; Kons, Markus: Individuelle Datenverarbeitung in Unternehmen. In: Interne Revision, (2008) 2, S. 76-79.

Hansen, H. R.; Amsüss, W. L.; Frömmer, N. S./Standardsoftware/1983

Hansen, Hans R.; Amsüss, Wolfgang L.; Frömmer, N. S.: Standardsoftware: Beschaffungspolitik, organisatorische Einsatzbedingungen und Marketing. Springer, Berlin 1983.

Hansen, H. R.; Neumann, G./Wirtschaftsinformatik/2001

Hansen, Hans R.; Neumann, Gustaf: Wirtschaftsinformatik I: Grundlagen betrieblicher Informationsverarbeitung. 8. Aufl., Lucius & Lucius, Stuttgart 2001.

Hasenkamp, U./Konzipierung/1987

Hasenkamp, Ulrich: Konzipierung eines Bürovorgangssystems. Habilitationsschrift. Wirtschafts- und Sozialwissenschaftliche Fakultät der Universität zu Köln, Köln 1987.

Hasenkamp, U.; Kozlova, E./IT-Systemprüfungen/2009

Hasenkamp, Ulrich; Kozlova, Elizaveta: WISU-Studienblatt – IT-Systemprüfungen. In: WISU – Das Wirtschaftsstudium (2009) 1.

Hasenkamp, U.; Kozlova, E./Rechtliche Rahmenbedingungen/2008

Hasenkamp, Ulrich; Kozlova, Elizaveta: Rechtliche Rahmenbedingungen für IT-Systeme in der Rechnungslegung. In: WISU – Das Wirtschaftsstudium (2008) 2, S. 234-239.

Heinrich, L. J./Informationsmanagement/2002

Heinrich, Lutz J.: Informationsmanagement – Planung, Überwachung und Steuerung der Informationsinfrastruktur. 7. Aufl., Oldenbourg, München.

Heinrich, L. J./Forschungsmethodik/2006

Heinrich, Lutz J.: Forschungsmethodik der Wirtschaftsinformatik – Fortschrittskonzept und Fortschrittsmessung. In: *Fink, Kerstin; Ploder, Christian*: Forschungsmethodik der Wirtschaftsinformatik – Forschungskonzept und Fortschrittsmessung. Deutscher Universitätsverlag, Wiesbaden 2006, S. 3-17

Heinrich, R./Beurteilung von IT-Risiken/2006

Heinrich, Robert: Beurteilung von IT-Risiken durch die Wirtschaftsprüfung. In: *Gründer, Torsten; Schrey, Joachim (Hrsg.)*: Managementhandbuch IT-Sicherheit. Erich Schmidt Verlag, Berlin 2006, S. 337-360.

Heinzl, A.; König, W.; Hack, J./Erkenntnisziele/2001

Heinzl, Armin; König, Wolfgang; Hack, Joachim: Erkenntnisziele der Wirtschaftsinformatik in den nächsten drei und zehn Jahren. In: WIRTSCHAFTSINFORMATIK 43 (2001) 3, S. 223-233.

Heiser, J./Developing/2006

Heiser, Jay: Developing a strategy to control spreadsheets. In: Gartner Research, 22 September 2006.

Heiser, J.; Furlonger, D./Spreadsheet/2009

Heiser, Jay; Furlonger, David: Spreadsheet controls need a boost. In: Gartner Research, 20 May 2009.

Hellige, H. D./Mensch-Computer-Interaktion/2008

Hellige, Hans Dieter: Krisen- und Innovationsphasen in der Mensch-Computer-Interaktion. In: *Hellige, Hans Dieter (Hrsg.)*: Mensch-Computer-Interaktion – Zur Geschichte und Zukunft der Computerbedienung. trancript Verlag, Bielefeld 2008, S. 11-94.

Henderson, J. C.; Venkatraman, N./Strategic Alignment/1999

Henderson, John C.; Venkatraman, N. Venkat: Strategic alignment: leveraging information technology for transforming organisations. In: IBM Systems Journal, 38 (1999) 2&3, S. 472-484.

Henderson, J. C.; Venkatraman, N./Framework/1989

Henderson, John C.; Venkatraman, N. Venkat: Strategic alignment: a framework for strategic information technology management. Center for Information Systems Research, Working Paper No. 190, Massachusetts Institute of Technology, Cambridge 1989.

Herzwurm, G./Softwareproduktentwicklung/1998

Herzwurm, Georg: Systematische Herleitung eines Instrumentariums zur kundenorientierten Softwareproduktentwicklung. Habilitationsschrift vorgelegt an der Wirtschafts- und Sozialwissenschaftlichen Fakultät der Universität zu Köln. Köln 1998.

Hesse, W.; Merbeth, G.; Fröhlich, R./Software-Entwicklung/1992

    Hesse, Wolfgang; Merbeth, Günter; Fröhlich, Rainer: Software-Entwicklung – Vorgehensmodelle, Projektführung, Produktverwaltung. Oldenbourg, München 1992.

Hesse; W./V-Modelle/2008

    Hesse, Wolfgang: V-Modelle für den Software-Entwicklungsprozess. In: *Höhn, Reinhard; Höppner, Stephan (Hrsg.)*: Das V-Modell XT. Springer, Heidelberg 2008, S. 571-582.

Hewitt, J./History of Microsoft Excel/2008

    Hewitt, John: A Brief History of Microsoft Excel. Bright Hub, 29. Oktober 2008. http://www.brighthub.com/office/collaboration/articles/13188.aspx, Abruf am 2011-03-01.

Hofmann, M./Management operationeller IT-Risiken/2006

    Hofmann, Marc: Management operationeller IT-Risiken. Im Kontext von Basel II, MaRisk und anderen aufsichtsrechtlichen Vorgaben. Verlag Dr. Kovač, Hamburg 2006.

Imboden, C./Risikohandhabung/1983

    Imboden, Carlo: Risikohandhabung: ein entscheidbezogenes Verfahren. P. Haupt, Bern 1983.

Janßen, R./Von der Lochkarte/2002

    Janßen, Rainer (Hrsg.): Von der Lochkarte zum World Wide Web. 50 Jahre Informatik in der Münchener Rück. WKD-Ofsetdruck GmbH, Ismaning 2002.

Johannsen, W.; Goeken, M./IT-Governance/2006

    Johannsen, Wolfgang; Goeken, Matthias: IT-Governance – neue Aufgaben des IT-Managements. In HMD – Praxis der Wirtschaftsinformatik 43 (2006) 250, S. 7-20.

Johannsen, W.; Goeken, M./Referenzmodelle/2010

    Johannsen, Wolfgang; Goeken, Matthias: Referenzmodelle für IT-Governance. Methodische Unterstützung der Unternehmens-IT mit COBIT, ITIL & Co. 2. Aufl., dpunkt, Heidelberg 2011.

Jörg, M./Operational Risk/2003

    Jörg, Melanie: Operational Risk. Herausforderungen bei der Implementierung von Basel II. Hochschule für Bankwirtschaft, Frankfurt am Main 2003.

Junginger, M.; Krcmar, H./Risikomanagement/2003

    Junginger, Markus; Krcmar, Helmut: Risikomanagement im Informationsmanagement – Eine spezifische Aufgabe des IV-Controllings. In: Information Management & Consulting 18 (2003) 2, S. 16-23.

Junginger, M./Informationsmanagement/2005

    Junginger, Markus: Wertorientierte Steuerung von Risiken im Informationsmanagement. Deutscher Universitäts-Verlag, Wiesbaden 2005.

Kaiser, T.; Köhne, M. F./Operationelle Risiken/2007

    Kaiser, Thomas; Köhne, Marc Felix: Operationelle Risiken in Finanzinstituten. Eine praxisorientierte Einführung. 2. Aufl., Gabler, Wiesbaden 2007.

Kemper, H.-G./Anwendungsentwicklung/1991

    Kemper, Hans-Georg: Dezentrale Anwendungsentwicklung. Verlag Josef Eul. Bergisch Gladbach, Köln 1991.

Keupner, F; Schomann, M.; Grimm, R./Strategisches IT-Management/2008

    Keupner, Frank; Schomann, Marc; Grimm, Robert (Hrsg.): Strategisches IT-Management. Gabler, Wiesbaden 2008.

Kienbaum, J./Fehler/2003

    Kienbaum, Jochen.: Fehler dürfen sein – aber nur einmal. Handelsblatt-Online vom 2003-07-04. http://www.handelsblatt.com/archiv/fehler-duerfen-sein-aber-nur-einmal;645121, Abruf am 2010-11-04.

Kliege, H./Gesetzesentwurf/1997

    Kliege, Helmut: Der KonTraG-Gesetzesentwurf aus Sicht der Internen Revision. In: ZIR 4 (1997), S. 222-230.

Klotz, M.; Dorn, D.-W./IT-Compliance/2008

    Klotz, Michael; Dorn, Dietrich-W.: IT-Compliance – Begriff, Umfang und relevante Regelwerke. In: HMD – Praxis der Wirtschaftsinformatik 263 (2008), S. 5-14.

Kob, T./Informationssicherheit/2011

> *Kob, Timo*: Informationssicherheit. In: *Fröschle, Hans-Peter; Kütz, Martin (Hrsg.)*: Lexikon. IT-Management. Symposium, Düsseldorf 2011, S. 149-150.

Kob, T./Datensicherheit/2011

> *Kob, Timo*: Datensicherheit. In: *Fröschle, Hans-Peter; Kütz, Martin (Hrsg.)*: Lexikon. IT-Management. Symposium, Düsseldorf 2011, S. 98-99.

Köhler, P. T./ITIL/2007

> *Köhler, Peter T.*: ITIL – Das IT-Servicemanagement Framework. Springer, Berlin 2007.

König, W./Wirtschaftsinformatik/1994

> *König, Wolfgang*: Profil der Wirtschaftsinformatik. In: WIRTSCHAFTSINFORMATIK 36 (1994) 1, S. 80-81.

Kopperger, D.; Kunsmann, J.; Weisbecker, A./IT-Servicemanagement/2006

> *Kopperger, Dietmar; Kunsmann, Jörg; Weisbecker, Anette*: IT-Servicemanagement. In: *Tiemeyer, Ernst (Hrsg.)*: Handbuch IT-Management – Konzepte, Methoden, Lösungen und Arbeitshilfen für die Praxis. Hanser, München 2006, S. 116-232.

Körndle, H./Mensch-Computer-Interaktion/1993

> *Körndle, Hermann*: Mensch-Computer-Interaktion. Psychologische Aspekte des Umgangs mit komplexen technischen Systemen. Deutscher Universitäts-Verlag, Wiesbaden 1993.

Kozlova, E.; Hasenkamp, U./IT-Systeme/2007

> *Kozlova, Elizaveta; Hasenkamp, Ulrich*: IT-Systeme in der Rechnungslegung und entsprechende Prüfungsanforderungen – Rechtliche Rahmenbedingungen: Aktueller Stand und Perspektiven. Tagungsband 8. Internationale Tagung Wirtschaftsinformatik, Karlsruhe 2007, S. 985-1001.

Kozlova, E./IT-Governance/2008

> *Kozlova, Elizaveta*: IT-Governance – Vergleichende Literaturstudie. In: Wirtschaftsinformatik, 50 (2008) 5, S. 418-424.

Krcmar, H./Informationsmanagement/2005

> *Krcmar, Helmut*: Informationsmanagement. 4. Aufl., Springer, Heidelberg 2005.

Kreische, K.; Bretz, J./Anforderungen/2003

> *Kreische, Kai; Bretz, Jörg*: Anforderungen an die Informationstechnologie der Kreditinstitute. In: Die Bank, 5(2003), S. 321-325.

Krey, S./Konzeption/2001

> *Krey, Sandra*: Konzeption und Anwendung eines risikoorientierten Prüfungsansatzes in der Internen Revision. Verlag für Wirtschaftskommunikation, Berlin 2001.

Krommes, W./Jahresabschlussprüfung/2005

> *Krommes, Werner*: Handbuch der Jahresabschlussprüfung. Gabler, Wiesbaden 2005.

Krystek, U.; Müller M./Frühaufklärungssysteme/1999

> *Krystek, Ulrich; Müller, Michael*: Frühaufklärungssysteme – Spezielle Informationssysteme zur Erfüllung der Risikokontrollpflicht nach KonTraG. In: Controlling 4-5 (1999), S. 177-183.

Kunze, B./Überwachung/2007

> *Kunze, Britta*: Überwachung operationeller Risiken bei Banken. Deutscher Universitäts-Verlag, Wiesbaden 2007.

Kurbel, K./Rahmenempfehlung/2002

> *Kurbel, Karl*: Rahmenempfehlung für die Universitätsausbildung in Wirtschaftsinformatik. In: *Mertens, Peter; Chamoni, Peter; Ehrenberg, Dieter; Griese, Joachim; Heinrich, Lutz, J.; Kurbel, Karl (Hrsg.)*: Studienführer Wirtschaftsinformatik. 3. Aufl., Vieweg, Braunschweig 2002, S. 27-35.

Kurz, F./Analyse/2005

> *Kurz, Fabian*: Analyse der operationellen Risiken durch den Einsatz individueller Datenverarbeitung in Kreditinstituten. Grin Verlag 2005.

Lamnek, S./Quantitative Sozialforschung/1995

    Lamnke, Siegfried: Quantitative Sozialforschung. Bd. 1. Methodologie. 3. Aufl., Beltz Psychologie Verlags Union, München-Weinheim 1995.

LaMonica, M./Why IT still matters/2003

    LaMonica, Martin: Newsmaker: Why IT still matters. 2003-06-10. http://news.com.com/2008-1082_3-1024359.html, Abruf am 2010-11-01.

Laudon, K. C.; Laudon, J. P.; Schoder, D./Wirtschaftsinformatik/2010

    Laudon, Kenneth, C.; Laudon, Jane P.; Schoder, Detlef: Wirtschaftsinformatik. Eine Einführung. Pearson Studium, München 2010.

Leffson, U./Wirtschaftsprüfung/1988

    Leffson, Ulrich: Wirtschaftsprüfung. 4. Aufl., Gabler, Wiesbaden 1988.

Lehmbach, J./Vorgehensmodelle/2007

    Lehmbach, Jens: Vorgehensmodelle im Spannungsfeld traditioneller, agiler und Open-Source-Softwareentwicklung. ibidem-Verlag, Stuttgart 2007.

Liebold, R.; Trinczek, R./Experteninterview/2009

    Liebold, Renate; Trinczek, Rainer: Experteninterview. In: *Kühl, Stefan; Strodtholz, Petra; Taffertshofer, Andreas (Hrsg.):* Handbuch Methoden der Organisationsforschung – Quantitative und qualitative Methoden. VS Verlag für Sozialwissenschaften, Wiesbaden 2009, S. 33-56.

Loetto, T.; Remy, R.; Rothe, A./Basel II/2003

    Loetto, Thomas; Remy, Ralf; Rothe, Andreas: Basel II – Ratingverfahren der Landesbanken. In: HMD – Praxis der Wirtschaftsinformatik 233 (2003), S. 33-42.

Lohr, S./Does Nick Carr Matter?/2004

    Lohr, Steve: Does Nick Carr Matter? In: Strategy-Business Issue 35 (2004). http://www.strategy-business.com/press/article/04213?pg=0, Abruf am 2010-01-10.

Lück, W./Interne Revision/1993

    Lück, Wolfgang : Interne Revision. In: *Lück, Wolfgang (Hrsg.):* Lexikon der Betriebswirtschaft. 5. Aufl., Oldenbourg, Landberg/Lech 1993, S. 584-586.

Lück, W./Überwachung/1993

    Lück, Wolfgang: Überwachung. In: *Lück, Wolfgang (Hrsg.):* Lexikon der Betriebswirtschaft. 5. Aufl., Oldenbourg, Landberg/Lech 1993, S. 801.

Luftman, J. N.; Lewis, P. R.; Oldach, S. H./Transforming/1993

    Luftman, Jerry N.; Lewis, Paul R.; Oldach, Scott H.: Transforming the enterprise: The alignment of business and information technology strategies. In: IBM Systems Journal, 32 (1993) 1, S. 198-221.

MacKee, Th. E.; Quick, R./IT-Kenntnisse/2003

    MacKee, Thomas E.; Quick, Reiner: IT-Kenntnisse der wirtschaftsprüfenden Berufsstände. Eine empirische Untersuchung. In: Die Wirtschaftsprüfung 56 (2003) 10, S. 541-547.

Marchand, D. A.; Kettinger, W. J.; Rollins, J./Information orientation/2001

    Marchand, Donald A.; Kettinger, Wiliam J.; Rollins, John D.: Information orientation: The link to business performance. Oxford University Press, Oxford 2001.

Martin, J./Application Development/1982

    Martin, James: Application Development without Programmers. Englewood Cliffs. Prentice Hall 1982.

Mayer, H. O./Interview/2006

    Mayer, Horst, O.: Interview und schriftliche Befragung. Entwicklung, Durchführung und Auswertung. 3. Aufl., Oldenbourg, München, Wien 2006.

McConnell, S./Rapid Development/1996

    McConnell, Steve: Rapid Development: Taming Wild Software Schedules. Microsoft Press: Redmond, Washington 1996.

Meinzer, K./Komplexe Systeme/2004

Meinzer, Klaus: Was sind komplexe Systeme? Komplexitätsforschung als integrative Wissenschaft. http://www.integrative-wissenschaft.de/Archiv/dokumente/Mainzer-14_10_04.pdf, Abruf am 2010-10-05.

Menzies, Ch.; Heinze, T.; Becker, N./Sarbanes-Oxley Act/2005

Menzies, Christof; Heinze, Thomas; Becker, Niki: Sarbanes-Oxley Act: Mit IT-Unterstützung zur nachhaltigen Umsetzung. In: IM Information Management & Consulting 2005 (1), S. 20-23.

Merkens, H./Stichproben/1997

Merkens, Hans: Stichproben bei qualitativen Studien. In: Friebertshäuser, Barbar; Prengel, Annedore (Hrsg.): Handbuch Qualitative Forschungsmethoden in der Erziehungswissenschaft. Juventa, Weinheim, München 1997, S. 97-106.

Merten, K./Kommunikation/1977

Merten, Klaus: Kommunikation. Eine Begriffs- und Prozessanalyse. Westdeutscher Verlag, Opladen 1977.

Mertens, P./Was ist Wirtschaftsinformatik?/2002

Mertens, Peter: Was ist Wirtschaftsinformatik? In: Mertens, Peter; Chamoni, Peter; Ehernberg, Dieter; Griese, Joachim.; Heinrich, Lutz J.; Kurbel, Karl (Hrsg.): Studienführer Wirtschaftsinformatik. 3. Aufl., Vieweg-Verlag, Braunschweig/Wiesbaden 2002 S. 11-16.

Mertens, P. et al./Wirtschaftsinformatik/2004

Mertens, Peter; Bodendorf, Freimut; König, Wolfgang; Picot, Arnold; Schumann, Matthias; Hess, Thomas: Grundzüge der Wirtschaftsinformatik, 9. Aufl., Springer, Berlin 2004.

Meuser, M; Nagel, U./Experteninterviews/1991

Meuser, Michael; Nagel, Ulrike: Experteninterviews – vielfalch erprobt, wenig bedacht. Ein Beitrag zur qualitativen Methodendiskussion. In: Garz, Detlef; Kraimer, Klaus (Hrsg.): Qualitativ-empirische Sozialforschung: Konzepte, Methoden, Analysen. Westdeutscher Verlag, Opladen 1991, S. 441-471.

Meuser, M; Nagel, U./ExpertInneninterview/1997

Meuser, Michael; Nagel, Ulrike: Das ExpertInneninterview. Wissenssoziologische Voraussetzungen und methodische Durchführung. In: Friebertshäuser, Barbara; Prengel, Annedore (Hrsg.): Das Experteninterview. Handbuch Qualitative Forschungsmethoden in der Erziehungswissenschaft.: Juventa, Weinheim, Basel 1997, S. 481-491.

Meuser, M; Nagel, U./Experteninterview/2009

Meuser, Michael; Nagel, Ulrike: Das Experteninterview – konzeptionelle Grundlagen und methodische Anlage. In: Pickel, Susanne; Pickel, Gert; Lauth, Hans-Joachim; Jahn, Detlef (Hrsg.): Methoden der vergleichenden Politik- und Sozialwissenschaft. VS Verlag für Sozialwissenschaft, Wiesbaden 2009, S. 465-480.

Meyer zu Selhausen, H./Bank-Informationssysteme/2000

Meyer zu Selhausen, Hermann: Bank-Informationssysteme – Eine Bankbetriebswirtschaftslehre mit IT-Schwerpunkt. Schäffer-Poeschel, Stuttgart 2000.

Mieze, T./Beyond Carr/2004

Mieze, Thorsten: Beyond Carr – und sie bewegt sich doch. In: Fröschle, Hans-Peter (Hrsg.): Wettbewerbsvorteile durch IT. dpunkt, Heidelberg 2004, S. 18-27.

Minz K.-A./Operationelle Risiken/2004

Minz, Kirsten-Annette: Operationelle Risiken in Kreditinstituten. Bankakademie-Verlag, Frankfurt am Main 2004.

Mirani, R.; Lederer, A. L./Organizational Benefits of IS Projects/1998

Mirani, Rajesh; Lederer, Albert L.: An Instrument for Assessing the Organizational Benefits of IS Projects. In: Decision Sciences 29 (1998) 4, S. 803-829.

Miric, A./Spreadsheet errors/2010

   Miric, Adrian: Spreadsheet errors could cause actuaries to misjudge risk and rate policies incorrectly. http://www.themanager.org/strategy/Spreadsheet_errors.htm, Abruf am 2010-12-02.

Mizuno, Y./Software Quality/1983

   Mizuno, Yokio: Software Quality Improvement. In: IEEE Computer 15 (1983) 3, S. 66-72.

Moormann, J./Bankgeschäft/2004

   Moormann, Jürgen: Die Rolle der Informatik im Bankgeschäft. In: *Moormann, Jürgen; Fischer, Thomas (Hrsg.)*: Handbuch Informationstechnologie in Banken. 2. Aufl., Gabler, Wiesbaden 2004, S. 1-18.

Moormann, J.; Schmidt, G./IT in der Finanzbranche/2007

   Moormann, Jürgen; Schmidt, Günter: IT in der Finanzbranche. Management und Methoden. Springer, Berlin 2007.

Naumann, F./Datenqualität/2007

   Naumann, Felix: Datenqualität. In: Informatik-Spektrum. 30 (2007) 1, S. 27-31.

Neumann, J. v./EDVAC/1945

   Neumann, John v.: First Draft of a Report on the EDVAC. Moore School of Electrical Engineering. University of Pennsylvania, Philadelphia 1945-06-30; korrigierte Fassung nach dem Originalmanuskript. In: *Godfrey, Mark D.*: Annals of the History of Computing 15 (1993) 4, S. 27-67.

Niemann, Klaus D./IT-Governance/2005

   Niemann, Klaus D.: Von der Unternehmensarchitektur zur IT-Governance. Bausteine für ein wirksames IT-Management. Vieweg, Wiesbaden 2005.

Nohl, A.-M./Interview/2008

   Nohl, Arnd-Michael: Interview und dokumentarische Methode. 2. Aufl., VS Verlag für Sozialwissenschaften, Wiesbaden 2008.

Norman D. A./Errors/1984

   Norman, Donald A.: Working Papers on errors and error detection. University of California, San Diego 1984.

o. V./Profil/1994

   o. V.: WKWI (Wissenschaftliche Kommission Wirtschaftsinformatik im Verband der Hochschullehrer für Betriebswirtschaft e. V.). Profil der Wirtschaftsinformatik. In. WIRTSCHAFTSINFORMATIK 36 (1994), S. 80-81.

o. V./Gleitkomma-Arithmetik/2006

   o. V.: Gleitkomma-Arithmetik führt zu ungenauen Ergebnissen in Excel. Education Group GmbH 2006. http://www.eduhi.at/dl/Gleitkomma-Arithmetik_fuehrt....pdf, Abruf am 2010-11-03.

o. V./Rechenfehler/2007

   o. V.: Rechenfehler kommt BayernLB teuer zu stehen. Handelsblatt-Online vom 02.07.2007. http://www.handelsblatt.com/unternehmen/banken-versicherungen/rechenfehler-kommt-bayernlb-teuer-zu-stehen;1288348, Abruf am 2008-03-07.

o. V./Datenqualität/2008

   o. V.: Datenqualität auch Aufgabe des Risikomanagements. Risiko-Manager vom 2008-11-27. http://www.ratingaktuell-news.de/index.php?id=58&no_cache=1&tx_ttnews%5BpS%5D=1225494000&tx_ttnews%5BpL%5D=2591999&tx_ttnews%5Barc%5D=1&tx_ttnews%5Btt_news%5D=7845&tx_ttnews%5BbackPid%5D=164&cHash=caaf9e311c, Abruf am 2011-02-03.

o. V./IT-Kenntnisse/2009

   o. V.: IT-Kenntnisse gewinnen an Bedeutung. http://www.tecchannel.de/news/themen/business/2024328/it_kenntnisse_gewinnen_an_bedeutung/ Abruf am 2011-02-01.

o. V./Mindestanforderungen/2009

    o. V.: Mindestanforderungen an das Risikomanagement Interpretationsleitfaden Version3.0. Deutscher Sparkassen- und Giroverband 2009. http://www.s-wissenschaft.de/dokumente/MaRiskInte_091113161508.PDF, Abruf am 2011-02-15.

o. V./Alles nur ein Tippfehler?/2010

    o. V.: Alles nur ein Tippfehler? Focus-Online vom 2010-05-07. http://www.focus.de/finanzen/boerse/panikverkaeufe-alles-nur-ein-tippfehler_aid_505725.html, Abruf am 2010-05-07.

o. V./How to correct/2010

    o. V.: How to correct rounding errors in floating-point arithmetic. Microsoft Support. http://support.microsoft.com/kb/214118/en-us, Abruf am 2010-05-07.

o. V./IT-Risk-Assessment/2010

    o. V.: IT-Risiken. IT-Risk-Assessment mit ORSA Acrys Consult. http://www.acrys.com/en/PDF/it-risk.pdf, Abruf am 2011-05-11.

o. V./Mensch-Computer-Interaktion/2010.

    o. V.: Mensch-Computer-Interaktion. http://www.gi-ev.de/gliederungen/fachbereiche/mensch-computer-interaktion-mci.html, Abruf am 2010-02-26.

o. V./Excel Version Release History/2011

    o. V.: Microsoft Excel Version Release History. Computer Literacy. http://www.computerliteracy.co.uk/excel_versions.htm, Abruf am 2011-03-01.

o. V./EuSpRIG/2011

    o. V.: EuSpRIG – The European Spreadsheet Risks Interest Group. Horror Stories. http://www.eusprig.org/horror-stories.htm, Abruf am 2011-03-15.

Oberquelle, H./Gestaltungsaufgabe/2008

    Oberquelle, Horst: Benutzergerechte MCI in einer dynamischen Welt – eine Gestaltungsaufgabe. In: *Hellige, Hans Dieter (Hrsg.)*: Mensch-Computer-Interaktion – Zur Geschichte und Zukunft der Computerbedienung. trancript Verlag, Bielefeld 2008, S. 157-198.

Österle, H. et al./Memorandum/2010

    Becker, Jörg: Memorandum zur gestaltungsorientierten Wirtschaftsinformatik. In: *Österle, Helmut; Winter, Robert; Brenner, Walter (Hrsg.)*: Gestaltungsorientierte Wirtschaftsinformatik. Ein Plädoyer für Rigor und Relevanz. inforwerk ag 2010, S. 1-6.

Parsley, M./Risk/1996

    Parsley, Mark: Risk management's final frontier. In: Euromoney, September (1996), S. 74-79.

Penzel, H.-G./Architekturmanagement/2004

    Penzel, Hans-Gert: Architekturmanagement aus Sicht einer Großbank. In: Moormann, Jürgen; Fischer, T. (Hrsg.): Handbuch Informationstechnologie in Banken. 2. Aufl., Gabler, Wiesbaden 2004.

Peter, A.; Vogt, H.-J.; Kraß, V./Management operationeller Risiken/2000

    Peter, Andreas; Vogt, Hans-Jürgen; Kraß, Volker: Management operationeller Risiken bei Finanzdienstleistern. In: *Rudolph, Bernd; Johanning, Lutz (Hrsg.)*: Handbuch Risikomanagement. Band 1, Uhlenbruch, Bad Soden 2000, S. 655 – 677.

Peterson, Ryan R./Information Technology Governance/2000

    Peterson, Ryan R.: Emerging capabilities for information technology governance: exploring stakeholder perspectives. Conference Proceedings ECIS 2000, Vienna, Austria.

Pfeiffer, P./Technologische Grundlage/1990

    Pfeiffer, Peter: Technologische Grundlage. Strategie und Organisation des Informationsmanagements. Walter de Gruyter, Berlin 1990.

Pfeiffer, A./Zum Wertbeitrag von Informationstechnologie/2003

    Pfeiffer, Andreas: Zum Wertbeitrag von Informationstechnologie. Eine Darstellung an Unternehmen der Fertigungsbranchen in Deutschland. Dissertation. Passau 2003. http://www.opus-bayern.de/uni-passau/volltexte/2004/34/pdf/ PfeiferAndreas.PDF, Abruf am 2011-01-01.

Pfitzer, N.; Schmidt, G./Systemprüfung/2002

  Pfitzer, Norbert; Schmidt, Gerd: Systemprüfung. In: *Ballwieser, Wolfgang; Coenenberg, Adolf G.; Wysocki, Klaus v. (Hrsg.):* Handwörterbuch der Rechnungslegung und Prüfung. 3. Aufl., Schäffer-Poeschel, Stuttgart 2002, Sp. 2336 – 2350.

Plötner, O.; Sieben; B.; Kummer, T.-F./Kosten- und Erlösrechnung/2008

  Plötner, Olaf; Sieben; Barbara; Kummer, Tyge-F.: Kosten- und Erlösrechnung. Anschaulich, kompakt, praxisnah. Springer, Berlin 2008.

Powell, S. G.; Baker, K. R.; Barry, L./Errors/2009

  Powell, Stephen G.; Baker, Kenneth, R.; Lawson, B.: Errors in operational spreadsheets. In: Journal of Organizational and End User Computing 21 (2009) 3, S. 24-36.

Pramongkit, P.; Shawyun, T./Strategic IT framework/2002

  Pramongkit, Prasopchocke; Shawyun, Teay: Strategic IT framework for modern enterprise by using information technology capabilities. In. Proc. Of 2002 IEEE International Engineering Management Conference, Vol. 1, 2002, S. 79-84.

Prottung, S./Auf dem Weg zur Geschäftsentwicklung/2008

  Prottung, Stefan: Auf dem Weg zur Geschäftsentwicklung mit der IT – Die innovative Kraft der IT für die Geschäftsentwicklung nutzen. In: *Keupner, Frank; Schomann, Marc; Grimm, Robert:* Strategisches IT-Management. Gabler, Wiesbaden 2008, S. 64-78.

Prümper, J./Fehlerbeurteilungen/1994

  Prümper, Jochen: Fehlerbeurteilungen in der Mensch-Computer-Interaktion. Reliabilitätsanalysen und Training einer handlungstheoretischen Fehlertaxonomie. Waxmann, Münster, 1994.

Rasmussen, J./Human error/1985

  Rasmussen, Jens: Human error data. Facts or fiction. Roskilde, Riso National Laboratory 1985.

Rasmussen, J./Taxonomy/1987

  Rasmussen, Jens: The definition of human error and a taxonomy of technical system design. In: *Rasmussen, Jens; Duncan, Keith; Leplat, Jacques (Hrsg.):* New technology and human error. Wiley, London 1987a, S. 23-30.

Rasmussen, J./Cognitive control/1987

  Rasmussen, Jens: Cognitive control. In: *Rasmussen, Jens; Duncan, Keith; Leplat, Jacques (Hrsg.):* New technology and human error. Wiley, London 1987b, S. 53-61.

Rasmussen, J./Reasons/1987

  Rasmussen, Jens: Reasons, causes, and human error. In: *Rasmussen, Jens; Duncan, Keith; Leplat, Jacques (Hrsg.):* New technology and human error. Wiley, London 1987c, S. 293-301.

Rath, M./IT-Compliance/2008

  Rath, Michael: Rechtliche Aspekte von IT-Compliance. In: *Wecker, Georg; van Laak, Hendrik (Hrsg.):* Compliance in der Unternehmerpraxis. Gabler, Wiesbaden 2008, S. 119-143.

Rautenstrauch, C./Effiziente Gestaltung/1997

  Rautenstrauch, Claus: Effiziente Gestaltung von Arbeitsplatzsystemen. Konzepte und Methoden des Persönlichen Informationsmanagements. Addison-Wesley, Bonn et al 1997.

Read, N.; Batson, J./Spreadsheet modelling/1999

  Read, Nick; Batson, Jonathan: Spreadsheet modelling best practice. Institute of Chartered Accountants in England and Wales (ICAEW). April 1999. http://www.eusprig.org/smbp.pdf, Abruf am 2010-05-04.

Reason, J. T./Human error/1990

  Reason, James T.: Human error. Cambridge University Press, New York 1990.

Reckers, H./Basel II/2005

  Reckers, Hans: Basel II – Management oder IT-Herausforderung?
  http://www.bundesbank.de/download/presse/reden/2005/20051116reckers.pdf, Abruf am 2008-11-05.

Romeike, F./Risikomanagement/2004

  Romeike, Frank: Lexikon Risikomanagement. Wiley-VCH Verlag, Köln 2004.

Ruelle, D./Mathematiker/2006

   Ruelle, David: Wie Mathematiker ticken. Springer, Berlin 2006.

Rüegg-Stürm, J./Kulturwandel/2003

   Rüegg-Stürm, Johannes: Kulturwandel in komplexen Organisationen. Diskussionsbeitrag No 49, April 2003. Institut für Betriebswirtschaftslehre, Universität St. Gallen. http://www.ifb.unisg.ch/org/ifb/ifbweb.nsf/SysWebRessources/beitrag49/$FILE/DB49.pdf, Abruf am 2010-06-12.

Rüter, A; Schröder, J.; Göldner, A./IT-Governace/2006

   Rüter, Andreas; Schröder, Jürgen; Göldner, Axel.: IT-Governance in der Praxis. Springer Heidelberg 2006.

Sandholzer, U./Informationstechnik/1990

   Sandholzer, Ulrich.: Informationstechnik und innerbetriebliche Kooperation. R.E.A.-Verlag Managementforschung, Bayreuth 1990.

Scheck, R./Excel/2005

   Scheck, Reinhold.: Excel 97, 2000, 2002, 2003 professional einsetzen. Franzis Verlag GmbH, Poing 2005.

Schick, A./Neuausrichtung/2008

   Schick, Andreas: Neuausrichtung des strategischen IT-Managements in der Finanzdienstleistungsbranche. In: *Keupner, Frank; Schomann, Marc; Grimm, Robert (Hrsg.)*: Strategisches IT-Management. Gabler, Wiesbaden 2008, S. 144-169.

Schinzel, B./Komplexität/o. J.

   Schinzel, Britta: Komplexität als Ursache von Fehlern und Risiken durch Software. http://mod.iig.unifreiburg.de/fileadmin/publikationen/online-publikationen/kompl.pdf, Abruf am 2010-09-16.

Schinzel, B./Technikfolgen/1996

   Schinzel, Britta: Technikfolgen- und Technikgeneseforschung für die Informatik In *Schinzel, Britta (Hrsg.)*: Schnittstellen: Studien zum Verhältnis zwischen Informatik und Gesellschaft. Vieweg, Wiesbaden 1996, S. 77-96.

Schnell, R./Methoden/2005

   Schnell, Rainer: Methoden der empirischen Sozialforschung. 7. Aufl., Oldenbourg München 2005.

Schoolmann, J./Sicherheit/2011

   Schoolmann, Jürgen: Sicherheit. In: *Fröschle, Hans-Peter; Kütz, Martin (Hrsg.)*: Lexikon. IT-Management. Symposium, Düsseldorf 2011, S. 337-340.

Schomann, M.; Röder, S./Chancen und Grenzen/2008

   Schomann, Marc; Röder, Stefan: Chancen und Grenzen der Industrialisierung von IT-Services. In: *Keupner, Frank, Schomann, Marc, Grimm, Robert (Hrsg.)*: Strategisches IT-Management Management von IT und IT-gestütztes Management,. Gabler, Wiesbaden 2008, S. 253-278.

Schomann, M.; Röder, S./Entwicklung/2008

   Schomann, Marc; Röder, Stefan: Entwicklung eines kennzahlenbasierten Steuerungssystems für IT-Service-Management-Prozesse nach ITIL. In: *Keuper, Frank, Schomann, Marc, Grimm, Robert (Hrsg.)*: Strategisches IT-Management: Management von IT und IT-gestütztes Management. Gabler, Wiesbaden 2008, S. 324-359.

Schrey, J./IT-Sicherheit/2006

   Schrey, Joachim: Rechtliche Grundlagen und Anforderungen im Bereich IT-Sicherheit. In: *Gründer, Torsten; Schrey Joachim (Hrsg.)*: Managementhandbuch IT-Sicherheit. Erich Schmidt Verlag, Berlin 2006, S. 249-283.

Schroff, M./Individuelle Datenverarbeitung/2005

   Schroff, Michael: Individuelle Datenverarbeitung: Vorsicht Risiko. In: Die Bank (2005) 9, S. 72-75.

Schruff, L./Struktur/1985

   Schruff, Lothar: Struktur und Inhalt der geänderten Konzeption eines Bilanzrichtlinie-Gesetzes. In: *Baetge, Jörg* (Hrsg.): Das neue Bilanzrecht – ein Kompromiss divergierender Interessen? Düsseldorf 1985, S. 29-80.

Schwaninger, M./Integrale Unternehmensplanung/1989

    Schwaninger, Markus: Integrale Unternehmensplanung. Campus, Frankfurt 1989.

Schwarzer, B.; Krcmar, H./Wirtschaftsinformatik/2004

    Schwarzer, Bettina; Krcmar, Helmut: Wirtschaftsinformatik. Grundzüge der betrieblichen Datenverarbeitung. 3. Aufl., Schäffer-Poeschel, Stuttgart 2004.

Schwarze, J./Einführung in die Wirtschaftsinformatik/1994

    Schwarze, Jochen: Einführung in die Wirtschaftsinformatik. 3. Aufl., Verlag neue Wirtschafts-Briefe GmbH & Co., Herne u. a. 1994.

Schwegler, R./Moralisches Handeln/2008

    Schwegler, Regina: Moralisches Handeln von Unternehmen. Gabler, Wiesbaden 2008.

Schinzel, Britta/Technikfolgen- und Technikgeneseforschung/1996

    Schinzel, Britta: Technikfolgen- und Technikgeneseforschung für die Informatik. In: *Schinzel, Britta (Hrsg.)*: Schnittstellen. Zum Verhältnis von Informatik und Gesellschaft. Vieweg, Braunschweig 1996, S. 97-118.

Simitsis, A.; Theodoratos, D./Data Warehouse/2005

    Simitsis, Alkis; Theodoratos, Dimitri: Data Warehouse Back-End Tools. In: *Wang, John (Hrsg.)*: Encyclopedia of Data Warehousing and Mining. S. 312-317.

Simon, W./Systematische Identifikation/2002

    Simon, Werner: Systematische Identifikation, Erfassung und Bewertung operationeller Risiken. In: *Eller, Roland; Gruber, Walter; Reif, Markus (Hrsg.)*: Handbuch Operationelle Risiken. Schäffer-Poeschel, Stuttgart 2002, S. 125-152.

Spath, D.; Engstler, M.; Praeg, C.-P.; Vocke, C./Trendstudie/2007

    Spath, Dieter; Engstler, Martin; Praeg, Claus-Peter; Vocke, Christian: Trendstudie Bank und Zukunft 2007 – Mit Prozessexzellenz und Vertriebsinnovationen die Bank der Zukunft gestalten. Stuttgart 2007.

Spath, D.; Bauer, W.; Engstler, M./Bank/2008

    Spath, Dieter; Bauer, Wilhelm; Engstler, Martin: Bank & Zunkunf – Trends und Entwicklungen. In: *Spath, Dieter; Bauer, Wilhelm; Engstler, Martin (Hrsg.)*: Innovationen und Konzepte für die Bank der Zukunft. Gabler, Wiesbaden 2008, S. 13-19.

Spickers, J./Die Entwicklung des St. Galler Management-Modells/2010

    Spickers, Jürgen: Die Entwicklung des St. Galler Management-Modells am Institut für Betriebswirtschaft der Universität St.Gallen. Version 2.1 v. 2010-04-20. http://www.ifb.unisg.ch/org/ifb/ifbweb.nsf/wwwPubInhalteGer/2B1E1A1BE163DC5BC1256A5B00512 DD8, Abruf am 2011-02-21.

Stahl, E.; Wimmer, A./Informationsverarbeitung in Banken/2004

    Stahl, Ernst; Wimmer, Andreas: Informationsverarbeitung in Banken – Innovative Technologien und Konzepte. In: *Bartmann, Dieter (Hrsg.)*: Bankinformatik 2004. Gabler, Wiesbaden 2003, S. 173-182.

Stahlknecht, P.; Hasenkamp, U./Einführung/1995

    Stahlknecht, Peter; Hasenkamp, Ulrich: Einführung in die Wirtschaftsinformatik. 11. Aufl., Springer, Heidelberg 2005.

Stark, J./Information Governance/2011

    Stark, Jochen: Information Governance. Dringend benötigt. In: *itmanagement* (2011) 6, S. 32-36.

Stickelmann, K./Operationelles Risiko/2002

    Stickelmann, Karsten: Operationelles Risiko – Abgrenzung, Definition und Anforderungen gemäß Basel II. In: *Eller, Roland; Gruber, Walter; Reif, Markus (Hrsg.)*: Handbuch Operationelle Risiken. Schäffer-Poeschel, Stuttgart 2002, S. 3-42.

Strahringer, S./Änderbarkeit der Software/2003

    Strahringer, Susanne: Im Zentrum neuer Konzepte: die Änderbarkeit von Software. In: HMD – Praxis der Wirtschaftsinformatik 40 (2003) 231, S. 5-17.

Szivek. E./Basel II/2006

   Szivek, Ernö: IT-Sicherheit und Basel II – Aufsichtsrechtliche Entwicklungen und Implikationen für das Unternehmensrating. In: *Gründer, Torsten; Schrey, Joachim (Hrsg.)*: Managementhandbuch IT-Sicherheit. Erich Schmidt Verlag, Berlin 2006, S. 361-380.

Temme, A./Datenqualität/2009

   Temme, Ansgar: Effizienzsteigerung durch ein nachhaltiges Management der Datenqualität. In: *Jelinek, Britta; Hannich, Manfred (Hrsg.)*: Wege zur effizienten Finanzfunktion in Kreditinstituten. Compliance & Performance. Gabler, Wiesbaden 2009, S. 534-549.

Teubner, A./IT/Business Alignment/2006

   Teubner, Alexander: IT/Business Alignment. In: WIRTSCHAFTSINORMATIK 48 (2006) 5, S. 368-371.

Thiergard, J./Risikoorientierter Prüfungsansatz/2007

   Thiergard, Jens: Risikoorientierter Prüfungsansatz. In: *Freidank, Carl-Christian; Lachnit, Laurenz; Tesch, Jörg (Hrsg.)*: Vahlens Großes Auditing Lexikon. Verlag C. H. Beck, München 2007, S. 1187-1189.

Ulrich, E./Vorwort/1991

   Ulrich, Eberhard: Vorwort des Herausgebers. In: *Frese, M; Zapf, D. (Hrsg.)*: Fehler bei der Arbeit mit dem Computer – Ergebnisse von Beobachtungen und Befragungen im Bürobereich. Huber, Bern 1991, S. 5.

Ulrich, H.; Krieg, W.; Malik, F./Die Betriebswirtschaftslehre/1976

   Ulrich, Hans; Krieg Walter; Malik, Fredmund: Die Betriebswirtschaftslehre als anwendungsorientierte Sozialwissenschaft. In: *Ulrich, Hans (Hrsg.)*: Zum Praxisbezug der Betriebswirtschaftslehre in wissenschaftstheoretischer Sicht. Paul Haupt, Bern 1976, S. 135-151.

Ulrich, H./Die Betriebswirtschaftslehre/1981

   Ulrich, Hans: Die Betriebswirtschaftslehre als anwendungs-orientierte Sozialwissenschaft. In: *Geist, Manfred, N.; Koehler, Richard (Hrsg.)*: Die Führung des Betriebs. Poeschel, Stuttgart 1981.

Ulrich, H./Management/1984

   Ulrich, Hans: Management. Paul Haupt, Bern 1984.

Ulrich, H./Systemorientiertes Management/2001

   Ulrich, H.: Systemorientiertes Management – Das Werk von Hans Ulrich. Herausgegeben von der Stiftung zur Förderung der systemorientierten Managementlehre. Paul Haupt, Bern 2001.

van Reenen, J.; Sadun,R./Information Technology and Productivity/2005

   van Reenen, John; Sadun, Raffaella: Information Technology and Productivity: It ain't what you do it's the way that you do it.T. EDS Innovation Research Programme, London School of Economics. Discussion Paper Series, October 2005.

Vetter, E./Compliance/2008

   Vetter, Eberhard: Compliance in der Unternehmenspraxis. In: *Wecker, Gregor; van Laak, Hendrik (Hrsg.)*: Compliance in der Unternehmenspraxis. Gabler, Wiesbaden 2008, S. 29-42.

Walter, W./Strategien/1994

   Walter, Wolfgang: Strategien der Politikberatung. Die Interpretation der Sachverständigen-Rolle im Lichte von Experteninterviews. In: *Hitzler, Roland; Honer, Anne; Maeder, Christian (Hrsg.)*: Expertenwissen. Die institutionalisierte Kompetenz zur Konstruktion von Wirklichkeit. Opladen 1994, S. 268-284.

Weilgum, T./Spreadsheet/2010

   Weilgum, Thomas: BI Vendors Finally Embrace the Spreadsheet. http://advice.cio.com/thomas_wailgum/11095/bi_vendors_finally_embrace_the_spreadsheet, Abruf am 2010-12-03.

Weill, P./Computers/1990

   Weill, Peter: Do Computers Pay Off, ICIT Press, Washington, D.C., 1990.

Weill, P.; Woodham, R./IT Governance/2002

   Weill, Peter; Woodham Richard: Don't just lead, govern: Implementing effective IT Governance. CISR Working Paper No. 236, Sloan School of Management, Cambridge, 2002.

Weill, P.; Ross, J../IT Governance/2004

   Weill, Peter; Ross, Jeanne W.: IT Governance. Harvard Business School Press, Boston, 2004.

Welsch, R./Der Bankarbeitsplatz/2008

   Welsch, Rainer: Der Bankarbeitsplatz der Zukunft – Integration und rollenbasierte Konzepte als Schlüssel zum Erfolg. In: *Spath, Dieter; Bauer, Wilhelm; Engstler, Martin (Hrsg.)*: Innovationen und Konzepte für die Bank der Zukunft. Gabler, Wiesbaden 2008, S. 121-127.

West, G./Risk Measurement/2006

   West, Graeme: Risk Measurement for Financial Institutions. Dr. Graem West, Financial Modelling Agency 2006. http://www.finmod.co.za/RM.pdf, Abruf am 2010-12-05.

Westland, J. C./Cost of Errors/2002

   Westland, J. Christopher: The Cost of Errors in Software Development: Evidence from Industry. In: The Journal of Systems and Software 62 (2002), S. 1-9.

Wichmann, T./Spielt IT noch eine Rolle?/2003

   Wichmann, Thorsten: Spielt IT noch eine Rolle? Berlecon Research vom 2003-06-17. www.berlecon.de/research/spotlights.php?we_objectID=129, Abruf am 2010-11-01.

Wiegand, R.; Picot, A.; Reichwald, R./Information/1998

   Wiegand, Rolf; Picot, Arnold; Reichwald, Ralf: Information, Organization and Management: Expanding Corporate Boundaries. John Wiley&Sons, Chichester 1998.

Wittmann, W./Unternehmung/1959

   Wittmann, Waldemar: Unternehmung und unvollkommene Information. Köln 1959.

Wilmott, P./Spreadsheet errors/2005

   Wilmott, Paul: General forum "spreadsheet errors" thread. Serving the quantitative finance community. http://www.wilmott.com, Abruf am 2010-12-03.

Zapf, D.; Brodbeck, F. C.; Prümper, J./Fehlertaxonomie/1989

   Zapf, Dieter; Brodbeck, Felix C.; Prümper, Jochen: Handlungsorientierte Fehlertaxonomie in der Mensch-Computer Interaktion. In: Zeitschrift für Arbeits- und Organisationspsychologie (1989) 33, S. 178-187.

Zapf, D./Taxonomie/1991

   Zapf, Dieter: Taxonomie von Handlungsfehlern bei der Computerarbeit. In: *Frese, Michael; Zapf, Dieter (Hrsg.)*: Fehler bei der Arbeit mit dem Computer – Ergebnisse von Beobachtungen und Befragungen im Bürobereich. Huber, Bern 1991, S. 32-46.

Zeitler, N./Frust in der IT-Abteilung/2010

   Zeitler, Nicolas: Frust in der IT-Abteilung. In: Manager Magazin Online vom 2010-03-25. http://www.manager-magazin.de/unternehmen/it/0,2828,685517,00.html; Abruf am 2011-02-05.

Zepf, G. /Grundsätze/1996

   Zepf, Günter: Grundsätze ordnungsmäßiger DV-gestützter Buchführungssysteme. Erläuterungen zu den GoBS für die Praxis. In: DStR 32 (1996) 32, S. 1259-1263.

Rechtsquellen und Verlautbarungen des Instituts der Wirtschaftsprüfer (IDW)

AktG

   Aktiengesetz (AktG), in der Fassung der Bekanntmachung vom 1965-09-06, veröffentlicht in: BGBl. I 1965, S. 1089.

AO

   Abgabenordnung (AO), in der Fassung der Bekanntmachung vom 2002-10-01, veröffentlicht in: BGBl. I 2002, S. 3869.

GmbHG

   Gesetz betreffend die Gesellschaften mit beschränkter Haftung (GmbHG), in der Fassung der Bekanntmachung vom 1898-05-11, veröffentlicht in: RGBl.1898, S. 846.

GoBS

Grundsätze ordnungsmäßiger DV-gestützter Buchführungssysteme (GoBS), BMF vom 1995-11-07, IV A 8 – S 0316 – 52/95, in: BStBl. 1995 I, S. 738.

GDPdU

Grundsätze zum Datenzugriff und zur Prüfbarkeit digitaler Unterlagen (GDPdU), BMF vom 2001-07-16, IV D 2 – S 0316 – 136/01, in: BStBl. 2001 I, S. 415.

HGB

Handelsgesetzbuch (HGB), in der Fassung der Bekanntmachung vom 1897-05-10, veröffentlicht in: RGBl. 1897, S. 219.

IDW PS 261

IDW Prüfungsstandard: Feststellung und Beurteilung von Fehlerrisiken und Reaktionen des Abschlussprüfers auf die beurteilten Fehlerrisiken (IDW PS 261). In: Die Wirtschaftsprüfung 59 (22), S. 1433 – 1445.

IDW PS 340

IDW Prüfungsstandard: Die Prüfung des Risikofrüherkennungssystems nach § 317 Abs. 4 HGB (IDW PS 340). In: Die Wirtschaftsprüfung 53 (16), S. 658 – 662.

IDW PS 330

IDW Prüfungsstandard: Abschlussprüfung bei Einsatz von Informationstechnologie (IDW PS 330). Verabschiedet vom Hauptfachausschuss (HFA) am 2002-09-24, veröffentlicht in: Die Wirtschaftsprüfung 55 (21), S. 1167-1179.

IDW RS FAIT 1

IDW Stellungnahme zur Rechnungslegung: Grundsätze ordnungsmäßiger Buchführung bei Einsatz von Informationstechnologie (IDW RS FAIT 1). Verabschiedet vom Hauptfachausschuss (HFA) am 2002-09-23, veröffentlicht in: Die Wirtschaftsprüfung 55 (21), S. 1157-1167.

IDW RS FAIT 2

IDW Stellungnahme zur Rechnungslegung: Grundsätze ordnungsmäßiger Buchführung bei Einsatz von Electronic Commerce (IDW RS FAIT 2). Verabschiedet vom Fachausschuss für Informationstechnologie (FAIT) am 2003-09-29, veröffentlicht in: Die Wirtschaftsprüfung 56 (22), S 1258-1276.

IDW RS FAIT 3

IDW Stellungnahme zur Rechnungslegung: Grundsätze ordnungsmäßiger Buchführung bei Einsatz elektronischer Archivierungsverfahren (IDW RS FAIT 3). Verabschiedet vom Fachausschuss für Informationstechnologie (FAIT) am 2006-07-11, veröffentlicht in: Die Wirtschaftsprüfung 59 (22), S. 1465-1474.

KonTraG

Gesetz zur Kontrolle und Transparenz im Unternehmensbereich (KonTraG), in der Fassung der Bekanntmachung vom 1998-05-01, veröffentlicht in: BGBl. I 1998, S. 786.

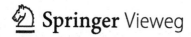